本书为国家社会科学基金重大项目“中东现代民族和国家构建的多维比较研究（多卷本）”（项目批准号 20＆ZD240）的阶段性成果，得到陕西师范大学人文科学高等研究院的出版资助。

中东现代民族国家构建典型个案研究

也门卷

何志龙／主编　苏　瑛／著

人民出版社

总 序

《中东现代民族国家构建典型个案研究》是国家社会科学基金重大项目“中东现代民族和国家构建的多维比较研究（多卷本）”（项目批准号 20 & ZD240）的阶段性成果。本套书选取了中东现代民族国家构建进程中较有特点的五个国家：伊拉克、也门、阿富汗、塞浦路斯和以色列，作为典型个案进行前期的重点研究，从学理上和实践上探索中东现代民族国家构建研究的理论方法和核心要素，为项目的整体研究积累经验。

现代民族国家构建就是用建构主义理论研究现代国家的独立与发展，实现民族独立仅仅是民族国家构建的开始，民族国家构建伴随民族国家的始终。民族国家构建包含民族构建和国家构建相辅相成的两个方面。民族构建主要指在现代国家版图内，所有族群或教派构建对国家认同的政治经济文化共同体，也即国族，或国民，是公民身份的构建；国家构建主要指现代法律制度和国家机器的建设。民族构建是民族国家构建的基础，国家构建是民族国家构建的保障，二者互为前提，互相依托，相互支撑，是民族国家构建的一体两面。

中东现代民族国家构建研究，就是运用多学科理论方法对基于历史基础的中东现代国家独立与发展进程中国内不同族群的民族认同和国家认同形成过程中诸影响要素的综合研究，研究的显著特点是，多学科理论方法与多要素综合考察。

历史是中东现代民族国家构建的基础。作为中东现代民族国家，塑造国家记忆对民族认同和国家认同极为重要，特别是各级各类教科书中对于重大历史事件的认知，在基本史实的基础上，需要构建国家内部所有族群共同的历史记忆，不论是团结一致共克入侵的辉煌历史记忆，还是巨大灾难的创伤记忆，均要有利于族群团结和国家统一。另外，应该关注考古或考古学对于现代民族国家构建的重要意义。通过发掘和调查古代人类的遗迹遗物和文献，揭示古代社会早期文明的发生发展，弘扬悠久历史文化，增强民族自信心，揭示早期不同族群交往交流交融的历史，增进民族团结，加强民族文化共同体意识。

族群是中东现代民族国家构建的难点。国家版图内的所有族群如何实现国族认同，其族群政策就是融合剂，政策适当就能促进民族构建，否则可能使民族国家构建陷入困境。塞浦路斯、黎巴嫩、阿富汗便是最好例证。对中东国家族群（或少数民族）的研究，需要利用民族学的社会调查（实地调查或田野调查）方法，到少数族群地区了解各少数族群社会经济的发展阶段、阶级状况以及族群之间的关系，作为制定民族政策的科学依据。民族政策既要保护少数族群的文化传统，同时也要倡导鼓励少数族群学习掌握国家通用语言、科学文化知识、现代技术等，能够融入民族国家大家庭，构建多元一体的国民社会。

宗教是中东现代民族国家构建的底色。宗教对民族国家构建有着较大影响，这在中东地区更为突出，但宗教对民族国家构建并非都是消极因素。伊朗什叶派政治整合，利用什叶派政治文化融合了族群差异，实现了教派的民族化甚至国族化。黎巴嫩教派的民族化，极大弱化了黎巴嫩的阿拉伯民族认同，阻碍了国家认同，在黎巴嫩民族国家构建中发挥了解构作用。宗教与现代民族国家不是简单的对立关系，而是对立统一关系。

部落是中东国家社会结构的显著特点。注重运用社会学与社会结构理论分析中东国家的部落（部落组织）与法治化进程和社会流动在民族国家构建进程中的作用有重要意义。部落是基于相互依存的血缘、地缘和政治关系的传统社会组织。中东部落的存在是对自然与社会环境的一种成功而稳定的适应方式，并非前现代无知的体现。民族主义力量削弱了等级制的部落社会，如凯末尔时期的土耳其和礼萨汗时期的伊朗，但在沙特阿拉伯、伊拉克、利比亚和阿富汗等国家，相对独立自治的部落与集权化的国家之间形成了某种良性互动。但部落组织与现代国家的法治化社会发展还是存在矛盾，部落社会的继续存在也与工业化、城市化和市场化所导致的社会流动密切相关。虽然有些国家城市化率很高，但社会流动性很低，如卡扎菲时期的利比亚，甚至当代的沙特阿拉伯、伊拉克、阿富汗等。如何将中东部落社会纳入现代国家治理轨道，是中东现代民族国家构建需要破解的重要难题。

国家的教育与教育政策对民族国家构建有重要的导向作用。本套书重视从教育学理论视角研究中东国家的教育与教育政策在民族国家构建进程中的作用。在研究教育如何服务中东现代民族国家构建方面，可吸收借鉴国家主义教育思想，其基本观点认为，教育权归属于民族国家而不是教会，国家应当承担起教育民众的责任，进行教育立法；教育的目的是培养合格的国民，如培养伊拉克人、阿富汗人或塞浦路斯人等；由国家建立国民教育制度。在中东现代民族国家构建进程中，国家建立国民教育体系仍然任重道远。

工业化、市场化和城市化进程能够促进社会整合，对中东现代民族国家构建具有重要意义。工业化、市场化、城市化极大促进了国内不同族群、不同教派、不同地区、不同阶层成员的广泛流动，在广泛流动中促进了相互了解、理解、认同甚至融合，其中也包括在广泛流动过程中打破相互之间的婚姻界限。广泛流动有利于打破中东地区普遍存在的部落社会结构，每个社会成员更多地依赖于国家法律制度来保护或保障个人的生命财产安全，甚至个人就业和发展等社会纵向流动的需要。中东国家在工业化、市场化、城市化发展方面相对滞后，在一定程度上不能有效推动族群或教派社会整合，不利于甚至制约着民族国家构建的顺利推进。这种情况在黎巴嫩、阿富汗尤为突出。

现代法律制度建设在民族国家构建进程中发挥着基础性和保障性作用，是国家构建的核心内容，同时也严重影响着民族构建。法律制度建设包括宪法和国体、政体的确立等。法律制度建设能够反映出这个国家政治的成熟性，特别是政党的成熟程度。中东国家在法律制度建设方面存在的问题较多，使得民族国家构建步履艰难。法律作为社会的强制性规范，其直接目的在于维持社会秩序，并通过秩序的构建与维护实现社会公正。可以运用法学特别如宪法学的理论方法分析法律体系建设如何促进中东现代民族国家构建。

中东现代民族国家构建研究需要关注从政府组织的相关理论视角分析国家机器及其构成，如军队、警察、司法、政府、议会成员中不同族群或教派成员的比例。国家机器主要包括军队、警察、司法、政府、议会等。国家机器的构成能否代表所有族群或教派，反映的是不同族群平等参与政治和国家治理的程度。但必须注意的是，不同族群平等参与国家治理，并不意味着族群分权或教派分权。族群分权或教派分权在短期似乎实现了不同族群或教派的政治平等和社会稳定，但从民族国家构建长远视角看，它极大阻碍了统一国族的形成，也就是阻碍着民族构建。塞浦路斯、黎巴嫩，包括现在的伊拉克正是陷入这种民族国家构建的困局。

政党在民族国家构建进程中发挥着核心作用。在中东国家普遍存在着族群化或教派化的政党，而跨族群观念或教派观念的政党较少，也就无法实现不同族群或教派的政治整合，构建国族意义上的民族，或国民，或公民，也很难长期探索和执行符合本国国情的发展道路，这是中东国家普遍存在的突出特点。

语言是人类最重要的交际工具，是思想的直接表现。语言是文化的载体，是形成统一民族意识和国家认同的重要基础。在保障少数族群语言文化的基础上，倡导制定实施统一的语言政策，是民族构建和国家构建的重要举措。如何正确而恰当地处理保护少数族群语言文化与国家统一语言政策之间的关系，在一定程度上关系到民族国家构建的成败。塞浦路斯和伊拉克都有深刻教训。

外部干涉是中东现代民族国家构建进程中的最大阻碍。在民族国家构建进程中遭遇外部干涉，特别是入侵占领，往往导致民族国家构建陷入困境，这种现象在中东国家较为普遍。如黎巴嫩 20 世纪 70 年代因巴勒斯坦难民进入而导致的内战及叙利亚的干涉及以色列的入侵甚至占领；土耳其入侵占领塞浦路斯北部地区；伊拉克发动两伊战争，其后入侵吞并科威特；美国领导多国部队发动海湾战争及美英对伊拉克的长期制裁；美英发动伊拉克战争等。对于中东国家遭遇的外部干涉，应该从两方面理解，一方面我们应该坚决反对干涉他国内政，特别是以各种借口对他国的入侵甚至占领行为；另一方面，我们应该重视分析中东国家在内部治理中存在的问题，如族群或教派矛盾冲突甚至内战、家族统治所造成的严重社会分化从而导致内部冲突甚至内战等，成为外部干涉的某种借口。

西方民族国家构建理论为研究中东现代民族国家构建提供了重要参考，但中东现代民族国家构建具有特殊性，需要多学科理论分析和多要素综合考察，略及上述理论视角和影响要素，仅供研究团队进一步思考。是为序。

何志龙
2023 年 7 月 30 日于陕西师大

目录

绪 论

也门位于阿拉伯半岛西南部，曾是著名的古代海上丝绸之路的中转站和香料之路的起始点，战略位置十分重要。2011 年 1 月，也门爆发大规模民众反政府示威活动，前总统阿里·阿卜杜拉·萨利赫被迫下台后，继任的哈迪政府主导下的政治重建困难重重。2014 年 9 月，胡塞武装组织夺取首都萨那并攻占了多个省区。2015 年 3 月以沙特为首的阿拉伯联军对胡塞武装组织展开军事打击，也门自此陷入多方角力与冲突状态，并日益呈现出复杂化、长期化的特点，也门现代民族国家处于解构与重构的危机中。也门内战中表现出来的地方分离主义势力、教派纷争、部落冲突、极端组织、外部干预等现象暴露出也门现代民族国家构建过程中存在的问题和困境。如何成功地重构现代民族国家，结束内战实现政治稳定和社会经济发展，仍是也门需要面对的时代课题。本书从现代民族国家构建的理论视角出发，选取也门作为研究对象，力图借助历史学的研究方法，全面完整地剖析也门现代民族国家构建的过程，思考在一个传统部落势力根深蒂固、宗教影响深远的社会，现代国家如何实现对传统社会的有效整合，以期进一步明晰当前也门内战的结构性原因并为其现代国家重构提供有益的思考。

一、选题由来及研究意义

民族国家是当今世界上最基本和普遍的政治组织形式，是世界体系的基本单元，也是国际关系的基本主体。在西方世界，民族国家主要是自下而上自然演进的结果，但对众多亚非国家而言，民族国家多是在西方文明势力范围内的殖民地基础上演变而来的，并伴随着发展困境、政治动荡甚至秩序崩溃等状况。历史上，尽管也门地区较早出现基于地理疆界和文化的认同感，但现代意义上的国家认同，即民众对国家政治权威的认可，对国家文化价值的认同，则是在奥斯曼帝国和英国占领及殖民统治下，受到阿拉伯民族解放运动影响后逐渐形成的。也门现代民族国家构建的历程包括：近代北、南部地区分别被奥斯曼帝国和英国占领，1918年开启现代国家构建的也门穆塔瓦基利亚王国仅仅实现了对国家北部地区的实际统治；1962年在阿拉伯民族主义旗帜下建立的阿拉伯也门共和国经历了与君主派长达8年的内战后政局始终不稳，1967年也门南部推翻英国殖民统治建立也门民主人民共和国后政变频繁；1994年实现南、北统一仅四年的也门共和国再次经历内战。1994—2011年，也门总统萨利赫执政时期是也门现代民族国家构建取得实质性发展的阶段，但2011年开始的政局动荡和2015年持续至今的内战使其现代民族国家构建遭遇重大挫折。唯物史观认为，国家是社会发展到一定历史阶段的产物，民族国家构建是在特定的社会历史环境下进行的。因此，也门现代民族国家构建进程势必与其社会历史中长期存在的部落、宗教等传统社会力量进行互动，而能否实现国家与社会的良性互动是当前也门重启现代民族国家构建的关键所在。

首先，也门历史发展进程决定了其现代民族国家构建的曲折性和复杂性。近代以来，也门历经宰德派伊玛目[①]王国、殖民统治、南北也门不同政治发展道路、国家统一、内战冲击、萨利赫长期威权统治等阶段。哈迪政府主导下的联邦制并未付诸实施就陷入内战，民族国家重构之路举步维艰。对也门民族国家构建的历程和特征进行梳理总结，不仅有助于思考其陷入民族国家重构困境的根源，也为深入理解也门近现代历史提供较为清晰的思路与理论框架。

其次，也门具有非常典型的"强社会—弱国家"的社会特征：数量众多且根深蒂固的部落组织，盘根错节的地方主义，日益觉醒的伊斯兰主义势力等。其中部落组织在历史上多独立于国家政权控制之外。国家与部落组织之间的对抗和妥协是贯穿其近现代国家发展进程的一条主线。此外，以南部分离势力为代表的地方主义和迅速发展的伊斯兰主义势力持续冲击着国家的政治稳定。考察也门社会与现代国家的互动关系，有助于深刻认识其现代民族国家构建的复杂性和艰巨性。

---

① 阿拉伯语音译，原意为教长和领袖，指国家政治、宗教和军事领袖。历史上有些受宗教影响较深的阿拉伯国家元首由伊玛目担任，其制度具有政教合一的封建神权专制性质。

最后，从现代民族国家构建视角研究也门历史具有一定的现实意义。2019年，中也双方签署政府间共建“一带一路”谅解备忘录。也门地理位置优越，自然资源丰富，发展潜力巨大。长期以来，中国政府致力于通过和平解决和多边谈判，优化和改善也门政治局势。中国的调解努力体现了一种更加务实和有效的解决方案。截至2022年，中国对也门直接投资存量5.3亿美元，2022年双方的经贸总额超过了约34.3亿美元，同比增长12.4%。[①]相关研究有助于更加深入地认识也门国家现状，使更多的中国人了解也门的历史与文化，对推动中也传统友好关系不断巩固和深化合作具有重要的现实意义。

本书以17世纪也门卡塞姆王朝崛起至今作为时空背景，从历史学的视角，全面和完整地剖析也门现代民族国家构建，核心内容包括：也门近现代历史变迁赋予其现代民族国家构建的复杂性和曲折性；现代国家在不同时期进行的社会整合都涉及政治、经济、社会和文教等领域，尽管有效提升了国家治理能力，但也存在突出问题；传统部落社会的基本组织和运作特征仍具有强大的生命力，如何聚合部落力量，推动部落对国家的认同始终是也门现代民族国家构建中的难题；地方主义的出现深刻影响着国家构建；新兴的伊斯兰主义和外部力量与国家构建之间的关系。概言之，本书在梳理也门现代民族国家构建历史过程的基础上，思考现代国家与传统社会之间的互动关系，分析也门传统社会因素、外部因素与现代国家构建之间互动的方式和程度。时至今日，上述问题仍是影响也门内战和国家重构的深层因素。

二、学术史回顾与文献分析

也门位于阿拉伯半岛西南部，战略位置重要，自古以来是东西方交通要道。受多种因素影响，当代也门经济和社会发展水平落后，是世界上最不发达的国家之一。国内对也门历史与文化的研究较为薄弱，多为介绍性的科普书籍，关于也门国家历史、民族国家构建等方面的专题性研究成果较少，本

① 商务部西亚非洲司：《中国—也门经贸合作情况（2022年）》，2023年11月10日，见https://data.worldbank.org.cn/indicator/SP.POP.TOTL?end=2023&locations=YE&start=1960&view=chart。

书对现有研究成果的梳理从民族国家理论和也门历史研究两个方面进行。

（一）国内研究现状

1. 民族国家理论研究

第一，对民族国家宏观思考类的著作和文章。

20 世纪 50 年代中国学者就开始了对民族国家理论的研究，早期研究多受苏联史学的影响，成果较为有限。20 世纪 90 年代后研究成果显著增多，著作类多集中在阐释概念、特征与民族主义的关系等较为宏观的内容。具有代表性的是宁骚《民族与国家：民族关系与民族政策的国际比较》[①]、王建娥、陈建樾《族际政治与现代民族国家》[②]、郭少棠《民族国家与国际秩序：西方政治现代化的路》[③]、徐迅《民族主义》[④]、王联《世界民族主义论》[⑤]、王建娥《族际政治：20 世纪的理论与实践》[⑥] 和于春洋《现代民族国家建构：理论、历史与现实》[⑦] 等。这些著作着力于探究"民族国家"的理论内涵，分析民族国家的产生及其建构过程，以及全球化时代的新发展。此外，代表性论文有徐勇《"回归国家"与现代国家的建构》[⑧]、杨雪冬《民族国家与国家建构：一个理论综述》[⑨]、陈建樾《全球化、民族国家与马克思主义》[⑩] 等。张淑娟的《关于民族国家的几点思考》[⑪]、张友国的《民族国家：理论与现实》[⑫]、李景铭的《民族国家的类型划分》[⑬] 等论文对民族国家的研究涉及概念、形成过程、类型和特征各

---

① 宁骚：《民族与国家：民族关系与民族政策的国际比较》，北京大学出版社 1995 年版。

② 王建娥、陈建樾：《族际政治与现代民族国家》，社会科学文献出版社 2004 年版。

③ 郭少棠：《民族国家与国际秩序：西方政治现代化的路》，首都师范大学出版社 1998 年版。

④ 徐迅：《民族主义》，东方出版社 2015 年版。

⑤ 王联：《世界民族主义论》，北京大学出版社 2002 年版。

⑥ 王建娥：《族际政治：20 世纪的理论与实践》，社会科学文献出版社 2011 年版。

⑦ 于春洋：《现代民族国家建构：理论、历史与现实》，中国社会科学出版社 2016 年版。

⑧ 徐勇：《"回归国家"与现代国家的建构》，《东南学术》2006 年第 4 期。

⑨ 杨雪冬：《民族国家与国家建构：一个理论综述》，《复旦政治学评论》2005 年第 1 期。

⑩ 陈建樾：《全球化、民族国家与马克思主义》，《世界民族》2002 年第 2 期。

⑪ 张淑娟：《关于民族国家的几点思考》，《广西民族研究》2009 年第 4 期。

⑫ 张友国：《民族国家：理论与现实》，《北京行政学院学报》2009 年第 1 期。

⑬ 李景铭：《民族国家的类型划分》，《民族研究》2004 年第 2 期。

方面，具有一定的理论价值。王文奇在《民族主义与民族国家构建析论》[①]中提出民族主义推动了民族国家构建，对民族主义与民族国家的关系进行了独到的分析。王建娥在《国家建构和民族建构：内涵、特征及联系——以欧洲国家经验为例》[②]中，对民族国家建构过程中的国家建构和民族建构进行了阐释，并对民族国家建构过程存在的问题进行了批判性的反思。黄其松的《制度建构与民族认同：现代国家建构的双重任务》[③]、王家峰的《在权力与权利之间：现代国家建构的历史逻辑》[④]以及刘中民的《中东民族国家建构中的民族主义与伊斯兰教》[⑤]等论文，都从不同侧面解析了现代民族国家构建理论的框架和研究思路。

第二，有关全球化和民族国家的著作及论文。

针对全球化浪潮对民族国家的不断冲击，贾英健的《全球化背景下的民族国家研究》[⑥]、赵可金的《全球公民社会与民族国家》[⑦]等研究成果，反映了中国学者对全球化背景下民族国家主权和职能变化的思考。论文方面有庞中英的《经济全球化、民族国家与民族主义——兼评“民族国家消亡论”和“积极的民族主义论”》[⑧]、刘飞涛的《全球化与民族国家主权关系辨析》[⑨]、邹树彬的《机遇与挑战——经济全球化浪潮中民族国家的两难抉择》[⑩]等。这些论文从不同侧面分析全球化对现代民族国家的影响，为在新的时代背景下理解和展望

---

① 王文奇：《民族主义与民族国家构建析论》，《史学集刊》2011 年第 3 期。

② 王建娥：《国家建构和民族建构：内涵、特征及联系——以欧洲国家经验为例》，《西北师大学报（社会科学版）》2010 年第 2 期。

③ 黄其松：《制度建构与民族认同：现代国家建构的双重任务》，《云南行政学院学报》2010 年第 6 期。

④ 王家峰：《在权力与权利之间：现代国家建构的历史逻辑》，《天津社会科学》2010 年第 6 期。

⑤ 刘中民：《中东民族国家建构中的民族主义与伊斯兰教》，《国际观察》2008 年第 5 期。

⑥ 贾英健：《全球化背景下的民族国家研究》，中国社会科学出版社 2005 年版。

⑦ 赵可金：《全球公民社会与民族国家》，上海三联书店 2008 年版。

⑧ 庞中英：《经济全球化、民族国家与民族主义——兼评“民族国家消亡论”和“积极的民族主义论”》，《太平洋学报》1997 年第 4 期。

⑨ 刘飞涛：《全球化与民族国家主权关系辨析》，《世界经济与政治论坛》2000 年第 5 期。

⑩ 邹树彬：《机遇与挑战——经济全球化浪潮中民族国家的两难抉择》，《内蒙古社会科学》1998 年第 5 期。

民族国家的未来提供了研究基础。

第三，民族国家理论运用于各国历史和文化的研究。

在对民族国家理论进行深入研究和阐释的基础上，国内学术界出现了运用现代民族国家理论对特定国家、民族进行研究的大量成果。著作类有昝涛《现代国家与民族建构——20 世纪前期土耳其民族主义研究》[①]，考察了 20 世纪前期土耳其民族主义的演变。张宝成在《民族认同与国家认同：跨国民族视阈下的巴尔虎蒙古人身份选择》[②] 中，运用马克思主义民族政治学的基本观点和方法，以内蒙古自治区呼伦贝尔巴尔虎人为研究个案，对民族认同与国家认同相互关系的演化、演进与发展进行了深入分析。刘务《1988 年以来缅甸民族国家构建》[③] 分别从国家构建和民族构建视角，探讨缅甸少数民族国家认同的变化，并分析了缅甸国家构建的现状和趋势。此外还有大量关于叙利亚、苏丹、哈萨克斯坦、尼日利亚等民族国家构建的研究成果。论文方面有黄民兴《试析阿富汗民族国家构建的阶段与特征》[④]、《论 20 世纪中东国家的民族构建问题》[⑤] 与《从民族国家构建的视角析当代中东国家的社会整合》[⑥]，卢玲玲、闫伟《阿富汗民族国家的构建及特点》[⑦]，闫伟、韩志斌《部落政治与利比亚民族国家重构》[⑧]，韩志斌、薛亦凡《约旦国家构建中的部落问题及其影响》[⑨] 等。此外国内学者还就中国、巴林、缅甸、叙利亚等民族国家构建问题发表多篇论文，这里不再赘述。

---

① 昝涛：《现代国家与民族建构——20 世纪前期土耳其民族主义研究》，生活 · 读书 · 新知三联书店 2011 年版。

② 张宝成：《民族认同与国家认同：跨国民族视阈下的巴尔虎蒙古人身份选择》，人民出版社 2012 年版。

③ 刘务：《1988 年以来缅甸民族国家构建》，社会科学文献出版社 2014 年版。

④ 黄民兴：《试析阿富汗民族国家构建的阶段与特征》，《西亚非洲》2008 年第 4 期。

⑤ 黄民兴：《论 20 世纪中东国家的民族构建问题》，《西亚非洲》2006 年第 9 期。

⑥ 黄民兴：《从民族国家构建的视角析当代中东国家的社会整合》，《西亚非洲》2013 年第 4 期。

⑦ 卢玲玲、闫伟：《阿富汗民族国家的构建及特点》，《内蒙古民族大学学报（社会科学版）》2011 年第 3 期。

⑧ 闫伟、韩志斌：《部落政治与利比亚民族国家重构》，《西亚非洲》2013 年第 4 期。

⑨ 韩志斌、薛亦凡：《约旦国家构建中的部落问题及其影响》，《西亚非洲》2020 年第 1 期。

2. 也门历史研究

国内学术界关于也门的研究成果较少，论文多集中在 2011 年也门政局动荡后的局势分析、大国博弈和地区恐怖主义问题上。中东地区的研究成果中关于也门的内容分散，缺乏系统和完整的研究成果。国内全面系统研究也门历史的专著首推郭宝华《中东国家通史 · 也门卷》[①]，该书以纵横两条线索完整呈现了也门从古代文明到 1994 年内战结束后的政治民主化和经济重建的历史面貌。中国社会科学院林庆春、杨鲁萍所著《列国志：也门》[②] 对也门国家概况进行了整体介绍。杨建荣著《也门经济研究》[③]、时延春《当代也门社会与文化》[④]、马利章《走进也门：阿拉伯文化研究》[⑤]，分别侧重于对也门经济、社会文化的研究。此外，也门学者苏尔坦 · 艾哈迈德 · 欧默尔著、易元译《也门社会发展一瞥》[⑥]，系统介绍了也门政治、经济和社会文化的发展。艾哈迈德 · 拉荷米中校等著、杨福昌译《也门革命秘录》[⑦]，出版年代较早，对了解也门历史和社会发展有一定帮助。夏路《复合权力结构与国家统一模式：对越南、德国、也门的比较研究》[⑧]，从政治学的角度分析了也门的国家统一模式。关注也门早期历史的论文有张正英《也门史话（一）——远古时期的王国》[⑨]、《也门史话（二）——外族入侵和古代社会》[⑩]、《也门史话（三）》[⑪]、《也门史话（四）——近代也门》[⑫]。彭树智主编《二十世纪中东史》[⑬]、赵伟明《中东问题

---

① 郭宝华：《中东国家通史 · 也门卷》，商务印书馆 2004 年版。

② 林庆春、杨鲁萍：《列国志：也门》，社会科学文献出版社 2009 年版。

③ 杨建荣：《也门经济研究》，对外经济贸易大学出版社 2011 年版。

④ 时延春：《当代也门社会与文化》，上海外语教育出版社 2006 年版。

⑤ 马利章：《走进也门：阿拉伯文化研究》，民族出版社 2003 年版。

⑥ [也] 苏尔坦 · 艾哈迈德 · 欧默尔：《也门社会发展一瞥》，易元译，人民出版社 1975 年版。

⑦ [也] 艾哈迈德 · 拉荷米中校等：《也门革命秘录》，杨福昌译，商务印书馆 1981 年版。

⑧ 夏路：《复合权力结构与国家统一模式：对越南、德国、也门的比较研究》，中国社会科学出版社 2011 年版。

⑨ 张正英：《也门史话（一）——远古时期的王国》，《阿拉伯世界》1995 年第 1 期。

⑩ 张正英：《也门史话（二）——外族入侵和古代社会》，《阿拉伯世界》1995 年第 2 期。

⑪ 张正英：《也门史话（三）》，《阿拉伯世界》1995 年第 3 期。

⑫ 张正英：《也门史话（四）——近代也门》，《阿拉伯世界》1995 年第 4 期。

⑬ 彭树智主编：《二十世纪中东史》，高等教育出版社 2001 年版。

与美国中东政策》[①] 也有涉及也门历史的内容。杨光主编《中东黄皮书：中东发展报告 NO.17（2014~2015）》[②]、马晓霖主编《阿拉伯剧变：西亚北非大动荡深层观察》[③]、刘中民、朱威烈主编《中东地区发展报告：中东变局的多维透视（2012 年卷）》[④] 等，对了解也门国家及地区局势提供了参考资料。

相比于著作，与也门相关的论文数量较多，主要分为如下几类：

第一，政治领域的研究成果。20 世纪 90 年代发表的论文主要关注于也门国家统一和内战的主题，如才林《也门南北战争初析》[⑤]、王铁锋《也门内战的历史背景及其原因》[⑥]、米谢尔 · 杜什舍勒著、庄慧君摘译《南北也门的统一问题》[⑦]、杨树林《南北两也门统一的新势头》[⑧]、李莉《也门内战和萨利赫政府面临的挑战》[⑨]、马凤雅《也门在伊斯兰教创立时期的历史作用》[⑩]、图强《文明古国也门的复兴》[⑪]、赵和惠、李爱忠《也门统一后面临的困难和采取的措施》[⑫]、夏路《也门统一模式及其对中国的启示》[⑬]、蒋超喆《也门统一问题的历史考察》[⑭]、靳二华《也门国家统一问题研究（1962—1994）》[⑮]、甄白灵《也门内战的动因、演变及其影响研究》[⑯] 等。国家统一后萨利赫执政时期研究成果较少，

① 赵伟明：《中东问题与美国中东政策》，时事出版社 2006 年版。

② 杨光主编：《中东黄皮书：中东发展报告 NO.17（2014~2015）》，社会科学文献出版社 2015 年版。

③ 马晓霖主编：《阿拉伯剧变：西亚北非大动荡深层观察》，新华出版社 2012 年版。

④ 刘中民、朱威烈主编：《中东地区发展报告：中东变局的多维透视（2012 年卷）》，时事出版社 2013 年版。

⑤ 才林：《也门南北战争初析》，《西亚非洲》1994 年第 6 期。

⑥ 王铁锋：《也门内战的历史背景及其原因》，《西北大学学报（哲学社会科学版）》1994 年第 4 期。

⑦ ［法］米谢尔 · 杜什舍勒：《南北也门的统一问题》，庄慧君摘译，《西亚非洲》1980 年第 4 期。

⑧ 杨树林：《南北两也门统一的新势头》，《瞭望周刊》1989 年第 51 期。

⑨ 李莉：《也门内战和萨利赫政府面临的挑战》，《亚非纵横》1994 年第 3 期。

⑩ 马凤雅：《也门在伊斯兰教创立时期的历史作用》，硕士学位论文，对外经济贸易大学，2007 年。

⑪ 图强：《文明古国也门的复兴》，《国际问题研究》1991 年第 4 期。

⑫ 赵和惠、李爱忠：《也门统一后面临的困难和采取的措施》，《西亚非洲》1991 年第 4 期。

⑬ 夏路：《也门统一模式及其对中国的启示》，《阿拉伯世界研究》2010 年第 4 期。

⑭ 蒋超喆：《也门统一问题的历史考察》，硕士学位论文，上海社会科学院，2012 年。

⑮ 靳二华：《也门国家统一问题研究（1962—1994）》，硕士学位论文，陕西师范大学，2011 年。

⑯ 甄白灵：《也门内战的动因、演变及其影响研究》，硕士学位论文，东北师范大学，2022 年。

樊小红《也门统一后的政治体制演变与民主化进程评析》[①]是为数不多的系统研究也门统一后政治发展的代表性论文之一。2011年也门政局动荡以来，关于其政治局势的时事研究，代表性成果有王建《也门局势一波三折萨利赫交权非易事》[②]、王锁劳《围绕也门的三组敌对矛盾》[③]、唐志超《也门政局再陷动荡及其影响》[④]。2017年12月萨利赫在与胡塞武装同盟关系破裂后被杀，马晓霖《强人末日：萨利赫殒命或成也门战事转折点》[⑤]、刘中民《萨利赫倒下凸显中东冷战化趋势加剧》[⑥]、李亚男《"后萨利赫时代"，也门往何处去》[⑦]等，均结合该突发事件分析也门局势的走向。

第二，也门经济发展的研究成果。与政治类研究成果相似，对也门经济的研究早期集中于国家统一前后的经济环境和政策，2011年后有少量研究论文，但对1991—2010年经济政策和数据的系统研究较少，仅有少量研究外贸经济的论文。如杨建荣《也门统一后的经济发展及面临的挑战》[⑧]、《也门投资环境探析》[⑨]、《也门侨汇在国民经济中的作用》[⑩]、《中也经贸发展回顾与展望》[⑪]，穆思乐《也门外贸经济发展战略优化研究》[⑫]，张金平《"阿拉伯之春"与也门经济近况》[⑬]，应添翼《也门石油工业发展史略》[⑭]等。

第三，对也门社会与文化的研究。周顺贤《也门的人口政策》[⑮]与《90年

---

① 樊小红：《也门统一后的政治体制演变与民主化进程评析》，硕士学位论文，北京大学，2001年。

② 王建：《也门局势一波三折萨利赫交权非易事》，《中国社会科学报》2011年10月24日。

③ 王锁劳：《围绕也门的三组敌对矛盾》，《南风窗》2010年第5期。

④ 唐志超：《也门政局再陷动荡及其影响》，《当代世界》2015年第4期。

⑤ 马晓霖：《强人末日：萨利赫殒命或成也门战事转折点》，《华夏时报》2017年12月5日。

⑥ 刘中民：《萨利赫倒下凸显中东冷战化趋势加剧》，《解放日报》2017年12月6日。

⑦ 李亚男：《"后萨利赫时代"，也门往何处去》，《世界知识》2018年第1期。

⑧ 杨建荣：《也门统一后的经济发展及面临的挑战》，《阿拉伯世界研究》2005年第5期。

⑨ 杨建荣：《也门投资环境探析》，《阿拉伯世界》2003年第4期。

⑩ 杨建荣：《也门侨汇在国民经济中的作用》，《阿拉伯世界》1999第4期。

⑪ 杨建荣：《中也经贸发展回顾与展望》，《西亚非洲》2008年第3期。

⑫ 穆思乐：《也门外贸经济发展战略优化研究》，硕士学位论文，中南大学，2014年。

⑬ 张金平：《"阿拉伯之春"与也门经济近况》，载王正伟主编：《中国—阿拉伯国家经贸论坛理论研讨会论文集（2012第三辑）》，宁夏人民出版社2012年版。

⑭ 应添翼：《也门石油工业发展史略》，《西安石油工业大学学报（社会科学版）》2022年第1期。

⑮ 周顺贤：《也门的人口政策》，《阿拉伯世界研究》1994年第4期。

代的也门教育事业》[①]，程程《也门文学一瞥》[②]，陈万里《关于也门教育发展战略的实施》[③]，陈静、韩志斌《战后也门妇女发展研究》[④]，对也门的教育、文学、妇女等问题进行了简单介绍。对也门部落社会的研究内容相对较多，蒲瑶和唐彬君《部落视阈下的也门历史与政治》[⑤]，分析了也门部落的结构特征并简要梳理了部落与也门国家历史的互动关系。杨鲁萍《也门部落暴力问题初探》[⑥]阐释了也门部落的历史变迁，介绍了也门部落暴力问题的状况，并分析了暴力问题盛行的原因。党梓元《萨利赫时代（1978—2011）也门部落研究》[⑦]主要研究萨利赫执政时期也门部落的社会结构、经济形态以及部落与中央政府之间的关系。李维建的硕士学位论文《也门伊斯兰教栽（宰）德派历史研究》[⑧]第六章"栽（宰）德派对也门的影响"中，分析了宰德派与也门部落的共生关系，该文为了解也门部落社会提供了新颖的视角和观点。刘中民《中东变局与阿拉伯国家的民主转型》[⑨]、李明伟《也门乱局中的部落因素探析》[⑩]指出了也门的部落或部落联盟并非以宗教派别划分，更多的是以地域、文化和共同利益为界线，使部落间的利益纠葛和矛盾更加复杂。王瑜贺《部落因素在也门政治中的作用》[⑪]与蒲瑶、唐彬君《部落视阈下的也门历史与政治》[⑫]和《也门政治危机中的部落因素》[⑬]则集中探究也门广泛存在的部落社会及其问题和影响。

① 周顺贤：《90 年代的也门教育事业》，《阿拉伯世界研究》1995 年第 2 期。

② 程程：《也门文学一瞥》，《阿拉伯世界》1996 年第 4 期。

③ 陈万里：《关于也门教育发展战略的实施》，《阿拉伯世界研究》1994 年第 2 期。

④ 陈静、韩志斌：《战后也门妇女发展研究》，《内蒙古民族大学学报（社会科学版）》2002 年第 4 期。

⑤ 蒲瑶、唐彬君：《部落视阈下的也门历史与政治》，《中东问题研究》2016 年第 2 期。

⑥ 杨鲁萍：《也门部落暴力问题初探》，《西亚非洲》2008 年第 10 期。

⑦ 党梓元：《萨利赫时代（1978—2011）也门部落研究》，硕士学位论文，北京外国语大学，2013 年。

⑧ 李维建：《也门伊斯兰教栽（宰）德派历史研究》，硕士学位论文，西北大学，2001 年。

⑨ 刘中民：《中东变局与阿拉伯国家的民主转型》，《当代世界与社会主义》2014 年第 4 期。

⑩ 李明伟：《也门乱局中的部落因素探析》，《国际研究参考》2016 年第 7 期。

⑪ 王瑜贺：《部落因素在也门政治中的作用》，硕士学位论文，北京大学，2015 年。

⑫ 蒲瑶、唐彬君：《部落视阈下的也门历史与政治》，《中东问题研究》2016 第 2 期。

⑬ 蒲瑶、唐彬君：《也门政治危机中的部落因素》，《阿拉伯世界研究》2016 年第 6 期。

第四，也门局势与反恐问题研究。2011 年后关注也门局势和地区反恐的论文增多，主要有李亚男《当前也门政局危机及其影响》[①]、董漫远《也门变局及其影响研究》[②]、张金平《全国对话会议与也门政治过渡》[③]与《也门动荡转型中的恐怖活动与反恐策略》[④]、王琼《也门恐怖主义与政治动荡》[⑤]、张家栋、毛春伟《也门恐怖活动近况与美国的反恐对策》[⑥]等论文，分析了也门变局出现的内外原因，指出也门变局是西亚北非变局的重要组成部分，是多年来各种内外矛盾积重难返的总爆发。刘中民、任华《也门极端组织的演变、成因及其影响》[⑦]，方金英等《也门恐怖乱象解读》[⑧]，朱泉钢《地缘政治视角下也门危机僵局及其出路》[⑨]、《也门多重武装力量的崛起及其治理困境》[⑩]等，集中从极端组织、多重武装力量角度进行探究；谈天《中东剧变以来沙特对也门政策研究》[⑪]、唐志超《中东乱局的根源及影响》[⑫]、曾向红与陈明霞《沙特与伊朗在也门内战中的对抗与策略互动——基于博弈论的视角》[⑬]、代振宇《奥巴马时期美国与也门反恐合作研究（2009—2015）》[⑭]、岳磊《沙特阿拉伯对也门干涉的研究（2015.03—2018.07）》[⑮]，则从地区大国和外

---

① 李亚男：《当前也门政局危机及其影响》，《国际研究参考》2015 年第 5 期。

② 董漫远：《也门变局及其影响研究》，《阿拉伯世界研究》2011 年第 6 期。

③ 张金平：《全国对话会议与也门政治过渡》，《西亚非洲》2013 年第 2 期。

④ 张金平：《也门动荡转型中的恐怖活动与反恐策略》，《阿拉伯世界研究》2014 年第 4 期。

⑤ 王琼：《也门恐怖主义与政治动荡》，《现代国际关系》2015 年第 6 期。

⑥ 张家栋、毛春伟：《也门恐怖活动近况与美国的反恐对策》，《阿拉伯世界研究》2010 年第 2 期。

⑦ 刘中民、任华：《也门极端组织的演变、成因及其影响》，《阿拉伯世界研究》2017 年第 2 期。

⑧ 方金英等：《也门恐怖乱象解读》，《现代国际关系》2010 年第 1 期。

⑨ 朱泉钢：《地缘政治视角下也门危机僵局及其出路》，《当代世界》2018 年第 4 期。

⑩ 朱泉钢：《也门多重武装力量的崛起及其治理困境》，《阿拉伯世界研究》2019 年第 4 期。

⑪ 谈天：《中东剧变以来沙特对也门政策研究》，硕士学位论文，中国社会科学院研究生院，2020 年。

⑫ 唐志超：《中东乱局的根源及影响》，《当代世界》2020 年第 3 期。

⑬ 曾向红、陈明霞：《沙特与伊朗在也门内战中的对抗与策略互动——基于博弈论的视角》，《中东研究》2017 年第 2 期。

⑭ 代振宇：《奥巴马时期美国与也门反恐合作研究（2009—2015）》，硕士学位论文，西北大学，2015 年。

⑮ 岳磊：《沙特阿拉伯对也门干涉的研究（2015.03—2018.07）》，硕士学位论文，国防科技大学，2018 年。

部势力的视角分析也门局势。

第五，2015 年伴随着也门国内胡塞武装组织的强势崛起，出现了以此为研究主题的成果。马小龙《也门胡塞运动研究》[①]、李翠《胡塞武装与也门政局关系研究》[②]将胡塞武装组织发展分为早期与政府合作、萨达战争和也门乱局中崛起三个阶段，概述了其政治活动与武装活动，并分析了影响胡塞武装组织发展的国内外力量。武星艳《伊朗与也门胡塞武装组织的关系探析》[③]、郭强《也门什叶派胡塞武装组织》[④]，论述了胡塞武装组织的性质及其斗争目标、组织机构。吴天雨、吴冰冰《也门宰德派的兴衰与胡塞武装的政治抗争》[⑤]，分析胡塞武装组织的兴起源于国家在政治、经济、宗教领域压制正统宰德派所引起的强烈不满，以及萨拉菲主义在也门迅速发展的挑战，结合宰德派的兴衰分析胡塞武装组织的发展历程。

综上，国内研究也门的专著类成果较少，期刊论文方面近年来成果较多，但对也门政治发展的研究较多集中在也门国家统一问题上，关于当代也门政治发展的研究成果几乎没有；系统研究也门经济发展特别是统一后经济政策的成果较少；对也门社会与文化的研究范围广泛，涉及部落、教育、文学和民俗等，但都以介绍性为主，缺乏深入分析。研究成果更多的是以现状研究为导向，关注也门政局动荡、地区安全和大国政治，对也门历史的挖掘不够。对于社会整合、部落社会、宗教势力与伊斯兰主义、地方分裂主义的研究并不充分，很多领域仍然是空白。除此之外，国内学者对于也门历史的研究中一手的文献资料的运用有限。

（二）国外研究现状

1. 民族国家理论与民族国家构建问题的研究

关于民族国家理论的外文著作可谓不胜枚举。20 世纪初期对民族国家

---

① 马小龙：《也门胡塞运动研究》，硕士学位论文，云南大学，2016 年。

② 李翠：《胡塞武装与也门政局关系研究》，硕士学位论文，西北大学，2018 年。

③ 武星艳：《伊朗与也门胡塞武装组织的关系探析》，《国际研究参考》2016 年第 3 期。

④ 郭强：《也门什叶派胡塞武装组织》，《国际研究参考》2015 年第 1 期。

⑤ 吴天雨、吴冰冰：《也门宰德派的兴衰与胡塞武装的政治抗争》，《阿拉伯世界研究》2018 年第 3 期。

的研究离不开民族主义，代表性著作也多出自民族学和人类学学者。英国剑桥大学社会人类学教授厄内斯特·盖尔纳在《民族与民族主义》[①]一书中介绍了民族主义的定义，民族主义的产生、类型和民族主义的未来。他认为民族主义的产生和资本主义的到来有关，按照权力、教育和共同发展将民族主义进行分类，并预测未来民族主义冲突的尖锐程度将减弱。英国民族学家安东尼·史密斯在《民族主义：理论、意识形态、历史》[②]中，从历史和文化的角度分析民族主义的起源。史密斯在《全球化时代的民族与民族主义》[③]一书中，探讨了在全球化时代民族国家出现的危机，提出超级民族主义和超越民族主义之辨，最后仍强调民族国家构建的重要性。美国学者本尼迪克特·安德森所著《想象的共同体——民族主义的起源与散布》[④]提出了分析民族与民族主义新的理论范式，将民族定义为“一种想象的政治共同体”，从民族主义产生的文化背景、社会根源和民族主义的主观想象性和多元性进行分析，认为民族主义是在神权政治向民权政治转变背景下产生的，并且得出民族和国家是现代性的产物，是“一种特殊类型的文化的人造物”，是“一种想象的政治共同体，是被想象为本质上有限的而又享有主权的共同体”。埃里克·霍布斯鲍姆的《民族与民族主义》[⑤]重点讨论了19世纪末20世纪初的民族主义运动，分析了欧洲发达地区的民族及民族主义的表现、影响、转型与变迁等内容。此外，沃勒斯坦《现代世界体系》[⑥]、亚历山大·温特《国际政治的社会理论》[⑦]、汉斯·摩根索《国家间政治：权力斗争与和平》[⑧]、弗朗西斯·福山《国

① ［英］厄内斯特·盖尔纳：《民族与民族主义》，韩红译，中央编译出版社2002年版。

② ［英］安东尼·史密斯：《民族主义：理论、意识形态、历史》，上海世纪出版集团2011年版。

③ ［英］安东尼·史密斯：《全球化时代的民族与民族主义》，龚维斌、良警宇译，中央编译出版社2002年版。

④ ［美］本尼迪克特·安德森：《想象的共同体——民族主义的起源与散布》，吴叡人译，上海人民出版社2005年版。

⑤ ［英］埃里克·霍布斯鲍姆：《民族与民族主义》，李金梅译，上海人民出版社2006年版。

⑥ ［美］伊曼纽尔·沃勒斯坦：《现代世界体系》，罗荣渠等译，社会科学文献出版社2013年版。

⑦ ［美］亚历山大·温特：《国际政治的社会理论》，秦亚青译，北京大学出版社2005年版。

⑧ ［美］汉斯·摩根索著，［美］肯尼思·汤普森修订：《国家间政治：权力斗争与和平（简明版）》，徐昕、郝望、李保平译，王缉思校，北京大学出版社2012年版。

家构建：21 世纪的国家治理与世界秩序》[1] 等著作，分别从国际政治学、国际关系和全球化理论等角度研究现代民族国家。

对民族国家构建问题的研究首推英国社会学家安东尼 · 吉登斯《民族—国家与暴力》[2]，吉登斯指出了传统社会理论对国家、民族—国家理论论述的不足，分别分析了传统国家和绝对主义国家的特征，并从民族—国家内部和全球体系中的民族—国家两个方面，概括出国家内部绥靖的过程、多元政治的形成，以及主权、公民权和民族主义趋向与关联等特征。吉登斯按照国家形态的发展将世界历史的演进分为传统国家、绝对主义国家和民族—国家三个阶段，使其研究具有鲜明的特征。吉登斯的另外两本著作《全球化时代的民族国家》[3] 和《现代性的后果》[4]，认为全球化时代的到来带来国家身份认同和主权在某种程度上的不完全相称，但民族国家不会消失，而是趋向于普遍化。美国学者菲利克斯 · 格罗斯的《公民与国家——民族、部族和族属身份》[5]，对现代国家和国民权利进行了总结和反思，探讨了族群认同与国家关系，并按照现代国家与部落国家、理性国家与非理性国家的分裂，探讨国民与国家之间的关系问题。美国国际政治理论家塞缪尔 · 亨廷顿的《文明的冲突与世界秩序的重建》[6] 和《变化社会中的政治秩序》[7] 中，关于世界格局中几大文明的冲突和对发展中国家政治制度的分析，也涉及民族国家问题。

2. 也门历史的研究

国外学者对也门的研究最初起源于殖民主义的需要，与也门南部成为英

---

① ［美］弗朗西斯 · 福山：《国家构建：21 世纪的国家治理与世界秩序》，黄胜强、许铭原译，中国社会科学出版社 2007 年版。

② ［英］安东尼 · 吉登斯：《民族—国家与暴力》，胡宗泽、赵力涛、王铭铭译，生活 · 读书 · 新知三联书店 1998 年版。

③ ［英］安东尼 · 吉登斯：《全球化时代的民族国家》，郭忠华译，江苏人民出版社 2012 年版。

④ ［英］安东尼 · 吉登斯：《现代性的后果》，田禾译，译林出版社 2000 年版。

⑤ ［美］菲利克斯 · 格罗斯：《公民与国家——民族、部族和族属身份》，王建娥、魏强译，新华出版社 2003 年版。

⑥ ［美］塞缪尔 · 亨廷顿：《文明的冲突与世界秩序的重建》，周琪、刘绯、张立平、王圆译，新华出版社 2010 年版。

⑦ ［美］塞缪尔 · 亨廷顿：《变化社会中的政治秩序》，王冠华等译，上海人民出版社 2008 年版。

国殖民地的历史有关。代表性研究成果有：马可·艾瑞克（Macro Eric）1958年出版的《阿拉伯半岛的参考书目》[①]中收录了关于也门的书目；巴尔弗·保罗（Balfour Paul）的《中东帝国的终结》[②]、巴德里·约翰（Baldry John）1976年发表的论文《英国与意大利在也门和阿西尔地区的竞争1900—1934》[③]和博尔思·凯瑟琳（Boals Kathryn D.）1969年的博士学位论文《现代化和干预：也门的理论实例研究》[④]等。这些资料成为近代以来西方对于也门的基本认知来源，此外英国还存有20世纪三四十年代后占领也门南部的档案资料，但真正运用这些档案所形成的研究成果十分鲜见。

此后，西方出版了一些关于也门历史文化的专著与游记。20世纪90年代以后，西方学者开始从历史学、社会学、民族人类学甚至政治学等视角深入研究也门历史。这些成果涉及近现代以来也门的方方面面，无论是材料还是观点都相当丰富。以下从专题的角度梳理和分析与也门相关的外文文献。

第一，关于也门历史的相关研究。研究成果有：阿比德（Abid b. Sharya Al-Jurhum）的《也门历史、诗歌和谱系》[⑤]，主要对也门前伊斯兰时代早期历史进行解读，包括苏勒曼和希木叶尔王朝时期南阿拉伯半岛的历史。凯撒·E. 法拉赫（Caesar E. Farah）的《苏丹统治下的也门：19世纪对奥斯曼统治的反抗》[⑥]，讲述了19世纪至20世纪初奥斯曼帝国占领也门的过程、也门人民三次大规模反抗浪潮及最终协定的达成，对了解也门近代伊玛目王朝抗击奥斯曼帝国斗争有很大帮助。

---

① Macro Eric，*Bibliography of the Arabian Peninsula*，Coral Gables，Fla：University of Miami Press，1958.

② Glen Balfour-Paul，*The End of Empire in the Middle East: Britain's Relinquishment of Power in Her Last Three Arab Dependencies*，Cambridge University Press，1991.

③ Baldry John，"Anglo-Italian Rivalry in Yemen and Asir 1900-1934"，*Die Welt des Islams*，Vol.17，Nos.1-4，1976.

④ Boals Kathtny，"Modernization and Intervention：Yemen as a Theoretical Case Study"，Princeton University ProQuest Dissertations & Theses，1970.

⑤ Abid b. Sharya Al-Jurhum，*The History*，*Poetry*，*and Genealogy of the Yemen*，Gorgias Press，2013.

⑥ Caesar E. Farah，*The Sultan's Yemen：Nineteenth-Century Challenges to Ottoman Rule*，I.B.Tauris & Co.Ltd，2002.

20 世纪 90 年代以来西方出版了大量有关也门近现代史的著作，具有代表性的有保罗 · 德雷施（Paul Dresch）的《现代也门历史》[①]，主要论述了自 20 世纪初也门分别遭受奥斯曼帝国和英国占领直到 20 世纪 90 年代成为统一独立国家的历史。该书内容包括叶海亚统治也门时期的政治经济文化特点，20 世纪 60 年代也门革命的详细过程，南、北也门共和国各自的政治历程，以及也门统一后的政治、经济和外交情况，为研究也门近现代历史提供了翔实资料。彼得森（J. E. Peterson）的《也门：现代国家的探索》[②] 集中于比较 20 世纪 30 年代叶海亚伊玛目统治时期和 20 世纪 70 年代阿拉伯也门共和国时期的政治变革。彼得森分别介绍了穆塔瓦基利亚王国统治时期的政治发展特征和北也门共和国时期的国家政治构建与经济发展，通过对不同时期也门政治的特征进行比较，得出结论认为两个时期的转换不是突兀的历史断裂，而是经历了一个长期转变的过程，这种转变仍然受到传统价值观的影响。普里德姆（B. R. Pridham）的《当代也门：政治和历史背景》[③] 是一部论文集，主要探讨了 20 世纪 60 年代也门的政治事件，包括自由人运动的兴起、南也门的民族解放运动和共产主义政党、南北也门的国家构建和政治发展，还有两篇论文分析南也门的司法和教育制度。威廉姆 · 哈罗德 · 英格拉姆斯（William Harold Ingrams）《也门：伊玛目、统治者和革命》[④] 出版年代较早，但对了解穆塔瓦基利亚王国后期的统治提供了资料。维多利亚 · 克拉克（Victoria Clark）的《也门：在蛇头上舞蹈》[⑤] 也是了解也门历史的必读著作之一。

关于当代也门政治和局势的研究成果有：希拉 · 卡拉皮柯（Sheila Carapico）《也门公民社会》[⑥]，作者运用西方"公民社会"概念审视了 20 世纪

---

① Paul Dresch，*A History of Modern Yemen*，Cambridge University Press，2002.

② J. E. Peterson，*Yemen：The Search for a Modern State*，Baltimore：The Johns Hopkins University Press，1982.

③ B. R. Pridham，*Contemporary Yemen：Politics and Historical Background*，University of Exeter，1984.

④ William Harold Ingrams，*The Yemen：Imams，Rulers & Revolutions*，Praeger Press，1963.

⑤ Victoria Clark，*Yemen：Dancing on the Heads of Snakes*，Yale University Press，2010.

⑥ Sheila Carapico，*Civil Society in Yemen：The Political Economy of Activism in Modern Arabia*，Cambridge University Press，1998.

也门历史与社会的互动，通过宗教、部落、殖民主义、激进主义和保守主义、社会与国家权力、社会多元主义和政治参与、公众对政治危机的反应、政治运动和文化趋势等专题，分析了现代政治民主化活动和也门“公民社会”的初现，以及也门社会传统组织与文化的互动。斯蒂芬·W. 戴（Stephen W. Day）《也门地方主义和叛乱：困难重重的统一国家》[①] 主要讨论了也门地方主义和以胡塞武装组织为代表的叛乱活动，第一章概述也门地区分裂受到地理、历史、教派和政治等因素影响，第二章到第九章按照时间顺序阐释自 20 世纪 60 年代北、南也门共和国建立，一直到 2011 年萨利赫政府下台期间，也门地方主义不断加深直至国家陷入崩溃的历史进程。莉莎·韦登（Lisa Wedeen）《边缘视角：也门的公众、权力和运作》[②] 从社会学视角分析，认为也门统一后的国家机构建设并没有带来公民认同，民众的认同主要产生于日常生活中，作者提出进行参与性政治的实践活动才能解决也门社会长期存在的分裂。诺埃尔·布雷诺伊（Noel Brehony）《分裂的也门：阿拉伯半岛南部一个失败国家的叙事》[③] 一书，则是从审视南也门共和国历史的角度，探究也门南部产生分离主义运动的根源，并兼论沙特阿拉伯与也门南部的关系。莎拉·菲利普斯（Sarah Phillips）《地区视角下也门的民主实践》[④] 从政府机构、部落、政党、伊斯兰主义角度分析也门的民主化进展，总结出也门统一后民主化的经验得失。海因斯·玛丽－克里斯蒂（Heinze Marie-Christine）《也门和国家稳定：阿拉伯之春后的权力、政治和社会》[⑤] 是 2018 年出版的一部著作，主要内容是对 2011 年也门政局动荡后的国家发展和前景进行论述，对“阿拉伯之春”后的

① Stephen W. Day，*Regionalism and Rebellion in Yemen：A Troubled National Union*，Cambridge University Press，2012.

② Lisa Wedeen，*Peripheral Visions：Publics，Power，and Performance in Yemen*，University of Chicago Press，2008.

③ Noel Brehony，*Yemen Divided：The Story of a Failed State in South Arabia*，I.B.Tauris & Company，Limited，2011.

④ Sarah Phillips，*Yemen's Democracy Experiment in Regional Perspective：Patronage and Pluralized Authoritatianism*，Palgrave Macmillan，2008.

⑤ Heinze Marie-Christine，*Yemen and the Search for Stability：Power、Politics and Society After the Arab Spring*，Bloomsbury Publishing，2018.

也门政治变化提出反思。关于当代也门政治和局势研究的著作还有：弗里哈特（Ibragim Fraihat）《未完成的革命：阿拉伯之春后的也门、利比亚和突尼斯》[①] 和海伦·拉克纳（Helen Lackner）《为什么也门重要：一个转型中的社会》[②]，汇集了 2011 年后西方学者关于也门局势、历史、文化等各个方面共 16 篇论文。同一作者和出版机构的《危机中的也门：独裁、新自由主义和国家解体》[③]，在分析也门局势的基础上，分不同章节介绍也门国家历史、胡塞武装组织、伊斯兰主义、部落、南部分离主义和现实困境。金尼·希尔（Ginny Hill）的《也门危机持续：内战、沙特冒险行为和阿拉伯的未来》[④] 有助于了解 2011 年后也门政治局势的发展，为研判也门的政治前景提供参考。

第二，关于南、北也门历史的研究。由于曾经分裂为南、北也门的特殊历史，国外还有不少专门介绍南、北也门的著作：如《也门民主人民共和国：政治、经济和社会》[⑤] 一书，分别从南也门的民族解放运动、执政党发展历史、政治体制、经济变革和社会政策等方面，全面概述南也门共和国的历史，为了解南也门共和国的政治结构、社会状态提供了丰富的资料。《阿拉伯也门共和国：古老土地上的发展和变化》[⑥] 则主要关注北也门共和国建立前的历史和建立后的政治、经济和社会概况，内容相对简略，对从整体上把握北也门共和国的发展轨迹有一定帮助。《阿拉伯也门共和国：传统经济的发展》[⑦] 集中于

---

① Ibragim Fraihat，*Unfinished Revolutions：Yemen Libya and Tunisia after the Arab Spring*，Yale University Press，2016.

② Helen Lackner，*Why Yemen Matters：A Society in Transition*，Saqi Books，2014.

③ Helen Lackner，*Yemen in Crisis：Autocracy Neo-Liberalism and the Disintegration ofa State*，Saqi Books，2017.

④ Ginny Hill，*Yemen Endures：Civil War，Saudi Adventurism and The Future of Arabia*，Oxford University Press，2017.

⑤ Ismale，Tareq. Y.，Jacqueline S. Ismael，*The People's Democratic Republic of Yemen：Politics Economics and Society*，Frances Ointer（Publishers），London Lynne Rienner Publishers，Inc. Boulder，1986.

⑥ Manfred W. Wenner，*The Yemen Arab Republic：Development and Change in an Ancient Land*，Westview Press，1991.

⑦ *Yemen Arab Republic：Development of a Traditional Economy Europe，Middle East，and North Africa Regional Office*，World Bank，1979.

对北也门经济发展的论述。

关于南、北也门最终实现统一，国外学术界也做了大量研究。《也门对统一的曲折探索 1990—1994》[①] 主要论述也门统一初期从政治民主化改革到原南、北也门权力之争引发内战的过程。英国学者罗伯特·布鲁斯（Robert D. Burrowes）在《阿拉伯也门共和国：1962—1986 年的发展政策》[②] 一书中，论述了北也门国家的地理、人口、经济、政治、外交、文化、宗教、教育等方面，比较详细地介绍了也门统一前北、南也门共和国之间的关系，分析北也门政府历届总统关于也门统一的政策，以及叙述也门走向统一的历史过程。恩德斯（Enders K.）的《20 世纪 90 年代的也门：从统一到经济改革》[③] 对了解南、北也门统一过程和统一初期的经济改革很有帮助。

第三，关于也门部落社会的研究。对也门部落的研究涉及历史学、人类学研究范畴，保罗·德雷施发表了多部有关也门的著述，在《也门部落、政府与历史》[④] 一书中，以在也门的生活经历为基础，从民族学和人类学的视角，通过部落组织、文化特征和历史变迁的线索，阐释了部落在也门国家政治、经济生活中的重要作用。该书分章节详细介绍了也门部落在历史中的变迁，部落社会的规则和调解机制、部落社会传统经济活动的变迁以及部落与国家的关系，为研究也门部落社会特征和部落在国家历史中的作用提供了丰富的资料。美国学者希拉·威尔（Shelagh Weir）的《部落秩序：也门山区的政治和法律》[⑤] 是作者根据自身 1977 年、1979 年和 1993 年在也门最北部贾巴尔·拉兹赫地区（Jabal Razih）的田野调查经历完成的，以贾巴尔·拉兹赫地区的小部落为对象，研究了当地部落的结构、规则、管理方式、部落法

---

① Joseph Kostiner，*Yemen：The Tortuous Quest for Unity，1990–94*，London：Chatham House Papers，1996.

② Robert D. Burrowes，*The Yemen Arab Republic：The Polities of Development，1962–1986*，London：Westview Press，1987.

③ Nada Choueiri，Klaus-Stefan Enders，Yuri V Sobolev，etc.，*Yemen in the 1990s：From Unification to Economic Reform*，International Monetary Fund，2002.

④ Paul Dresch，*Tribes，Government and History in Yemen*，Cambridge University Press，1994.

⑤ Shelagh Weir，*A Tribal Order：Politics and Law in the Mountains of Yemen*，Austin：University of Texas Press，2007.

律以及其结构和文化的连续性。与保罗不同，希拉认为也门部落生存与发展受到地形、气候和社会生态学等因素影响。亚历山德拉·刘易斯（Alexandra Lewis）在《安全、亲族和部落：索马里、也门和亚丁湾的不稳定治理》[①]中，对也门的部落、家族与国家安全进行分析，其中有一章专门论述也门分裂与统治的动荡历史，时间跨度为1990年国家统一到2011年。

美国学者霍里（Philp S. Khoury）和以色列学者科斯蒂纳（Joseph Kostiner）共同主编的《中东部落与国家形成》[②]收录了7篇关于中东地区部落与国家关系的文章，皆由盖尔纳、拉皮杜斯等国际知名学者撰写。尽管其中并没有专门探讨也门部落的文章，但这些文章从历史学、人类学和政治学等角度，对历史上的部落与国家关系进行了深入的学理探究，结论极具启发性，对于本书的写作具有重要的意义。《阿拉伯世界的公民身份：亲属、宗教和民族国家构建》[③]一书为从阿拉伯世界整体观察也门提供了框架和方向。

与其他专题研究成果相比，西方学界从历史、民族学、人类学和社会史视角发表了大量关于也门部落的论文，代表的有保罗·德雷施的《上也门的部落关系和政治历史》，作者介绍了上也门地区（主要指也门西北地区）的部落社会，分析了部落法规和习俗与伊斯兰教法的互相矛盾又互相补充的关系。《部落多样性、政治庇护和也门权力分散化实践》[④]、《也门部落管理与稳

---

① Alexandra Lewis，*Security*，*Clans and Tribes：Unstable Governance in Somaliland*，*Yemen and the Gulf of Aden*，Palgrave Macmillan，2015.

② Philp S. Khoury，Joseph Kostiner eds.，*Tribes and State Formation in the Middle East*，Oxford：University of California Press，1990.

③ Gianlyca P. Parolin，*Citizenship in the Arab World：Kin*，*Religion and Nation-State*，Amsterdam University Press，2009.

④ Daniel Egel，"Tribal Diversity：Political Patronage and the Yemeni Decentralization Experiment"，University of California，Berkeley，2010.

定》[①]、《也门部落调解及其发展表现》[②]、《部落系统内的民主治理》[③]、《现代约旦与也门部落与国家关系的比较分析》[④]等论文为了解也门部落社会提供了有价值的资料。

第四，关于也门伊斯兰教历史与文化的研究。对也门伊斯兰教的研究散见于各个通史类著作中，多在宰德派伊玛目王国的研究内容中涉及，当代较有影响的是2011年出版的《也门萨拉菲运动：转型和宗教认同》[⑤]，详细介绍了20世纪80年代以来也门萨拉菲运动的产生和发展历程，分析了也门萨拉菲与沙特瓦哈比之间的关系，并结合也门社会的实际指出也门萨拉菲运动逐渐具有也门本土化的特征。关于也门伊斯兰主义运动，2007年出版的《温和的信仰：约旦和也门的伊斯兰政党》[⑥]，探讨了伊斯兰政党广泛参与政治活动是否会促使其倾向温和化等问题，作者通过对约旦的伊斯兰阵线党和也门的伊斯兰改革集团两个政党的施政纲领、行动策略和运作结果等方面进行对比，得出伊斯兰阵线党逐渐融入约旦国家政治体制中并具有温和化的趋势，而伊斯兰改革集团没有成功融入也门国家政治体制之中的结论。《全球萨拉菲主义：一种新的伊斯兰运动》[⑦]以全球萨拉菲主义为研究对象，探究了萨拉菲运动的复杂性和动态性，总结了萨拉菲主义的主要观点，为研究也门萨拉菲运

---

① Nadwa al-Dawsari, "Tribal Governance and Stability in Yemen", *The Carnegie Papers*, Garnegie Endowment for International Peace, 2012.

② Najwa Adra, "Tribal Mediation in Yemen and its Implications to Development", *AAS Working Papers in Social Anthropology*, Vol.19, 2010.

③ Fatima ABO al-Asrar, "Democratic Governance in a Tribal System", International Policy Fellowship Program, 2006.

④ Brian James St.Ledger, "Comparative Analysis of the Relationship between Tribes and State in Modern Jorden and Yemen", George Mason University, 2010.

⑤ Laurent Bonnefoy, *Salafism*, *Yemen: Transnationalism and Religious Identity*, London: Hurst & Company, 2011.

⑥ Jillian Schwedler, *Faith in Moderation Islamist Parties in Jordan and Yemen*, Cambridge University Press, 2006.

⑦ Roel Meijer, *Global Salafism: Islam's New Religious Movement*, London: Hurst&Company, 2009.

动提供了理论基础。《也门的伊斯兰教、记忆和道德观》[①] 从伊斯兰传统观点变迁的视角，重点分析也门宰德派精英及其核心观点，是理解宰德派思想观点的一部佳作。《伊斯兰慈善与行动主义：埃及、约旦和也门的中产阶级与社会福利》[②] 着眼于伊斯兰社会机构、社会运动理论和中间阶层，考察了也门伊斯兰改革集团的社会活动，指出中产阶层在社会中的重要地位，有助于了解也门现代社会阶层变迁。《也门伊斯兰理论、习俗和实用主义研究》[③] 聚焦于对也门伊斯兰法律、习俗和社会的研究，为了解伊斯兰文化影响下的也门社会提供了研究基础。

20 世纪 90 年代及以前发表的论文多集中于南、北也门的历史或也门国家统一的主题。2000 年以后发表的学术论文主要集中于对当代也门社会政治、经济状况特别是对萨利赫政府政策和反对党派的研究。《萨利赫政府和对一个可靠政治反对派的需求》[④] 在介绍 1978 年以来也门政治经济状况的基础上，分析 2006 年萨利赫政府面临的困境，并详细说明了 2006 年也门选举的过程和结果。《伊斯兰政党的浪潮：以也门为例》[⑤] 一文，以也门重要的伊斯兰政党——伊斯兰改革集团在 2006 年也门地方议会选举中的表现，论述伊斯兰政党的困境，同时分析执政党全国人民大会党在选举中对资源和权力的垄断行为。2010 年发表的《游戏规则：也门政治的代理人》[⑥] 探讨也门代理人政治网络中的决策过程和动态变化，提到了融合、排斥、奖励和惩罚等行为，分析

① Gabriele Vom Bruck，*Islam*，*Memory*，*and Morality in Yemen*：*Ruling Families in Transition.* Palgrave Macmillan，2005.

② Janine A. Clark，*Islam*，*Charity and Activisim*：*Middle-Class Networks and Social Welfare in Egypt*，*Jordan and Yemen*，Indiana University Press，2004.

③ William J. Donaldson，*Sharecropping in the Yemen*：*A Study in Islamic Theory*，*Custom and Pragmatism*，Brill，2000.

④ Robert D. Burrowes，Catherine M. Kasper，“The Salih Regime and the Need for a Credible Opposition”，*Middle East Journal*，Vol.61，No.2，2007.

⑤ April Longley，“The High Water Mark of Islamist Politics? The Case of Yemen”，*Middle East Journal*，Vol.61，No.2，2007.

⑥ April Longley Alley，“The Rules of the Game：Unpacking Patronage Politics in Yemen”，*Middle East Journal*，Vol.64，No.3，2010.

了也门政治危机的根源。《没有出路的也门生存危机》[①]、《也门的选举和大众政治》[②]、《也门：酋长国家中的社会暴动》[③]等研究成果对探究 2011 年也门民众骚乱的根源具有重要的价值。然而，西方与也门等一些后发国家在民族国家构建的条件、发展路径和特征上完全不同，导致以西方的价值观为尺度的论述，缺乏对也门民族国家构建的普适性和本土化的特殊性相结合的综合分析。

第五，对也门胡塞武装组织的研究。巴拉克・A. 萨尔蒙尼（Barak A. Salmoni）、布莱斯・罗伊多特（Bryce Loidolt）等人撰写的研究报告《政权与北也门边缘地带：胡塞现象》[④]，详述了胡塞武装组织从 20 世纪 80 年代至 2007 年的发展历程，围绕萨达地区的自然环境、地理地形，特别是部落社会与宰德主义的社会文化背景，从环境、经济和民众生活角度论述萨达战争对国家的影响。玛丽克・布兰特（Marieke Brandt）《也门部落与政治：胡塞冲突的历史》[⑤]则系统介绍了位于萨达的胡塞武装组织自 1962 年以来的历史，内容涉及胡塞部落的疆界和主要构成、政治传统，以及 2004 年萨达战争的具体经过和主要事件。相关代表性论文还有：萨米・多里安（Samy Dorlian）《也门的萨达战争：政治与宗派主义》[⑥]，认为也门政府把与胡塞武装组织的冲突视为宗派间的矛盾，而不是政治斗争，胡塞武装组织的反美情绪影响了也门政府与美国的关系。诺尔・布莱尼（Noel Brehony）《也门与胡塞武装：2015 年也门危机的产生》[⑦]分析了 2015 年后也门乱局产生的原因以及也门政局与胡塞武装

---

① Shelia Carapico，“No Exit：Yemen’s Existential Crisis”，*Middle East Report*，2011.

② Sheila Carapico，“Elections and Mass Politics in Yemen”，*Middle East Report*，Vol.26，No.6，1993.

③ Khaled Fattah，“Yemen：A Social Intifada in a Republic of Sheikhs”，*Middle East Policy*，Vol. XVIII，No.3，2011.

④ Barak A. Salmoni，Bryce Loidolt，Madeleine Wells，*Regime and Periphery in Northern Yemen: The Huthi Phenomenon*，RAND Corporation，2010.

⑤ Marieke Brandt，*Tribes and Politics in Yemen: A History of the Houthi Conflict*，Oxford University Press，2017.

⑥ Samy Dorlian，“The ṣa’da War in Yemen：Between Politics and Sectarianism”，*The Muslim World*，Vol.101，Issue 2，2011，pp.182–201.

⑦ Noel Brehony，“Yemen and the Huthis：Genesis of the 2015 Crisis”，*Asian Affairs*，Vol.46，Issue 2，2015，pp.232–250.

组织的关系。安德鲁·马克格雷格（Andrew McGregor)《也门什叶派叛乱：伊朗干预还是山地反抗？》[①]以胡塞武装组织与政府军为研究对象，分析伊朗出于国家利益、教派考虑、地区影响力等因素，选择支持胡塞武装组织。拉姆兹·马尔蒂尼（Ramzy Mardini)《也门之战：基地组织与稳定斗争》[②]中有一章从伊朗、沙特与胡塞武装组织的关系，论述胡塞武装组织对也门安全稳定带来的负面影响。托马斯·朱诺（Tomas Juneau)《伊朗对也门胡塞武装的政策：适度支持的有限回报》[③]认为胡塞武装组织并不是伊朗的代理人，而是伊朗在也门的影响力被高度边缘化的结果，也门内战爆发的根源既不是代理人战争也不是教派冲突，而是国内政治的不平衡。卡玛尔大学马博鲁（Mahjoob Zweiri)《伊朗与阿拉伯世界的政治态势：也门事件》[④]论述了胡塞运动的起源、发展和政治扩张，同时对沙特阿拉伯领导的军事风暴行动作出评估。阿卜杜拉·卢克斯（Abdullah Lux)《也门最后一位宰德派伊玛目侯塞因·巴达尔丁·胡塞思想中的“青年信仰者”、“马拉齐姆”以及“真主之党”》[⑤]以侯赛因·巴达尔丁·胡塞早年的讲稿及马利克·胡塞的海外采访资料为基础，根据侯赛因本人的教育经历总结其宗教政治思想。杰克·弗里曼（Jack Freeman）的论文《也门北部的胡塞叛乱：对青年信仰者的分析》[⑥]对胡塞武装组织的前身“青年信仰者”的斗争目标和政治思想进行了阐述。《也门伊斯兰

① Andrew McGregor, *Shi'ite Insurgency in Yemen: Iranian Intervention or Mountain Revolt?*, Alphascript Publishing, 2011.

② Ramzy Mardini, *The Battle For Yemen: Al-Qaeda and the Struggle for Stability*, Jamestown Foundation, 2011.

③ Tomas Juneau, "Iran's Policy Towards the Houthis in Yemen: A limited Return on a Modest Investment", *International Affairs* (*Royal Institute of International Affairs 1944-*), Vol.92, No.3, 2016, pp.647–663.

④ Mahjoob Zweiri, "Iran and Political Dynamism in the Arab World: The Case of Yemen", *Domes*, Vol.25, Issue 1, 2016, pp.4–18.

⑤ Abdullah Lux, "Yemen's last Zaydī Imām: The shabāb al-mu'min, the Malāzim, and 'ḥizb allāh' in the thought of Ḥusayn Badr al-Dīn al-Ḥūthī", *Contemporary Arab Affairs*, Vol.2, No.3, 2009, pp.369–434.

⑥ Jack Freeman, "The al Houthi Insurgency in the North of Yemen: An Analysis of the Shabab al Moumineen", *Studies in Conflict and Terrorism*, Vol.32, No.11, 2009, pp.1008–1019.

主义政治运动》[①]从伊斯兰主义运动的视角探究胡塞武装组织，侧重于该组织表现出的复兴宰德主义的诉求。《部落约束：也门与政治暴力的悖论》[②]从也门部落型社会的角度，探究胡塞运动在也门崛起的部落背景。《也门：战胜被忽视的热带疾病困难重重》[③]、《革命之后：在也门争取女性权益》[④]等论文，从疾病和妇女争取权利的视角探究胡塞武装组织崛起后的影响。《也门公开的恐怖主义、革命和暴动：对区域安全威胁的现实与想象》[⑤]一文从恐怖主义的角度对也门及中东地区安全进行分析，认为胡塞武装组织崛起引发的部落间和教派间冲突恶化了也门的安全局势。

综上所述，国外学术界对民族国家理论和也门历史相关问题的研究已相当深入，但仍然存在一些不足。一是上述文献多集中于研究也门历史或现代国家发展的一个方面，如历史变迁、部落社会的构成和文化、地方主义、政治党派活动以及政治转型现状等，没有深入挖掘其中的民族国家构建行为及其对也门社会变迁的影响。二是理论与实证研究相分离。在西方理论界，对于民族国家构建的理论非常成熟，但在也门民族国家构建的问题上，将理论与现实结合的成果非常少，即使有些文献冠之以“民族构建”或“国家构建”，但在内容上仍然以史实叙述为主，特别是聚焦于也门政治重建，从而使研究成果专注于也门某一方面的历史，而非也门民族国家构建的历史。

三、理论基础与研究方法

（一）民族国家构建：理论与范式

目前被学术界普遍论及的“民族国家”是西方国际关系学界用来定义现

① Abdulmalik Mohammad Abdullah Eissa，“Islamist political movements in Yemen”，*Contemporary Arab Affairs*，Vol.6，No.1，2013，pp.41–70.

② Clive Jones，“The Tribes that Bind：Yemen and the Paradox of Political Violence”，*Studies in Conflict & Terrorism*，Vol.34，Issue 12，2011，pp.902–916.

③ Baring E，Hotez PJ，“Yemen：Fighting Neglected Tropical Diseases against All Odds”，*PLoS Neglected Tropical Diseases*，8（12），2014.

④ Tom Finn，“After the Revolution：The Struggle for Women's Rights in Yemen”，*Dissent*，Vol.62，No.1，2015，pp.91–101.

⑤ Alexandra Lewis，“Unpacking Terrorism，Revolution and Insurgency in Yemen：Real and Imagined Threats to Regional Security”，*Perspectives on Terrorism*，Vol.7，No.5，2013，pp.77–92.

代国家的一个基本概念，具体是指在一个划定界限的区域内享有最高管理权，有暴力垄断的支持，并且作为国民对国家最低限度支持或效忠结果的一种政治机器。[①] 在对民族国家概念的界定上，国内外学界普遍认同应该在现代主权国家的意义上理解民族国家的概念，即现代民族国家是指在充分的国民认同的基础上建立起能实现对领土范围内的有效合法统治的统一的主权国家。本书中的现代民族国家概念主要包含以下内容：首先，主权独立和领土统一。现代民族国家是一种拥有主权的政治单位，拥有对属于本国范围内的一切事务的自由处置权，这种权力的来源是人民的自觉认同和垄断性暴力的支持。[②] 民族国家在其领土范围内拥有最高权威。固定的领土表明了民族国家的权力和实现民族利益的范围，就像吉登斯所言，“只有现代国家，才能准确地使其行政管辖范围同具有明确边界的领土对应起来”，并且“在民族国家产生以前，国家机构的行政力量很少能与业已划定的疆域保持一致”。[③] 其次，遵循主权在民原则，现代民族国家应该具备完善的现代制度体系，并且具有合法地垄断使用暴力的权力，从而使政治权力具有正当性。吉登斯认为，现代民族国家以公民权利为基础，民族国家的制度架构与公民权利之间存在着一种内在逻辑关联。但是民族国家并不等同于真正意义上的民主国家，现代民族国家的民主化需要经历长期的过程。最后，民族国家以族群对国家的认同为核心，即要达到族群认同与国家认同的和谐。民族国家的存在依赖于国内各个族群逐渐构建出对国家的统一认同观，民族国家的民族性意味着民族获得了国家的形式，各个族群具有国家认同并将国家视为自身利益的代表。

国内外学界对民族国家构建已经做了大量较为成熟的研究，这些研究结论既是对先发现代化国家经验的总结和反思，又是对后发现代化国家主要是发展中国家现代化进程的思考。特别是对经过民族解放战争获得国家独立的发展中国家而言，民族国家的构建即实现从传统社会向现代社会的转型。因此，现代民族国家构建是发展中国家实现现代化、构建现代社会的核心要素。

---

① 张树青、刘光华:《关于民族国家的思考》,《兰州大学学报》1999 年第 4 期。

② 吴兴佐:《国家主权：民族国家永恒的原则》,《国际关系学院学报》1995 年第 4 期。

③ ［英］安东尼 · 吉登斯:《民族—国家与暴力》，胡宗泽、赵力涛、王铭铭译，新知生活 · 读书 · 新知三联书店 1998 年版，第 59 页。

民族国家构建从词义上来进行理解，可以分为民族建构和国家建构两个层面，体现了“民族”“国家”的构建特征以及民族国家的动态建构过程。民族构建是“民族作为文化—政治共同体的构建过程和民族认同的形成过程”[①]；国家构建是“国家政治结构、制度、法律的建设，包括行政资源的整合和集中，使国家能够对其主权范围内的领土实施统一的行政控制”[②]。民族构建和国家构建在现代化历史过程中基本同时进行，两者互相交叉、渗透，有着互相作用的密切关系。

本书使用的“现代民族国家构建”概念侧重于“国家构建”，即国家根据现代世界通行的领土、人民主权以及政治合法性的政治原则，建构起相对稳固的政治结构，确立彼此之间的政治联系，在国家中的法律地位和制度联系，以及保障这种制度法律联系、实施贯彻这些政治文化内涵的各种组织和机构。[③]这一过程的实现需要社会进行横向和纵向的整合，“横向的整合，即对疆域之内的不同地区进行的地域的和行政的整合，对不同地域上的不同民族进行的政治和文化的整合。其中包括中央和地方的关系，行政资源的集中和国家权力的分配，文化和教育资源的整合等。纵向的整合，是社会的整合，即对传统的社会等级进行的整合，废除旧的封建等级制度，把社会所有阶层整合到统一的政治社会，创造在法律上享有平等政治地位的国家公民等等。这种横向和纵向的整合，在全体国民中间创造出共同遵守的法律制度和公共文化，创造出全体国民的归属感和政治认同，创造出维持政治共同体所必需的凝聚力，为国家的政治合法性奠定制度法律的和社会的基础。”[④]值得一提的是，无论是纵向还是横向的整合，理性化和民主化始终是现代民族国家构建的基本目标。在理论的基础上，本书从社会横向和纵向整合的视角分析也门

① 杨雪冬：《民族国家与国家构建：一个理论综述》，2003 年 11 月 7 日，见 http：//www.ccforum.org.cn/viewthread.php?tid=9274。

② 王建娥：《国家建构和民族建构：内涵、特征及联系——以欧洲国家经验为例》，《西北师大学报（社会科学版）》2010 年第 2 期。

③ 王建娥：《国家建构和民族建构：内涵、特征及联系——以欧洲国家经验为例》，《西北师大学报（社会科学版）》2010 年第 2 期。

④ 王建娥：《国家建构和民族建构：内涵、特征及联系——以欧洲国家经验为例》，《西北师大学报（社会科学版）》2010 年第 2 期。

现代民族国家构建历程，分别以也门部落社会、地方主义和伊斯兰主义运动崛起等传统社会因素为专题，探析其与现代民族国家构建的互动关系，以阐释也门现代民族国家构建的特征和存在的问题。

（二）研究方法

第一，理论分析与历史透视相结合的研究方法。研究也门现代民族国家构建，以 17 世纪也门卡塞姆王朝至今这一特定的历史时段为基础，在研究的过程中，必须联系近代也门分别处于奥斯曼帝国和英国占领时期所发生的社会与历史变迁。唯有如此，才能深入理解当代也门民族国家构建的特点及矛盾与症结。在立足历史研究的基础上，本研究更注重采用历史学、政治学和民族学的相关理论与方法，作为分析也门现代民族国家构建的重要理论工具。

第二，专题研究的写作方法。对也门现代民族国家构建的研究有两种思路：纵向的梳理和横向的专题研究。两种方法各有利弊，纵向的研究更具有历史感，但不易深入和集中地就某些问题进行论述，也不容易体现问题意识。虽然在横向研究中这些问题可以避免，但又无法体现纵向研究的优势，而且结构松散、内容易重复，不同章节之间缺乏逻辑联系。本书以横向专题研究为主，同时兼顾对历史线索的纵向梳理。在章节的设置上，分为社会整合、部落社会、地方主义、伊斯兰主义运动及外部因素与也门现代民族国家构建五个专题。各专题既独立成篇、自成体系，又紧紧围绕着也门现代民族国家构建这一核心主题。

第三，跨学科研究法。民族国家构建的研究涉及多个学科，对也门近现代国家发展的探析与历史学相关，也门现代国家政治制度化过程与政治学相关，有关社会学的是对也门部落社会的变迁及其特征的研究。因此，本研究使用跨学科研究法开展相关分析。

（三）特色创新

第一，新视角。以现代民族国家构建的视角作为切入点，研究也门传统社会因素与现代国家构建的互动问题。以国家构建、社会整合等相关理论为依据，研究也门现代民族国家构建过程及其与传统社会和文化的关系，力争做到对也门民族国家构建研究的整体性、复合性、全面性和动态性分析。

第二，新内容。阐释也门现代民族国家构建的发展阶段和特征，并分别以社会整合、部落社会、地方主义和伊斯兰主义运动等专题探究也门传统社会因素与现代民族国家构建的互动关系。本研究通过查阅和整理大量资料，对也门社会整合的历程和内容、部落社会的特征、地方主义的表现和伊斯兰主义的影响进行深入剖析，揭示也门现代民族国家构建的新内容，在一定程度上填补学术界对也门国家历史研究的不足。

第一章 也门现代民族国家构建概述

据阿拉伯史学家和希腊史学家的著作记载，古代也门疆域北跨纳季德、希贾兹，南濒印度洋，东至阿拉伯海，西达红海，包括南阿拉伯半岛的全部地域。现代也门疆域已发生极大变化，海湾地区出现了许多独立酋长国和王国，阿西尔（Asir）地区和奈季兰（Najran）地区并入沙特阿拉伯，现今的也门是除阿联酋和奈季兰、阿西尔以外的阿拉伯半岛最南端的地域。阿拉伯历史学家对“也门”（Yemen）词源的解释有两种：其一是来源于阿拉伯词语“Yamin”，本义为“右边”或“右方”，也可转义为“南方”。古代阿拉伯半岛骆驼商队从麦加出发向东，然后右转，向南方的也门方向行进，也门因此得名，意为“南方之国”。其二是来源于阿拉伯词语“yuman”，意为“幸福的”或“幸运的”，意指这一地区与阿拉伯半岛其他地区相比雨量充沛、土地肥沃和物产丰富，被称为“幸福的阿拉伯之地”或“绿色之地”。实际上，这两种解释并不准确，与阿拉伯半岛西南部的地名一样，“Yemen”一词来源于南阿拉伯语言。近年来的古地理学和考古学研究表明，阿拉伯半岛南部地区绝大多数地名都来自古代王国或城市国家时期。“也门”在阿拉伯语文献中以“Yaman”出现，欧洲早期殖民者和学者逐渐以“Yemen”称呼这一地区。[①] 尽管在当地的文献和人们的观念中，“Yemen”一词早在前伊斯兰时代就具有地理和政治实体的含义，但这一地区长期处于分裂状态，鲜有王朝能实现对其全境的有效统治。20世纪也门历史的主题是国家的独立和统一：从1918年穆塔瓦基利亚王国建立到20世纪60年代北、南也门共和国相继建立，也门在反对外部殖民势力的压力下开启现代民族国家构建。1990年，阿拉伯也门共和国（北也门）和也门民主人民共和国（南也门）合并建立也门共和国，迎

① Manfred W. Wenner, *The Yemen Arab Republic: Development and Change in an Ancient Land*, Westview Press, 1991, p.1.

来现代民族国家构建实质性发展时期。2011年也门政局陷入动荡，2015年胡塞武装组织强势崛起并引发内战，2017年前总统萨利赫身亡，持续升级的内战乱局意味着也门现代民族国家处于解构与重构的困境中。

第一节　也门地理环境和早期历史

一、也门各地区概况和人口宗教情况变迁

（一）也门各地区概况

1990年也门统一后，根据地貌特征、人口文化主要分为七个地区。

1. 西北部高原地区

西北部高原地区是全也门海拔最高的地区，包括也门中西部和东南部广阔的高原和山地，平均海拔2500米。该地区海拔高度自西向东逐渐降低，与东北部大沙漠相连。主要省份有哈杰（Hajjah）、萨达（Sadah）、迈赫维特（Mahwīt）、宰马尔（Dhamār），以及阿姆兰（Amrān）20世纪90年代末从萨那省分离出来的大部分地区，还包括伊卜省（Ibb）的北部边缘地区。高原地区资源匮乏，主要的经济作物是卡特[①]。除了大城市中的移民家庭，当地居民几乎全部属于伊斯兰教什叶派分支宰德派[②]，是宰德派的传统心脏地区。高原西北部边陲哈拉兹（Haraz）山脉中的马纳哈（Manakha）城市周围还生活着大约十万什叶派—伊斯玛仪派居民。这一地区是也门最大的两个部落联盟——哈希德（Hashid）和巴基勒（Bakil）的家园，民众多属于这两个部落联盟的成员。不同部落的生活方式和风俗习惯不尽相同，但都保留着古代阿

① 卡特（qat）是一种木本植物，终年常青，其叶椭圆，呈锯齿状，开小白花，种植于丘陵和山坡地带，树高可达数米。古代的阿拉伯人曾用卡特叶作为酒类的代用品，所以卡特又被称为阿拉伯茶，其树叶含普鲁卡因，有提神和兴奋的作用，长期咀嚼会成瘾，更会损害人体神经系统、消化系统和呼吸道系统，继而诱发癌症等疾病，实际上是一种毒品。

② 宰德派是什叶派的一个重要支派，亦称五伊玛目派。该教派规定教派领袖伊玛目必须是什叶派鼻祖阿里和法蒂玛的后裔，即“圣裔”，还规定允许同一时期和同一地区有几个伊玛目。

拉伯人慷慨好客与勇敢顽强的精神传统，部落男子都佩戴着传统的腰刀。当地居民使用与阿拉伯语完全不同的方言，通常带有夸张的鼻音和吟唱的语调。西北高原地区是也门传统的政治中心，除了宰德派的传统政治影响力，也门国家的许多高级官员和议会议员都出自哈希德和巴基勒部落联盟，也门前总统萨利赫便来自哈希德部落联盟。

2. 西部沿海平原的帖哈麦地区

西部沿海平原的帖哈麦（Tihamah）地区省份包括：濒临红海东南侧的荷台达（Hodeidah），哈杰、迈赫维特、宰马尔、伊卜和塔伊兹省（Taiz）的西部山区地带。当地居民几乎全是沙斐仪派（Shafi'i），由于当地在历史上曾经是埃塞俄比亚的一部分，因此居民中有相当比例的人受到非洲地区传统习俗的影响。西部海岸的居民使用自己的方言。这里有丰富的农业资源，特别是宰比德（Zabid）地区。在中世纪，宰比德是伊斯兰世界著名的沙斐仪学习中心。荷台达港口周围活跃着捕鱼业和贸易活动，这一区域内，还有少量生产果汁和其他基本食品的沙斐仪派开办的工厂。

3. 西部山麓与低高原地区

西部山麓与低高原地区是位于帖哈麦以东，高原地区以南和亚丁北部的山区和峡谷区，是沿海平原与也门高原的过渡区。该地区气候温和，土地肥沃，平均年降雨量400毫米，是也门降雨量最多的地区，因此有著名的“绿色沃土”之称。在阿拉伯也门共和国时期，这里通常被称为“中间区域”或“南部高地”。也门统一后，此地被称为“西部中间地区”或“中间土地”。该地区既有如塔伊兹一样的大城市，也有古老的城镇伊卜、吉卜拉（Jibla）和拥有先知穆罕默德建立的古老清真寺的贾纳德（Janad），还包括贝达（Bayda）省的西部。和西部沿海地区一样，这里绝大多数人口属于逊尼派的沙斐仪派。这片土地上的主要部落是玛德哈吉（Maddhaj）。部落传统不如高原地区和西部沿海地区强大。居民的方言和风俗习惯与亚丁（Aden）更为接近。20世纪90年代末，为了消除之前的南—北分界线，也门政府将塔伊兹省与莱希季省（Lahij）的一部分合并组成了新的达利省（Dhale）。除了丰富的农产品，这里还是也门的工业中心，工厂以生产食物、果汁、塑料、纸张、肥皂和其他家庭生活用品为主。也门最成功的商人群体和技术专家多出自这一区域。

4. 西南部低高原地区

西南部低高原地区主要指也门南部海岸线的亚丁港口及周围地区。最早的亚丁城是现在的亚丁半岛东部的“克雷特区”。“克雷特”原意为“火山口”，历史上亚丁城恰好修建在沙姆桑山（Mount Shamsam）的死火山口上。亚丁新城位于“老亚丁”西面，靠着深水港湾，随着装卸业务的发展而逐渐建设起来，由于处在火山口附近，因而又被称为“火山口上的城市”。亚丁是也门最大的海港，有“世界第二大加油港”之称，又是一个主要从事转口贸易的港口，这里是也门国内自由度和包容性最高的地区，与农村部落地区占主导的保守的拉赫季省（Lahj）、达利以及阿比扬省（Abyan）等地形成鲜明对比。尽管如此，亚丁仍然是西南部地区居民的主要宗教中心。亚丁西北部居民属于共同使用阿拉伯语方言的沙斐仪派人口。亚丁城市之外的农村地区有强大的部落社会传统，但在20世纪70—80年代的南也门社会主义国家建设中被削弱，1990年也门统一后，南部地区原有的部落传统出现复兴。该地区土地贫瘠、水资源稀缺，农业落后但捕鱼业发达。历史上，亚丁拥有大型炼油厂等优良的工业基础。目前，亚丁仍然是世界上最好的自然海港之一，2015年3月，亚丁被时任也门总统哈迪宣布为临时首都。

5. 中南部地区

中南部地区主要指阿比扬省中东部、贝达东南部和舍卜沃省（Shabwa）西南部。其跨越以前的南—北分界线，包含南部海岸的贝罕（Bayhan）、奥瓦德勒（Awadhil）、奥瓦里奇（Awaliq）和奥赫瓦尔（Ahwar）地区，与西南部地区一样属于逊尼派的沙斐仪派，但是与亚丁关系并不密切，习俗和传统也不同。尽管受到南也门时期社会主义的影响，但仍保留着部落传统和对部落的忠诚。南也门时期，该地区在政治上长期处于边缘化的地位。

6. 中间沙漠地带

中间沙漠地带位于高原地区以东、哈达拉毛（Hadramaut）以西、中南部的北部和沙特阿拉伯著名的阿拉伯沙漠“空白之地”的南部。这一地区是古代萨巴（Sheba）女王的土地。这里人口稀少，包括马里卜省（Marib）、焦夫省（Janf），还有贝达省东北部的一小部分，舍卜沃省（Shabwan）的北半部和哈达拉毛省的西部地区。该地区是沙漠地带，贝都因部落（Beclouin）曾经带着骆驼和羊群迁移到这里的绿洲。如今沙漠中仍有放牧活动，只是当地部落使用现代的车辆和帐篷并在定居点生活较长的时间。语言与其他地区相比更接近正规的阿拉伯语，居民受到强有力的部落传统和尚武习俗的影响，男人的穿戴和高原部落相似。这一地区是沙斐仪派和宰德派混合居住区，石油资源丰富。

7. 东部地区

东部地区包括与沙特接壤的提哈姆德（Thamud）、哈达拉毛河谷和哈达拉毛海岸沿线地区、舍卜沃省的东南角以及也门与阿曼东部边界的迈赫拉省（Mahrah）。由于迈赫拉居民使用独特的语言，也可以将迈赫拉和索科特拉岛（Soqatra）视为也门的第八部分。也门国家统一后，迈赫拉和索科特拉岛由哈达拉毛省管辖，因此很难独立分析两地的政治。哈达拉毛地区（包括河谷和海岸沿线地区）的民众是也门人中具有较强凝聚力和地区认同的群体，因为拥有独特的文化、传统、语言和历史，他们自称是哈德拉米人，以区别于也门其他地区人口。民众属于沙斐仪派（尽管带有阿拉维派传统）。纵观也门历史，哈达拉毛是一个介于海岸线和河谷地带的相对自治的贸易区域。其商人在阿拉伯半岛和南亚以及东非海岸，以其贸易和财政投资活动而闻名。哈达拉毛拥有丰富的自然资源，包括石油和黄金，整个国家石油储备最丰富的地区是玛斯拉（Masila）河谷地带。

综上，也门各地区地形复杂多样，包括高山、海岸、平原和沙漠地区，覆盖着从热带到温带气候类型。地形的多样性必然带来生产方式的多样化，但政府长期在农田管理、种子改良、灌溉施肥等方面没有形成全国范围的统一规划，也门地区认同也优先于国家认同，部落以及地方利益优先的现象普遍存在，对其民族国家构建产生不利影响。

（二）人口和宗教概况

1. 人口概况

2004 年也门进行了全国人口普查，2005 年国家公布的全国人口统计数字为 21320671 人，人口密度为每平方千米 35.53 人。据统计，2011 年，也门人口数量为 25475610 人，男性占人口总数的 50.6%，女性占人口数量的 49.4%；根据 2017 年公布数据，也门总人口为 30034389 人，人口自然增长率为2.41%。据统计，1960年也门人口只有5542459人，到2017年人口增长超过5倍。[①] 过高的人口增长率加剧了也门资源短缺和生活贫困的经济发展困境。受地理、气候和交通等因素影响，北也门地区人口分布不均，人口多集中在土地肥沃、气候较为温和湿润的塔伊兹、荷台达和伊卜等省，而沙漠和半沙漠地带人烟稀少，人口密度小。南部人口则分布较为平均，多集中在亚丁、哈达拉毛河谷附近、拉赫季和阿比扬省等。也门人口在民族构成上表现出很大的同质性：绝大多数是阿拉伯人，占总人口的90%以上。还有少量非阿拉伯人，主要为非洲索马里人、达纳吉尔人、安哈拉人、苏丹人，大约6万人，主要分布在沿海平原地区。在各大城市还有印度人、孟加拉人和巴基斯坦人1万人左右，伊朗人和少量犹太人1万人左右。[②]

2. 宗教变迁和概况

就其本源来说，早期南阿拉伯半岛的宗教属于拜物教，以星宿崇拜为主。公元1世纪后，基督教由叙利亚经半岛北部秘密传入也门，公元5世纪阿比西尼亚人占领也门后是基督教获得广泛传播的时期。在公元70年罗马人征服巴勒斯坦时，许多犹太人为逃避罗马人的迫害经半岛北部进入也门定居，犹太教的一神论思想开始影响多神崇拜的也门人。公元4世纪希木叶尔王朝第二时期，犹太教在也门发展迅速。

公元628年伊斯兰教进入也门，并很快成为也门人的主要信仰。现代也门99%的人口信仰伊斯兰教，其中什叶派穆斯林占穆斯林总数的45%，逊尼派穆斯林约占55%。[③] 也门的什叶派穆斯林以其重要分支宰德派为主，约占居民的44%，主要集中在萨那（Sana'a）、哈杰、萨达等高原地区省份。此外还有少量的伊斯玛仪派信徒，约占总人口的1%，主要分布在哈拉兹、布尼·穆戈提勒（Buni Mugotile）和萨阿瓦山（Jabal Sa'awa）一带村庄。由于遵循的教法学派存在差异，也门逊尼派穆斯林分属不同的派别，但主要流传的是沙斐仪教法学派，北方沿海平原地区、塔伊兹省和南方省区的绝大部分居民及萨

---

① 《人口，总数 -Yemen, Rep.》，见 https://data.worldbank.org.cn/indicator/SP.POP.TOTL?end=2023&locations=YE&start=1960&view=chart。

② 《也门民族构成（2000年）》，见 http://www.britannica.com/place/Yemen/plant-and animal-life。

③ 郭宝华：《中东国家通史·也门卷》，商务印书馆2004年版，第8页。

那的部分居民属于该派。在也门与沙特阿拉伯交界的北方地区有少量哈乃斐派和罕百里派信徒。此外，在北部边境地带还有极少数的穆斯林尊崇瓦哈比派。20 世纪 80 年代以来，逊尼派分支萨拉菲派在也门各地发展迅速，影响力日增。

二、也门早期历史概述

也门经历了悠久与复杂的历史变迁。为了便于理解，在此以王朝更替为线索，概述 1539 年奥斯曼帝国第一次占领前也门的历史发展脉络。

（一）伊斯兰教兴起前的也门王国

也门有 3000 多年文字记载的历史，是阿拉伯文明的重要发祥地。从也门及附近地区考古发现的石器、雕刻铭文和文献可以确定，古代也门社会经历了从石器时代到金属时代，从母系社会到父系社会，从血缘氏族到部落群体、部落联盟的各个发展阶段。随着农耕的发展和金属工具的使用，以部落联盟为主要形式的集体奴隶制取代了原始公社的生产方式。部落联盟中有大酋长主持的部落首领会议，出现了负责部落安全的士兵阶层以及从事农耕的务农阶层，部落土地与内部事务都由大酋长和部落酋长会议管理。公元前 14 世纪，也门陆续兴起了一些以城市为中心的奴隶制国家并一直延续到 6 世纪初叶，其中最著名的是马因、萨巴和希木叶尔三个王国。

1. 马因王国（公元前 14 世纪—前 630 年）

马因王国是最早出现在阿拉伯半岛的国家，也是也门历史上出现的第一个王国。公元前 14 世纪，在萨那北部，马因王国最初是以神庙经济为中心发展起来的神权政体，国王称为“麦兹瓦德”（Al-Mizwad），即大祭司，在宗教的基础上进行统治，后改称“马利克”（Malik），即国王，国家体制改为世俗体制，但国王仍被视为神权的代理人。据考证，马因王国实行王位世袭，先后有 27 位国王当政。农业是马因王国的经济基础，但马因人以其商业活动闻名于世。他们打通了马因经阿拉伯半岛北部游牧地区通向埃及、叙利亚的商道，把也门生产的各种香料、手工艺品以及来自印度的货物用庞大的驼队运到阿拉伯半岛、叙利亚、两河流域及埃及。驼队有强大的军队护送，沿途设有驿站及货仓，供给往来商旅生活用品及保管转运货物，并收取费用及税金。

公元前 7 世纪，马因王国国内政局不稳，经济发展受到影响，开始走向衰落。此时，马因王国的邻国和多年的竞争对手萨巴王国乘虚而入，约公元前 630 年，马因王国被萨巴人征服。

2. 萨巴王国（公元前 10 世纪—前 115 年）

萨巴王国是远古时期也门最著名、最强盛的王国，由盖哈坦人萨巴·阿卜杜·舍姆斯之子凯赫兰的后裔所建，起初只是一个小酋长国，后经过一系列征服扩张，发展成为地域辽阔的强盛王国。萨巴王国以公元前 650 年为界分为前后两个时期：公元前 650 年之前，因统治者被称为穆卡拉布时期，这一时期共有 15 位国王，后期是马利克时期，即萨巴王国时期，期间约有 22 位国王执政。公元前 540 年，萨巴王国将盖太班王国和哈达拉毛王国吞并，实现了也门全域内的基本统一。萨巴女王巴尔吉斯（Balais）统治时期注重农业和工程建设，建造了著名的马里卜水坝。萨巴人继承和发扬了马因人的商业传统，使阿拉伯半岛的商业和对外贸易更加活跃。萨巴王国经历了三个世纪的兴盛后，自公元前 2 世纪末日渐衰落。其统治集团内部哈希德和巴基勒两个部落势力间发生了激烈的权力之争，政权不断更迭。战乱及统治者疏于管理，萨巴人赖以生存的农业、商业遭到破坏，动摇了国家的经济基础。公元前 115 年，萨巴王国被希木叶尔王国取代。

3. 希木叶尔王国（公元前 115 年—公元 525 年）

希木叶尔王国是伊斯兰教诞生之前也门的最后一个王国，希木叶尔人是盖哈坦人希木叶尔支派的后裔，公元前 200 年就建立了酋长国。希木叶尔王国存在的 640 年分为两个时期，前期是公元前 115 年到公元 300 年，后期是公元 301—525 年。后期希木叶尔人征服了哈达拉毛和帖哈麦，统一了南阿拉伯半岛。当时的国王封号为“萨巴·里丹·哈达拉毛·叶麦纳特·帖哈麦的阿拉伯人之王”。

希木叶尔人继承了马因和萨巴的文化和商业，修复了因战乱而被破坏的水利设施，建起了新水坝，使农业焕发生机。希木叶尔王国的重要财源是收集乳香和发展商贸，希木叶尔人陆路有驼队，海上有船队，商旅往来于欧亚非三大洲之间。建筑业和手工业鼎盛一时，著名的雾木丹宫就是这个时期的杰出代表作。

（二）外族入侵

自 3 世纪至 7 世纪，阿比西尼亚（今埃塞俄比亚）两次入侵和统治也门，波斯国王也成功将也门变成帝国的一个行省。这一时期不仅是也门人民不断反抗外族入侵的时期，同时也是也门文明与埃及、两河流域等文明不断交融的发展阶段。

1. 阿比西尼亚人的两次入侵

3 世纪，红海对岸信奉基督教的阿比西尼亚的阿克苏姆王国日趋强盛。公元 340 年，阿克苏姆王国在罗马皇帝支持下入侵也门。阿比西尼亚统治者控制也门港口与红海商道，掠夺也门农业、商业经济资源，并在也门强制推行基督教，激起了也门人的强烈不满，统治 35 年后被希木叶尔国王赶出也门。

公元 523 年，阿比西尼亚人越过红海第二次入侵也门，阿比西尼亚副统帅艾卡拉罕成功发动政变，成为也门真正的统治者。在其统治时期，曾两次组织修复马里卜水坝，大力传播基督教。艾卡拉罕在公元 570 年去世后，其子叶克苏姆和麦斯鲁格先后继任，他们的残酷统治引起也门人的反抗，从而加速了阿比西尼亚在也门统治的垮台。阿比西尼亚人统治时期，基督教和犹太教两种一神教在也门传入和发展，使当地传统的寺庙权力和影响逐渐衰落。随之而来的教派斗争也使也门部落间的矛盾更加尖锐，社会危机四伏。

2. 波斯在也门的统治

也门人民反抗阿比西尼亚人统治的斗争持续不断。艾卡拉罕统治时期，在领袖赛夫 · 本 · 基 · 叶金带领下，也门民众发动的起义遭到残酷镇压，赛夫决定向波斯帝国求援。公元 575 年，波斯国王派遣远征军进入也门，打败阿比西尼亚人，将也门纳入波斯的统治范围。赛夫被刺身亡后，也门成为帝国的一个行省，沃赫拉兹是第一代也门总督，第五任总督巴扎尼是波斯在也门的最后一位总督。

波斯统治时期，将商道从阿拉伯半岛西南部转移到波斯湾和两河流域，使也门丧失了红海贸易和陆路国际贸易的利益，也门商业贵族和依靠过境贸易生活的平民都受到沉重打击。也门人中，祖 · 凯拉阿 · 希木叶尔领导的希木叶尔部落一直是反对波斯统治的中坚力量。波斯国内政局动荡加上伊斯兰教在阿拉伯半岛北部的迅速发展，公元632年，巴扎尼总督及其部下被迫改信伊斯兰教，也门成为新兴的阿拉伯帝国的一个行省。

（三）伊斯兰教传入后的也门历史

公元628年，伊斯兰教先知穆罕默德向阿拉伯半岛上的国家和部落发出皈依伊斯兰教的号召。也门部落于公元632年派出庞大代表团到麦地那。穆罕默德接见了代表，宣布也门为阿拉伯帝国行省，任命巴扎尼为省长，派出传教士到也门传教，协调各部落之间的关系，协助巴扎尼管理政教事务。[①]

1. 阿拉伯帝国统治下的也门（公元628—820年）

四大哈里发时期，为了实现有效管理，也门被分为南北两省，北也门首都设在萨那，南也门首都设在杰纳德（Genad，亚丁北部）。省总督由麦地那中央政权派遣，总督从地方官员中挑选助手，协助管理。倭马亚王朝时期，阿拉伯帝国划分为9个省区，也门和南阿拉伯属一个省区，前后历经7位省长，是帝国财政的重要来源之一。阿拔斯王朝时期，作为帝国行省之一，也门的政治、经济、文化发展十分迅速，社会繁荣。哈里发及政府重视发展农业经济，推行了一系列有利于农业发展的措施；手工业方面，也门制造的战刀、标枪、腰刀、弓箭等以其精湛的技术、上乘的质量，誉满阿拉伯帝国；商业贸易活跃，亚丁成为亚洲和东非商船的主要停靠码头和东西方货物的集散地。经济的发展为国家提供了更多的税务来源。阿拔斯王朝初期，也门上缴王朝的年税款达60万第纳尔[②]，也门省长的月俸达1000第纳尔；到了中后期，上缴的年税高达87万第纳尔，省长的月俸已高达2000第纳尔。9世纪中叶以后王朝开始衰落，也门省曾于公元820年脱离王朝，建立了第一个独立王国——基亚德王国，此后又出现过10余个独立、半独立的政权。

2. 也门独立的封建王国（9世纪—1517年）

9世纪初开始，也门掀起了反对哈里发政权的斗争，相继建立了一批独立、半独立的封建王国，主要有：基亚德王国（818—1021年）、雅法尔埃米尔王国（824—1002年）、阿里·本·法德勒王国（9世纪末—917年）、宰德

---

① 张正英：《也门史话（三）》，《阿拉伯世界》1995年第3期。

② 古代阿拉伯帝国的金币，初铸于公元696年，后传至亚洲、非洲、欧洲。

派伊玛目王国（898—1962 年）、纳贾赫王国（1021—1159 年）、祖赖阿王国（1138—1174 年）、哈蒂姆王国（1099—1174 年）、马赫迪王国（1159—1174 年）。1174 年也门成为阿尤布王国的属国，之后 300 年间，也门先后建立了独立的拉苏勒王国（1231—1450 年）和塔希尔王国（1454—1517 年）。

上述王国中，对也门近代历史影响最大、存在时间最长的是宰德派伊玛目王国。公元 901 年，叶海亚 · 本 · 侯赛因在也门建立政教合一的宰德派伊玛目国家。王国以萨达地区为大本营，将势力扩大到整个北也门地区。从 10 世纪到 20 世纪，伊玛目王国时而扩大，时而缩小，历经 51 位伊玛目统治，兴衰交替，延续了 1000 多年。16 世纪伊玛目叶海亚的后裔开赛木 · 本 · 穆罕默德在反抗奥斯曼帝国统治的旗帜下创建了卡塞姆伊玛目王国。该王国一直是也门抗奥斗争的领导力量，直至奥斯曼人撤出也门，卡塞姆伊玛目王国成为独立也门的统治者，伊玛目穆艾伊德成为国家最高政治、宗教和军事领袖。他基本延续了宰德派伊玛目政权的统治方式，以宰德派的教义和教法为王国的治国思想基础和行动规范，政治权力的分配主要在统治家族内部进行。1849 年奥斯曼帝国第二次占领也门，1890 年叶海亚 · 穆罕穆德 · 哈米德丁成为新的伊玛目，奉行抗奥政策，联合也门各地部落举行起义。在坚持不懈的斗争下，1911 年伊玛目叶海亚与奥斯曼当局签署《达安和约》，奥斯曼政府承认叶海亚在北部山区自治，叶海亚则承认奥斯曼帝国的宗主权。1918 年，奥斯曼帝国在第一次世界大战中失败，军队撤离也门。11 月伊玛目叶海亚入主萨那，宣布也门独立，建立以其尊号命名的穆塔瓦基利亚王国。该王国在 1962 年被也门民族民主革命推翻。

综上所述，地理环境和早期历史奠定了也门现代民族国家构建的重要基础：

第一，独特的地理条件和多样化的气候特征塑造着也门的历史发展过程。首先，也门的战略地位十分重要，扼红海通往印度洋的出口，自古以来就是东西方交通要道。正因为此，历史上也门屡遭外敌入侵，从阿比西尼亚人、波斯人、埃及人、土耳其人再到英国人，在抵抗外敌入侵中，也门民众逐渐形成民族认同感。其次，也门地形多高原、山地，境内戈壁、沙丘交错，全境地形变化较大，在交通落后的古代时期造成各地区地理上的相互隔绝和相对封闭，内部长期缺乏交往的各个地区未形成持久统一的凝聚力。最后，也门地形的多样性使各地区形成独特的文化特性。传统西北高原地区气候炎热、资源相对匮乏，导致当地经济生产方式单一，民风彪悍、以劫掠为荣，传统部落组织根深蒂固，这一地区还是也门传统的政治中心，当地人拥有较强的优越感。相对而言，中西部和东南部沿海地区由于地处海洋交通要道，社会开放度高于内陆地区，经济类型更加多样化，在政治上则长期处于边缘化的地位。

第二，早期历史为也门人共同的民族文化心理的形成奠定了基础。也门人都承认自己是盖哈坦的子孙。盖哈坦王朝最初的统治中心是萨那，其缔造者是盖哈坦·本·阿比尔，他先后统一了哈达拉毛、阿曼等海湾沿岸酋长国，并分派王族成员到未开拓的地方建立藩属王国。王朝全盛时期是国王萨巴·阿卜杜·舍姆斯统治时期，他的两个儿子凯赫兰和希木叶尔的后裔形成了也门古代史上的两大部族——凯赫兰族与希木叶尔族。这两大支系在也门经过长期发展，分化成大大小小、数以百计的部落群体，今天的也门人大多可以追溯到这两个部族。也门古代的萨巴王国和希木叶尔王国也是这两个部族建立的，其鼎盛时期都曾经占领和统治过古代也门的绝大部分区域。萨巴文化和希木叶尔文化是也门早期文明的核心内容。也门人至今都以其历史上这两个强盛的时代而自豪。为缅怀先辈辉煌伟绩，也门人尤其喜欢用“萨巴”命名，也门国家新闻通讯社被称为“萨巴通讯社”。

第三，部落传统始终是也门社会生活的重要组成部分，对国家政治的影响延续至今。部落最初是同血缘亲属的集合体，首领称吉勒（即酋长）。随着一部分部落人口、财富和势力的增长，逐渐吞并或统辖其他部落，形成部落联盟。部落联盟具有全面的社会政治和经济职能。几个部落联盟形成国家，如希木叶尔王国就是由八个部落联盟组成的，以希木叶尔部落为王国的统治核心。在古代也门，最强大部落联盟的首领成为国王，其他部落酋长担任省、区等地方行政长官，大部落首领集团和军事力量在国家政治中起着支柱作用，国王与各部落联盟大首领间存在相互依存的经济和政治关系。国家依靠部落提供忠诚、军队和税收，部落依赖于国家保障安全和享有各种特权，两者共同承担着原本由国家负责的疆界划定与保护、全国动员、税收和民众的生命与财产保障职责。

第四，也门早期历史是一部文明交流融合的历史。自 3 世纪开始，也门先后遭受阿比西尼亚人和波斯人的入侵，引发了一场持续 400 年的从南方迁到北方的阿拉伯民族大迁徙运动。其中，也门的京岱部落迁居到阿拉伯半岛中部；奥斯部落和海兹莱吉部落迁移到叶斯里布（后改名为麦地那）；胡扎尔部落迁移到麦加附近；百努 · 加萨尼族人迁徙到叙利亚地区并建立了加萨尼王国；百努 · 来赫米族人迁徙到伊拉克南部并建立了希拉王国。[①] 整个阿拉伯半岛、叙利亚、巴勒斯坦乃至北非，都遍布着从也门迁徙而来的部落，有些迁徙部落还建立起强大的王国。宗教信仰和文化语言的广泛交流融合使得也门成为阿拉伯民族和文化的发祥地之一。

第五，伊斯兰教提供了共同的宗教基础。也门人早期宗教经历了从拜物教到一神教的转变。7 世纪早期，作为最早开始伊斯兰教化的地区之一，也门人普遍皈依伊斯兰教。如今伊斯兰教亦是也门的主流宗教。11—16 世纪，诸多政教合一的独立王朝的统治，对也门的政治、经济、文化和社会生活产生重要影响。伊斯兰教也是近代也门反对殖民主义、实现民族国家独立的重要旗帜和凝聚力量。

第二节　也门现代民族国家构建的阶段

严格意义上的也门现代民族国家构建从 1918 年穆塔瓦基利亚王国建立开始，但奥斯曼帝国统治时期推行的现代化改革为也门现代民族国家构建奠定了一定基础，因此本书将也门现代民族国家构建大致分为五个历史阶段：奥斯曼帝国第二次占领时期（1872—1918 年）、穆塔瓦基利亚王国和英国对南部的殖民统治阶段（1918—1967 年）、统一前南、北也门发展阶段（1967—1990 年）、统一后也门现代民族国家构建阶段（1990—2012 年）；也门现代民族国

① 杨建荣：《也门经济研究》，对外经济贸易大学出版社 2011 年版，第 11 页。

家的解构与重构阶段（2012 年至今）。

一、奥斯曼帝国第二次占领时期（1872—1918 年）

1538 年，奥斯曼帝国苏丹赛利姆一世派遣苏莱曼帕夏率 80 艘战船和 2 万名士兵抵达亚丁港，开始了奥斯曼帝国第一次对也门的统治。第一次占领期间，奥斯曼帝国始终面临着也门各地蓬勃兴起的反奥斗争。1635 年奥斯曼人被逐出也门，结束了奥斯曼帝国对也门长达百年的占领。英国人在 1839 年占领了也门南部的亚丁，并相继将也门南部的其他地区扩展为英国保护地。

1849 年，奥斯曼帝国再次入侵也门，占领了也门红海沿岸的大部分地区。1872 年奥斯曼帝国占领首都萨那，随后向萨那派驻总督并大量驻扎军队，进而确立在也门的统治。在此后的半个多世纪里，英国人和奥斯曼帝国不断扩大在也门的势力范围。1914 年，英国与奥斯曼帝国签署条约划定了分界线，这条分界线自丕林岛起至班纳河止，依此形成了两国在也门南北割据的局面。

1. 奥斯曼帝国统治时期的改革开启了也门的现代化之路

奥斯曼帝国 1872 年占领也门时期，正是其国内推行以世俗化为特征的坦齐马特改革时期（1839—1876 年）。作为帝国的一个行省，受到坦齐马特改革和西方现代文明影响的开明总督，开始在也门推行改革，内容涉及经济、教育和司法行政等方面。

改革带来的现代思想及现代化建设举措促进了社会进步：这一时期引进了电报和电话系统；第一台打印机进入也门；第一份报纸刊印发行；几千民众接受了新型教育；尽管道路年久失修，但将从前相互隔绝的各地区联结起来；现代政府形式得以建立；传统伊斯兰教法由于法律的世俗化受到冲击。现代改革思想和现代化建设举措对也门传统社会造成一定冲击，在新型学校学习过的年轻知识分子一代多成为也门独立后伊玛目叶海亚政府部门中的管理人才。

2. 奥斯曼帝国的统治进一步推动了也门民族主义的产生和发展

帝国的统治激起了也门各部落和人民反抗的武装斗争，长期遭受外族统治的经历催生了也门人民反侵略的共同心理。也门宰德派力量不承认奥斯曼帝国的统治，反对英国对也门南部的占领，在部落武装力量的支持下领导着争取也门独立的斗争。长期不懈的斗争使宰德派伊玛目成长为也门地区民族主义的核心力量，这股力量在奥斯曼帝国占领期间成为推动也门国家独立的中流砥柱和众望所归的领导力量。

二、穆塔瓦基利亚王国和英国对南部的殖民统治阶段（1918—1967 年）

1904 年，宰德派新任伊玛目叶海亚率众起事，起义军包围了萨那并给予奥斯曼帝国军队以沉重打击。1908 年双方缔和，也门获得准自治地位。1911 年奥斯曼帝国与也门第二次签署和约，承认也门的完全自治。随着第一次世界大战后奥斯曼帝国的解体，1918 年 11 月，伊玛目叶海亚入主萨那，也门成为阿拉伯地区第一个脱离殖民统治并宣告独立的国家。也门现代民族国家构建艰难起步，进入一个新的历史时期。

1. 领土初步确立

虽然也门于 1918 年获得独立，但英国殖民当局将也门南部以亚丁为中心划分为东、西亚丁保护地，也门南部实际上已变成英国的殖民地。1924 年，伊玛目叶海亚征讨统治阿西尔地区的伊德里斯人，引发也门与沙特阿拉伯的边界划分战争。面对内忧外患，伊玛目叶海亚 1934 年先后与英国签订《萨那条约》、与沙特签订《塔伊夫条约》。根据上述条约，也门被分割为三部分，即叶海亚统治下的穆塔瓦基利亚王国，隶属于沙特王国的阿西尔、吉赞（Gizan）和奈季兰地区，英国占领下的亚丁及其保护地。伊玛目统一也门的努力终告失败，但王国从西北部萨达到中西部帖哈麦地区的统治疆域逐渐确立。更重要的是，伊玛目在与英国和沙特签订条约时都以其尊号“伊玛目叶海亚·穆罕穆德·哈米德丁”，即也门国王的名义进行，意味着也门已成为获得国际社会承认的独立主权国家。

2. 国家集权大大加强

穆塔瓦基利亚王国建立后没有继承奥斯曼帝国推行的政治制度，而是建立了宰德派政教合一的国家。伊玛目大权在握，国家没有议会和宪法，奥斯曼帝国时期设立的“行政会议”也被取消。伊玛目建立职业军队并为军队配备现代化武器装备，支持建立军官学校，派遣学员前往伊拉克等地学习现代军事科技与训练方法，建立起正规军、国防军和部落军队（又称沙漠军）[①]；将奥斯曼帝国留下的电报铁路网扩建为伊玛目的情报网；为了保证大部落酋长的忠诚，继续采用传统人质制度，将重要部落酋长的直系亲属扣留在萨那。上述措施大大加强了伊玛目的权力。

3. 王国的组织方式是宰德派传统统治模式与部落体制的结合

伊玛目既是宗教领袖，也是政治元首。伊斯兰教法是国家唯一的司法基础，只允许伊斯兰法庭存在，其他法庭一概废止。伊玛目拥有裁决争议案件和任命法官的权力。中央政府设立职能部门，各部大臣等重要职位基本上都由叶海亚所属的哈米德丁家族成员和宰德派赛义德担任，禁止沙斐仪派和伊斯玛仪信徒担任政府部门和军队的重要职位，哈希德和巴基勒两大部落联盟成为伊玛目统治的重要支柱。尽管伊玛目统治下国家力量不断增强，但国家没有实现对部落社会的直接统治，政府管理有赖于与部落酋长的协商，政府对部落内部事务只进行有限的干涉。

4. 现代民族主义运动的兴起和早期党派活动

面对伊玛目的神权专制统治和闭关自守政策，20 世纪 30 年代开始，也门出现了以纯洁伊斯兰教为旗帜、以强国富民为目标的伊斯兰现代主义改革运动，运动的倡导者和发起者是也门青年知识分子艾哈迈德·阿卜杜勒·瓦哈布·瓦里斯（Ahmed Abdul Wahab Walis）。瓦里斯创办《也门智慧》杂志，主张在伊斯兰教范围内推行适合也门国内现实的改革。面对瓦里斯的改革运动，伊玛目叶海亚于 1940 年将其毒死。但也门国内要求改革、改变落后状况的呼声此起彼伏，在国外接受教育的知识分子发起了以努曼和祖贝里为创始人的“自由人运动”（The Free Yemeni Movement），1942 年成立也门自由人党，1946 年改名为大也门协会和自由宪政党。1947 年起草了《神圣协定》，并先后发动了“1948 年革命”[②]和“55 年运动”[③]。1952 年自由人运动在南部亚丁成立也门

① Khaled Fattah，“A Political History Of Civil-Military Relations In Yemen”，*Alternative Politics*，Special Issue 1，2010，p.27.

② 北也门当局对自由人士的迫害趋紧，改革派决心刺杀伊玛目，建立新的君主立宪政体，史称“1948 年革命”，很快遭到前王储的军队与部落武装镇压，重回专制制度。

③ 1955 年北也门发生的反对专制统治的军事政变，史称“55 年运动”。

联盟。此外，穆斯林兄弟会（以下简称“穆兄会”）思想自 20 世纪 40 年代开始在也门赴埃及的留学生中广泛传播，穆兄会训导局的领导人之一阿尔 · 法迪勒 · 瓦尔台拉尼在也门“1948 年革命”中发挥了重要作用。1952 年埃及革命的成功对也门军队中的中下级军官产生了巨大影响，1961 年北也门秘密组建了“自由军官组织”。该组织确立了推翻伊玛目政权及其体制的斗争目标，力求实现也门政治、经济和社会结构的根本变革，成为也门新兴爱国革命运动的领导者并成功领导了 1962 年也门“9 · 26”革命，推翻了伊玛目王朝。

在第二次世界大战后阿拉伯民族解放运动兴起的背景下，一直被英国殖民统治的也门南部地区出现了新的民族主义组织，主要有“南阿拉伯人民联盟”、“民族统一阵线”和“人民社会党”等。这些组织在南也门北部开展活动，建立支部并提出鲜明的民族主义口号，确定了必须推翻封建神权制度，建立自由、反殖民反帝国主义的也门共和国目标。1963 年成立的“被占领的南也门民族解放阵线”确定了采取武装斗争的方式，把南也门从英国殖民主义手中解放出来，并最终取得革命的胜利。1967 年 11 月 30 日，南也门人民共和国宣告成立。

在穆塔瓦基利亚王国时期，也门是获得国际社会承认的主权国家。正是在这一时期，受到外部世界变革影响的也门人民发出变革的呼声，虽然伊玛目实施残酷镇压，但自由派的革命活动从未停止，民族主义运动风起云涌，这一切都标志着推翻封建神权统治，抗击殖民主义，建立现代民族国家已经成为时代发展的必然要求。

三、统一前南、北也门发展阶段（1967—1990 年）

阿拉伯也门共和国和也门民主人民共和国相继建立，标志着也门现代民族国家构建进入重要发展阶段。革命后的北也门和独立后的南也门选择了两条截然不同的发展道路。与伊玛目时期政教合一专制统治相比，这一时期南、北也门都致力于推行政治、经济和社会变革，也门民族国家构建取得了重大进步，主要表现在以下四个方面。

1. 也门国家认同感强化，国家意识形态的基础从传统的伊斯兰教转变为民族主义

在反对奥斯曼帝国和英国殖民者的斗争中，也门人民逐渐成长起来的对“也门”国家的认同情感，随着现代国家的建立而强化。南、北也门都致力于加强国家制度化建设，包括颁布宪法、世俗刑法、民法和商法，并设立世俗法院，宪法规定人身自由不受侵犯、法律面前人人平等；限制部落酋长特权；争取国外经济、军事援助，发展现代世俗教育，特别是南也门的社会主义改革举措意味着与传统伊斯兰政治观的决裂。上述举措及国家认同等象征符号的建立，均催化了民众对“也门”现代民族国家的认同。

2. 宪法的颁布与现代国家政治制度的构建

北也门在经历了共和派与君主派内战后于 1970 年实现和解。尽管此后政局动荡，但各届政府在制定宪法、加强中央政府权力、明确政府立法职能和完善政府机构等方面都做出了不懈努力。1978 年萨利赫临危受命，依靠在各方政治势力间的平衡成功稳定了政局。1982 年全国人民大会党成立并通过了《民族宪章》，确立了实行政治民主、经济民主和社会公正，以及实现南、北也门统一的目标，成为促进国家发展的纲领性文件，全国人民大会党也逐渐演变为北也门的执政党。

南也门于 1970 年 11 月 30 日参照社会主义国家制定宪法的经验，完成并颁布了第一部国家永久宪法。宪法规定国家代表工人、农民、知识分子和所有劳动者的利益，以完成民族民主革命和过渡到社会主义建设为目标，同时将国名改为“也门民主人民共和国”，也门社会党成为南也门的执政党。

3. 经济现代化的启动

第一，成立中央银行。1962 年北也门成立第一家国有银行——开发建设银行，并在 1963 年发行本国货币里亚尔。1970 年成立中央银行和中央规划局，确定国家经济发展的具体计划，推行自由经济政策。南也门实行计划经济，国家对农、牧、渔业产品实行国有化管理，将外国资本都收归国有，确立了国家在经济生活中的主导地位。

第二，进行工业和基础设施建设。北也门通过实施 1973—1976 年“三年发展纲要”和 1976 年开始的五年发展计划，发展了一批中小民族工业和加工

工业，并加强对石油、矿产资源的开发。南也门通过三年发展计划（1971—1974 年）和第一个五年计划（1974—1979 年）的实施，民族工业得到一定发展，除了收归国有的企业，还新建了 50 多家中小型工厂，包含炼油、纺织、建筑业等各类工厂。

第三，发展教育卫生事业。北、南也门重视发展教育事业，设立了完整的教育体制和职业教育中心，分别创办萨那大学和亚丁大学。医院、诊疗所、卫生所和农村卫生站的设立，表明国家主导下的医疗卫生网络缓慢形成。

4. 传统社会结构发生显著变化

20 世纪 70 年代，北也门经济发展特别是外出打工侨民的侨汇收入刺激了国内消费品市场的发展。现代教育和留学教育的初步发展，使出身中下层、受过现代教育培训的"新中产阶层"人数增加。他们虽然多从事社会中下等职业，如中下级军官、雇员、低级官员、教师、职员等，但数量庞大且具有共同的现代思想观念与较强的阿拉伯民族主义意识，对职业、阶层、国家、民族的认同比传统的部落、地域等认同要强。商业活动的兴起和人口流动冲击着传统的部落社会，以土地为生的部落成员也开始选择各种职业谋生。

总之，南、北也门统一前的发展构成了也门现代民族国家构建的重要阶段。尽管南、北也门政治分别受到苏联和埃及的影响且多处于动荡中，但这一时期，现代政府形式具有了实质性内容，宪法的颁布保证了公民基本权利。国家政治制度化缓慢进行，经济和人民生活与伊玛目统治时期相比进步巨大，同时不能忽视传统部落、宗教势力仍然存在并保持着对政治的强大影响力。

四、统一后也门现代民族国家构建阶段（1990—2012 年）

1990 年 5 月 22 日，南、北也门宣布统一，改国名为"也门共和国"，定都萨那，原北也门总统萨利赫成为统一国家的总统。萨利赫时代是也门现代民族国家构建的实质性发展阶段，尽管内部矛盾重重，但 1994 年夏季内战结束后政局基本稳定，现代民族国家在曲折中获得长足发展。

1. 国家实现统一，领土最终确立

1990 年南、北也门统一的实现意味着也门长达 300 多年南北分离的历史结束，现代民族国家迎来全新发展阶段。南、北也门合并后，与沙特阿拉伯的边界争议问题最终在2000年签订《吉达条约》后得以解决，现代也门的领土获得最终确立。

2. 确立以总统制为核心的共和制

也门统一后宣布继续实行共和制。1994年9月也门议会通过统一宪法修正案，其中最重要的变化是以总统制取代了具有集体领导性质的总统委员会制，将原属于总统委员会的任命总理、组织政府、解散议会等职权转归总统，进一步确立和加强了总统在国家政治生活中的主导地位和作用。同年10月1日，萨利赫当选为也门共和国总统兼武装部队总司令，任期5年。1999年和2006年萨利赫两次蝉联总统，并通过宪法修正案延长总统任期。萨利赫统治时期，一方面政局基本稳定，为国家的经济、社会发展提供了较为安定的国内环境；另一方面其个人威权和家族统治也制约着也门现代民族国家的进一步发展。

3. 行政机关的逐渐完善和政治民主化进展迟缓

1994年内战结束后，也门政府部门不断完善，现代政府机构基本建立，但效率低下、腐败严重等固有问题仍旧存在。统一初期的政治体制建立在政治多元化和多党制基础之上，通过大选实现政权的和平交替。也门推进政治民主化进程的主要行动是在保障公民政治自由平等权利的基础上实行多党制、选举制和议会制。1993年、1997年和2003年，也门先后进行了三次议会选举，这是也门社会朝着民主化和政治多元化迈出的重要一步。此外，从几乎不受限制的多党制到1995年颁布新的政党组织法，对政党组织的组建和管理日益完善。活跃于也门政治中的主要政党有：全国人民大会党（GPC）、也门社会党（YSP）、伊斯兰改革集团（Islah）、阿拉伯复兴社会党等。但随着全国人民大会党长期成为执政党和萨利赫个人威权统治的建立，党政合一体制的深化和一党独大的局面导致国家政治民主化进程陷入迟滞。

4. 经济改革和以石油工业为支柱的国家经济现代化之路

面对也门长期落后的经济状况，1995年也门政府与世界银行、国际货币基金组织合作，推行经济、财政和行政改革计划。萨利赫政府主张对外开放和鼓励私营经济的发展，坚持以农牧业为也门经济的基础，大力勘探石油和建立采油工业，使也门的经济获得较快发展。

5. 社会结构的变化

在发展经济的同时，也门政府采取了一些促进社会发展的政策。军队现代化是促进社会变迁的重要因素。妇女在教育、参政和就业上有了很大发展。人口增长率上升和教育的发展，使得青年知识分子、工人和小手工业者队伍不断壮大。与此同时，传统的城乡、教派、部落、地区差别继续存在，并成为伊斯兰主义复兴的社会基础。20 世纪 90 年代以来，迅速发展的伊斯兰主义势力对现代民族国家构成重大挑战。威权政治的专权和腐败、经济恶化成为以青年为主体的街头革命兴起的主要原因。也门现代民族国家进程面临重重困难。

五、也门现代民族国家的解构与重构阶段（2012 年至今）

2011 年 1 月中旬以来，也门主要省份相继爆发反政府示威游行，并演变为流血冲突，2011 年 11 月萨利赫总统被迫交权。2012 年 2 月 21 日，阿卜杜勒 · 拉布 · 曼苏尔 · 哈迪（Abdrabuh Mansur Hadi）当选为也门总统。2015 年 3 月，胡塞武装组织（Houthi）发动武力夺权迫使哈迪出走沙特，随后沙特阿拉伯等国家对也门胡塞武装组织发动越境空袭。2015 年胡塞武装组织已控制包括首都萨那在内的全国三分之一领土，70% 的军事力量，实际上掌控了也门国家的权力。而哈迪政权得到联合国以及海湾国家的承认，哈迪也继续被视为“合法总统”。近年来也门政治危机持续，国家深陷内战危机。2018 年 12 月，在联合国斡旋下，也门政府和胡塞武装组织就停火、交换战俘等达成一致，但不久就重开战火。2022 年 4 月 7 日，也门总统发布公告，结束自己的总统职务，将权力移交给由 8 人组成的总统委员会，以尽快结束自 2011 年 11 月就开始的过渡期。总统委员会由拉沙德 · 穆罕默德 · 阿里米领导，也门新的领导核心的确立有利于打破内战持续的长期僵局。

1. 哈迪政府的政治重建（2012—2015 年）

2011 年 11 月，萨利赫总统在众叛亲离中宣布交权，标志着萨利赫主导的也门现代民族国家构建道路的终结，获得国内各方势力支持的哈迪于 2012 年 2 月 25 日当选总统并组建联合政府。

哈迪政府的政治重建主要表现在：

第一，成功召开“全国对话会议”。根据海湾阿拉伯国家合作委员会（简称海合会）调解协议，2013 年 3 月 18 日也门“全国对话会议”召开，历时 10 个多月于 2014 年 1 月 25 日闭幕。根据最终文件，也门总统哈迪的任期将延长 1 年，国家将从共和制转为联邦制。2014 年 2 月 10 日，由哈迪领导的地区区划委员会表示，实行联邦制后，也门全国将被正式划分为 6 个地区，其中 4 个在北方，2 个在南方。但这一方案受到胡塞武装组织和南方分离势力的反对。

第二，打击“基地”组织等恐怖势力。2012 年，哈迪政府在美国的军事支援下积极打击“基地”组织，将其势力赶出也门南部城镇，压缩到边远山区。2014 年 4 月，哈迪命令也门政府军向“基地”组织阿拉伯半岛分支的多个据点发动大规模军事围剿行动，5 月初也门政府军收复了“基地”组织分支“最后的主要堡垒”——南部沙巴瓦省亚兹安市（Azzan）。

第三，开展新宪法的起草工作。2014 年 10 月 23 日，也门宪法起草委员会对《也门时报》表示，新的宪法已经完成百分之八十，新宪法完成后将要面临全民公投和总统、议会大选。2015 年 1 月，哈迪政府计划向全国对话委员会提交新宪法草案，该草案将当时的 21 个省和 2 个直辖市重新划分为 6 个联邦州。胡塞武装组织强烈反对该宪法草案并要求修改。2014 年 9 月，胡塞武装组织夺取也门首都萨那，后又占领也门南部地区。2015 年 8 月，以沙特阿拉伯为首的多国联军对胡塞武装组织发动代号为“果断风暴”的军事行动。至 2018 年 9 月，胡塞武装组织和忠于前总统萨利赫的军队、哈迪政府军、以沙特为首的联合军队以及南方分离主义势力、各部落民兵和逊尼派伊斯兰武装分子（包括“基地”组织阿拉伯半岛分支及“伊斯兰国”）之间冲突不断。2018 年 12 月，在联合国斡旋下，也门政府和胡塞武装组织短暂达成停火协议，但冲突很快再度爆发。2022 年 11 月 7 日，哈迪总统宣布将权力移交给总统委员会，标志着哈迪主导的也门政治过渡期的失败。也门局势持续动荡，国家处于分裂的边缘。

2. 也门政治危机持续，未来形势发展前景堪忧

第一，新一轮政治危机是也门国内各种矛盾和各方势力利益冲突的总爆发。哈迪政府无力扭转濒临崩溃的经济，恐怖主义和南方分离运动再度抬

头，宰德派胡塞武装组织崛起引发国内部落和教派冲突，使得也门遭遇叠加式多重危机全面爆发的关键时刻，国家面临爆发新内战、再度发生分裂的严重危险。第二，胡塞势力迅速崛起，成为也门的主导政治力量，不仅打破了近半个世纪以来由逊尼派主导的权力机构和政治生态，也意味着也门政治重建陷入困境。更重要的是，也门政治对立还分别受到支持原总统哈迪的沙特阿拉伯等逊尼派国家和支持胡塞武装组织的伊朗什叶派国家的介入。2015 年后，也门已经形成了胡塞武装组织与联军支持的哈迪政府北南对峙的局面。2022 年 4 月，哈迪总统移交权力的声明中第一次使用胡塞武装组织的官方名称“安萨尔拉”，并表示总统委员会将代表也门政府与“安萨尔拉”就全面长期停火展开和谈。

作为本研究的基础，本章内容主要包括也门地理环境和早期历史、也门现代民族国家构建的阶段两部分。第一部分通过概述也门地理环境、地区构成、人口分布和宗教变迁，总结出早期历史为也门共同的民族文化心理奠定了基础，部落社会和宗教（伊斯兰教）是也门传统社会的重要组成部分。第二部分梳理也门现代民族国家构建的五个历史阶段。也门现代民族国家构建经历了长期、曲折的历史过程，萨利赫时期促进了国家统一，保持了政局的长期稳定和经济的较大发展，是也门现代民族国家构建的实质性阶段，但长期实行的威权统治带来的严重贪腐与经济困境导致萨利赫总统被迫下台。政局发生重大变动之际，胡塞武装组织的强势崛起彻底改变了也门传统的政治结构，也门现代民族国家陷入解构与重构之中。

第二章　社会整合与也门现代民族国家构建

分化和整合是人类社会存在和发展的双重逻辑。从人类历史的发展来看，社会变迁本质上就是社会分化与整合的过程。自 20 世纪 60 年代开始建立真正意义上的现代民族国家以来，也门社会的内部整合也相伴而生。在具体分析也门社会整合的内容和特征之前，有必要探究社会整合的理论渊源和含义。

第一节　社会整合的理论渊源和含义

一、社会整合的理论渊源

在西方理论界，社会整合一般指社会的体系化或一体化。19 世纪的工业革命和工业化的扩展带来社会的剧烈变迁，现代性与传统社会的“断裂”催生出对社会整合的理论思考。孔德的“社会内聚力”思想、马克思的阶级社会理论都蕴含着这种理论思考。英国哲学家赫伯特·斯宾塞在其社会有机体理论中认为，“整合”至少包含以下两层含义：一是社会结构的各个部分之间的相互依赖性；二是对这些社会结构各个部分的协调和控制。[①] 法国著名社会学家埃米尔·涂尔干以“社会团结”（social solidarity）代称社会整合，他认为传统社会的结合方式较为薄弱，体现为“机械的团结”，而现代社会比较复杂，其整合（integration）程度高，其结合方式体现为“有机的团结”。[②] 美国社会学家塔尔科特·帕森斯在其结构功能主义理论中，对社会整合问题进行了新的探索，使得社会整合成为解释社会变迁的重要范式。帕森斯对社

① 张翼：《社会整合与文化整合——社会学者的“整合”观》，《兰州商学院学报》1994 年第 1 期。

② ［美］安德鲁·韦伯斯特：《发展社会学》，陈一筠译，华夏出版社 1987 年版，第 24—25 页。

会结构予以了功能分析，认为社会结构是具有不同基本功能的、多层面的次系统所形成的一种社会体系，包含执行适应（adapation），目标实际（goal-attainment）、整合（integration）及模式维持（latency pattern maintenance）四项基本功能。“经济系统”执行适应环境的功能；“政治系统”执行目标达成功能；“社会系统”执行整合功能；“文化系统”执行模式维持功能。帕森斯以A-G-I-L框架的展开过程解释社会的历史发展，认为社会的发达程度取决于社会结构功能的分化程度，四种结构功能充分分化之时，现代社会就产生了。

继帕森斯之后，社会学家对社会整合概念的解释及运用逐渐分化为两种不同的倾向：一种沿袭帕森斯的观点，继续将其置于宏观的社会理论体系中，借助抽象的思辨和形而上学的推理予以解释和运用。一种则走向微观个体研究和经验主义，代表理论有哈贝马斯的交往行动理论、吉登斯的时空脱域理论等。近年来，西方社会整合理论开始跳出抽象化研究，更多地关注具体领域和个体社会整合，研究方法也从宏观走向微观，数据统计、比较分析和历史分析等研究工具几乎占据主导地位。

国内学者对社会整合的概念界定主要分为四类：第一类从社会行动主体的角度进行定义，认为社会整合是通过对社会行动主体关系的调整与协调实现社会一体化；第二类认为社会整合是通过社会各要素之间的调整与协调，实现社会一体化；第三类认为社会整合是社会各子系统、社会行动主体、社会要素之间及其各自内部的协调的状态或过程；第四类认为社会整合是通过思想意识、价值观念等把社会成员凝聚为一体或通过各种方式把社会成员凝聚在某种思想价值观念等的周围。①

二、社会整合的含义

社会整合是一个众说纷纭、颇有争议的概念。“社会整合是许多人头脑中不断在进行思考的中心概念，但它同时也是一个迄今未产生什么结果的概念。”② 在《中国大百科全书》中，社会整合是指社会不同因素、部分结合为一

---

① 贾绘泽：《社会整合涵义述评、分析与相关概念辨析》，《高校社科动态》2010年第2期。

② ［美］安吉尔：《社会整合》，秦东晓译，转引自苏国勋、刘小枫主编：《二十世纪西方社会理论文选Ⅱ：社会理论的诸理论》，上海三联书店、华东师范大学出版社2005年版，第516页。

个统一、协调整体的过程和结果，又称社会一体化，是与社会解体相对应的社会学范畴概念。社会整合的可能性在于人们共同的利益以及在广义上发挥控制、制约作用的文化、制度、价值观念和各种社会规范。[①] 据此，本书所说的社会整合是指在构建现代民族国家的过程中，国家以利益关系为基础，将社会系统中的政治、经济、文化和社会生活子系统进行统一、协调，并最终构建全体社会成员的认同感，制定一个为社会成员普遍接受的共同纲领和社会成员一致遵守的基本规则，最终实现社会和谐、稳定的社会实践活动。也门以构建现代民族国家为目标，而社会整合是实现这一目标的手段。本章试图从社会整合的视角审视也门现代民族国家构建历程，社会整合的理论分析框架包含以下四方面。

第一，也门现代民族国家构建过程也是社会进行整合的过程，这种社会整合的目的是在全体国民中创造出共同遵守的法律制度和公共文化，以及全体国民的归属感和政治认同，从而创造出维持政治共同体所必需的凝聚力。

第二，社会整合就是使政治、经济、文化和社会生活四大子系统功能之间相互补充、协调，展开有效的合作，从而实现社会的整体性和稳定性。在现代也门，社会整合涉及意识形态和基本的国家体制、政治、经济、社会和文教等多个领域。

第三，社会整合是一个动态的过程。社会整合总是随着社会发展而不断变化。从社会发展对社会整合需求的总趋势来看，社会整合的结果总体上呈现由简到繁、由机械到有机的转变过程。

第四，社会整合具有一定的衡量指标和实现机制。国外研究从正反两方面界定社会整合的指标，分别是团结与分裂、忠诚与敌对、适应与反常、认同与排斥。学界公认的有六种社会整合的实现机制：沟通交往机制、规则整合机制、利益整合机制、交换整合机制、参与整合机制和社会控制机制。[②] 社会整合理论及其实践研究对世界其他国家和地区的同类研究具有一定的启发意义。

---

① 中国社会科学院语言研究所词典编辑室：《现代汉语词典》，商务印书馆 2005 年版，第 399 页。

② 吴晓林：《社会整合理论的起源与发展——国外研究的考察》，《国外理论动态》2013 年第 2 期。

第二节　近代也门社会的变迁与整合（1872—1962 年）

伊斯兰教传入之前，早期也门是以部落或部落联盟为中心所建立的奴隶制国家，部落是社会的基本单位，社会的分化与整合都是围绕着部落习俗进行的。7 世纪伊斯兰教传入也门后，也门传统国家社会整合的依据受到伊斯兰文化的强势影响，开始实行政教合一的体制，伊斯兰教法成为国家法律的主要来源。但也门社会中逊尼派沙斐仪派和什叶派宰德派的教派矛盾、传统部落组织以及地区主义等都对伊斯兰认同提出挑战，致使国家合法性和政府行政能力的影响力有限。19 世纪奥斯曼帝国和英国分别占领也门北部和南部，被殖民统治的遭遇激发了也门人民要求民族独立的诉求，受奥斯曼帝国统治时期具有现代气息的改革影响，也门现代化缓慢起步。第二次世界大战后，世界民族解放运动兴起，阿拉伯民族主义成为也门社会整合的旗帜，北也门通过“9 · 26”革命建立共和国。南也门通过民族解放运动实现独立并建立南也门人民共和国。整个 20 世纪，也门人民都在为实现国家的独立、统一和稳定而努力。本节将以 19 世纪奥斯曼帝国第二次占领也门开启现代化改革为起点，梳理也门社会整合的阶段和主要内容。

一、奥斯曼帝国第二次占领时期的社会整合

1872 年 4 月 25 日，穆赫塔尔帕夏率领奥斯曼帝国军队进入萨那，并全面接管也门的政治、军事和财政大权，也门成为奥斯曼帝国的行省并一直持续到 1918 年国家独立。1900 年前后，这片土地上存在着多个相互竞争的政治势力：多个互不承认的伊玛目、部落间频繁的冲突与结盟，以及奥斯曼帝国和英国的分割占领，也门社会处于混乱无序状态，奥斯曼帝国的统治在一定程度上推动碎裂化的也门社会开始整合。

1. 政治方面

由奥斯曼帝国中央政府任命帕夏（总督）管理也门地区，帕夏作为地方的最高官员，可以监管当地的一切社会活动并对帝国中央政府直接负责。帝国中央政府对也门行省的控制，主要有立法、司法、财政、行政和人事控制等。也门地方政府具有一定的自主权，如也门一些地区和城镇设置了具有代议制性质的“行政会议”。首府萨那的行政会议为省级代表大会，包括 30 名人民代表，由奥斯曼帝国任命的总督主持会议。行政会议享有广泛的权力，也门的一些地方法律、法规和政府的重大举措需要经行政会议讨论通过才能实施。在也门原来单一的伊斯兰教法法庭基础上，增加了商业法庭、民事法庭、上诉法院和最高法院。其中最重要的是法律的世俗化改革，1871 年颁布的商业法大部分条文来源于法国法律并且具有世俗化的特征。刑法同样是世俗化的，仅有民法还保留了沙里亚法的特有部分。然而，奥斯曼帝国在也门的统治并不稳定，帝国中央政府对也门行省的实际管理有限，导致政治整合收效甚微，也门仍是部落组织占主导地位的碎裂化社会形态。

2. 经济方面

历史上的长期战乱和地理上的隔绝，使得也门经济以自给自足的农业经济为主，农业仍保持着传统的耕作方式和落后的生产手段，收成远不能满足国内需要，饥荒时时困扰着民众。奥斯曼帝国在占领时期为了缓和民众因生活贫困所激化的社会矛盾，推行了改进交通和引进现代农业技术的措施。交通方面，实施了荷台达至萨那的铁路建设项目，加强了两地间的商业、人员流通。农业方面，派遣一批农业专家进入也门，组成农业实施和土地状况研究小组，还有烟草、果树和棉花种植的专家培训村民，将进口的优良种子免费分发给农民，并保证专家指导的长期化。在保证农业产量的灌溉方面，除了清理原有的水渠和水井，还派遣人员带着专业打井设备进入农村帮助当地居民打井。

3. 社会方面

1900 年左右，也门人口大概在 300 万—400 万人[①]，90% 的人口生活在农村的传统部落中。部落社会构成当时社会的基本组织，亲属和血缘关系是维系社会的主要纽带。部落酋长（即谢赫，Shaykh）与成员的关系更像是地主与农民的关系。大部分居民都以农业为生，但存在少数以游牧为生的居民，所有人都极端贫困。部落谢赫、赛义德[②]依据血统原则构成部落中的特权阶层，谢赫们管理着部落并提供仲裁，赛义德们成为部落中唯一的知识阶层。

这一时期城市化缓慢起步，萨那人口在 1900 年达到四五万人[③]，萨达、阿姆兰、穆卡拉和亚丁等作为地区中心城镇在缓慢发展。奥斯曼帝国统治时期，也门社会最显著的变化在教育领域，1900 年奥斯曼帝国的公共教育法在也门实施，萨那成立了教育行政管理机构——教育局和师资局。萨那、荷台达等城市创办了一批初级中学和工业学校，萨那还建立了一所军事学校。为了鼓励青年在新型学校学习，当局还制定了一部义务教育法。1901 年也门出现 2 所职业夜校、2 所中学夜校、2 个教师机构、6 所小学和 3 所中学，服务于 1600 名“热切支持”的学生。[④]尽管学生人数有限，但毕竟出现了有别于传统清真寺宗教教育的新型教育，从而为也门年轻人创造了认识外部世界和学习现代科学技术的新途径。

由于也门在历史上长期遭受外族统治，从未建立过独立国家，因此各部落、地区间始终缺乏领土和国家的观念。奥斯曼帝国征服也门后，在很大程度上保留了其原来的自治状态。因此，对当地居民的社会生活起主要影响的不是奥斯曼帝国政府，而是他们的家族族长、部落谢赫、宗教领袖以及当地权贵等。这些人首先是大地主，有些还担任各级地方官员，负责为奥斯曼帝国政府收税、推行帝国颁布的政策、举荐或委任地方官员等。他们与民众间

---

① Paul Dresch，*A History of Modern Yemen*，Cambridge University Press，2002，p.1.

② “赛义德”，阿拉伯语音译，原有“贵族”“王子”“尊贵的”等多种含义。伊斯兰教产生之前，是阿拉伯部落首领的称谓；伊斯兰教产生后，该词是对先知穆罕默德之女法蒂玛和其丈夫阿里的后裔的专称，意为“圣裔”，享有特殊地位。

③ Paul Dresch，*A History of Modern Yemen*，Cambridge University Press，2002，p.26.

④ Paul Dresch，*A History of Modern Yemen*，Cambridge University Press，2002，p.25.

建立了一种“主从关系”。又因为也门多山和沙漠、各地区相对孤立的地形特点，这一时期该地区没有形成统一的市场，不同地区、教派的人们之间的交往十分有限，社会缺乏凝聚力，人们对教派、地区和部落的认同较高，这种状态严重影响了也门民族国家的构建和方式。奥斯曼帝国开启改革的根本目的是维持帝国在也门的统治，缓和此起彼伏的反抗浪潮，因此这一时期的社会整合对也门影响有限，并多集中在政治军事领域。现代政府形式缺失，民众生活贫困不堪，教派矛盾凸显，也门的社会传统结构并没有发生根本改变，部落传统习俗和宗教活动依然规范着也门的社会秩序。

二、近代也门的社会整合

20 世纪以前的也门政治结构被伊斯兰教和各自为政的王国或部落左右，没有现代国家领土的概念，20 世纪初也门迎来崭新开端。1918 年 11 月奥斯曼帝国撤出也门后，伊玛目叶海亚接管了奥斯曼帝国占领的地区，并将自己的控制范围扩大到中西部沙斐仪派聚居地区，也门成为阿拉伯地区最早宣告独立的国家。

（一）穆塔瓦基利亚王国时期的社会整合

1918 年穆塔瓦基利亚王国的建立是也门现代民族国家构建的起点，与 17 世纪的卡塞姆王朝最大不同在于，穆塔瓦基利亚王国出现在一个民族国家构成国际关系行为主体的时代，是一个强调领土完整和国家主权独立的时代。因此，叶海亚被认为是“现代也门的缔造者”[①]。这一时期穆塔瓦基利亚王国的社会整合有以下几方面。

1. 王国统治疆域的确立

穆塔瓦基利亚王国成立伊始面临的国际国内形势十分严峻，英国意图扩大在也门的殖民范围，以伊德里斯人为首的地方分离势力对叶海亚的统治构成挑战，新王国肩负着维护民族独立和统一的艰巨任务。

统治阿西尔地区的伊德里斯人是叶海亚政权最危险的竞争者和实现也门统一的重要障碍之一。伊德里斯人原为统治摩洛哥的伊德里斯家族的一支，

① Paul Dresch，*A History of Modern Yemen*，Cambridge University Press，2002，p.9.

18 世纪末从北非来到也门的宰比德并在此讲经布道，最终在阿西尔的苏莱曼地区定居，其影响力和实力日益扩大。1905 年其族长穆罕默德 · 阿里 · 伊德里斯获得意大利人支持，反抗奥斯曼帝国侵略，1908 年在阿西尔的塞卜亚城建立了伊德里斯酋长国。1909 年和 1911 年与伊玛目叶海亚两次合作，领导阿西尔部落抗击奥斯曼帝国，在伊玛目叶海亚与奥斯曼帝国签订《达安和约》后与叶海亚反目，双方在拉赫季进行了一场恶战，伊德里斯败北。伊德里斯人在 1915 年获得英国的支持，同样还获得哈希德部落大酋长艾哈迈尔家族、巴基勒部落联盟中最强大的侯赛因家族部落的叶海亚 · 谢里夫酋长的支持，谢里夫酋长曾在亚丁宣布建立一个包括"宰德派、萨拉菲和伊斯玛仪派"的联盟[①]。

1922 年，伊德里斯人又从英国人手中接管帖哈麦地区和荷台达，与伊玛目政权分庭抗礼。伊玛目与伊德里斯的战斗从北部的拉齐赫（Razih）、哈马（Haymah）和拉玛赫（Raymah）一直延续到南部的乌萨卜（Wusab）。[②]1922 年穆罕默德 · 阿里 · 伊德里斯去世后，家族内部争权夺利使叶海亚乘机夺取帖哈麦和荷台达，迫使新上任的埃米尔哈桑 · 阿里 · 伊德里斯于 1926 年与沙特签订保护条约。1927 年，面对沙特国王提出的沙也边界划分问题，伊玛目叶海亚表示阿西尔地区毫无疑问是也门的一部分，伊德里斯只是侵占了在土耳其统治下从也门划分出去的这一区域，他强调在奥斯曼帝国之前，阿西尔地区的谢赫是从也门伊玛目那里得到的封邑。[③] 叶海亚在领土问题上的不妥协立场导致 1934 年沙特出兵也门。1934 年 5 月 19 日，叶海亚与沙特签订了为期 20 年的《塔伊夫条约》，根据条约，阿西尔、吉赞和奈季兰地区划入沙特阿拉伯版图，双方的战争状态结束。

1918 年底，英国人以敦促驻扎在帖哈麦地区的奥斯曼帝国撤离也门为由，动用 15 艘军舰炮击荷台达、萨利夫、穆哈等港口城市，并出兵占领帖哈

---

① Harold F. Jacob，*Kings of Arabia; The Rise and Set of the Turkish Sovranty in the Arabian Peninsula*，London：Mills and Boon，1923，p.232.

② Paul Dresch，*A History of Modern Yemen*，Cambridge University Press，2002，p.31.

③ Muhammad Zabarah，*Nashr al-ʻarf li-nubal ā ʼal-Yaman baʻda al-alf*：*nubal ā ʼal-Yaman bi-al-qarn al-th ā n ī ʻashar lil-hijrah*，al-Q ā hirah：al-Matba ʻah al-Salaf ī yah，1957，p.195.

麦的海港与城镇。对此伊玛目叶海亚表示强烈反对，并要求归还被占南方领土。1921 年在谈判未成时，英国将帖哈麦地区交给了他们的盟友——阿西尔的埃米尔[①]穆罕默德·阿里·伊德里斯，这一事件迫使伊玛目叶海亚出兵攻打英国控制的南部地区，并于 1924 年收复了帖哈麦地区。在要求谈判被拒后，1928 年 6 月 21 日，英国空军对塔里阿、伊卜、叶里姆、扎马尔等城市进行轰炸，英国军舰也开到也门沿海地区示威，并从肯尼亚、波斯湾、亚丁调集军队，在空军掩护下向也门军队占据的南方城镇发起大规模进攻，也门军队被迫撤离该地区。1934 年英国迫使也门签订为期 40 年的英也《友好互助条约》，即《萨那条约》，根据条约，英国承认也门独立，但要求也门同意“暂缓”解决边界问题，从而暂时结束了英也双方因南方问题而产生的长期冲突，也门被正式分割为南、北两部分。

据此，伊玛目叶海亚没有正式实现对全也门的控制，与英国的条约维持了 40 年，而与沙特的条约仅仅维持了不到 20 年。虽然伊玛目叶海亚统一也门失败了，但其从西北部萨达到中西部帖哈麦地区的统治疆域逐渐确立，当时流行的歌谣也称伊玛目统治疆界包括北部和南部的边界[②]。重要的是，伊玛目在与英国和沙特签订条约时，都是以他的尊号“伊玛目叶海亚·穆罕默德·哈米德丁”，即也门国王的名义进行，意味着也门成为获得国际社会承认的独立国家。

2. 政治领域

第一，伊斯兰教什叶派宰德主义是国家意识形态的基础。1918 年，伊玛目叶海亚以也门民族解放运动领导者的姿态成为独立也门的领袖，王国的统治以宰德主义为伊玛目合法性和国家意识形态的基础。宰德主义的政治思想主要有：努力追求源于先知的世俗和宗教权力；具有为被杀害的宰德及其儿

---

① 其名称源自阿拉伯语的“amir”，意思是“统率他人的人”，这一头衔远早于苏丹出现。其本意有军事统帅的意思，最早用于哈里发派驻在外的军事统帅及各地总督，亦可作为最高级贵族的称号。

② Paul Dresch，*A History of Modern Yemen*，Cambridge University Press，2002，p.35.

子复仇的战斗精神；努力恢复阿里和法蒂玛[①]后代的权力。宰德派被称为“实用主义的什叶派”。如果不考虑其宗教义务上的微小区别，它与逊尼派的主要区别在于坚持伊玛目国家制度[②]。穆塔瓦基利亚王国独立后，宰德主义成为王国政治的治国原则，叶海亚父子的统治目标之一就是努力使也门社会依据信仰的原则办事。毫无疑问，两位伊玛目都把拯救臣民的灵魂视为不可推卸的责任，主张依据沙里亚法治国。伊玛目尽可能地使也门与外界隔离，外国人进入也门要受到严格审查，行动也处于政府的监管之下。不论是国外政府机构还是民间机构，王国都避免与他们保持长久联系，教育内容既陈旧又传统。然而，面对也门传统社会结构，伊玛目在推行宰德主义时也保持着灵活性，甚至在有些方面按照与宰德派教义相冲突但与传统的部落价值相一致的原则管理国家。宰德主义日益受到世俗化的挑战，面对日益高涨的世俗化和政治改革的呼声，伊玛目艾哈迈德时期不得不做出改革，而改革又势必削弱伊玛目王国的政治合法性。

第二，伊玛目集权统治的确立。穆塔瓦基利亚国王建立的是以宰德派伊玛目为君主的政教合一的政体。按照宰德派教义，伊玛目由选举产生。选举分两个阶段，先由赛义德们选出伊玛目候选人，然后召开由部落著名教法学家和谢赫组成的专门会议，确定这些候选人并从中选出伊玛目，被选伊玛目得到“阿里 · 穆塔瓦基利 · 比 · 安拉”（即真主信任的或全权代表）的称号[③]。伊玛目是全国政、教领袖，统治整个宰德派国家。据此，伊玛目叶海亚及其继承者掌握着国家政、军、教大权。虽然名义上遵守宰德派选举伊玛目的制度，但实际上叶海亚的儿子艾哈迈德和孙子巴德尔先后世袭为伊玛目。

伊玛目对国家大小事务拥有完全决断权。穆塔瓦基利亚王国中伊玛目既是宗教领袖，也是政治元首和国家最高军事统帅，还是也门最高伊斯兰法庭法官。中央政府中，首相和各部大臣都由叶海亚所属的哈米德丁家族成员和

---

① 法蒂玛，公元 605 年诞生于麦加，为先知穆罕默德与赫蒂彻所生，是先知最心爱的女儿，伊斯兰教五大杰出女性之一。法蒂玛于公元 623 年嫁于父亲的堂弟阿里，阿里是伊斯兰教史上第四任正统哈里发。

② 李维建：《也门伊斯兰教宰德派历史研究》，硕士学位论文，西北大学，2001 年，第 22 页。

③ 中国社会科学院世界宗教编：《各国宗教概况》，中国社会科学出版社 1984 年版，第 172 页。

宰德派赛义德们担任，并对伊玛目负责。全国行政区域的划分基本延续了奥斯曼帝国的做法，划分为 7 个省，下设县、区和村各级行政机构，省长由伊玛目任命，他们的职能仅限一般事务，重要和紧急事务必须请示伊玛目才能处理。此外还有一名由伊玛目委派的宗教法官。叶海亚对国家事务的处理方式与他入主萨那前几乎没有变化："伊玛目每天清晨会坐在树下听取人们的请愿"[①]，国家大小事务仍必须得到伊玛目的批示。1922 年阿敏·蕾哈妮记载了当时伊玛目处理政务的情形："没有家具、桌椅，秘书们盘腿坐在垫子上，将纸张放在膝盖上书写。不论文件重要与否，都是以国家的根基和最可敬的伊玛目开头，伊玛目阅读后亲手在最后批示……将信件交给他前面的士兵，士兵密封后交给写地址的书记员……到午夜，发报员需要发一系列电报……但是伊玛目和首席秘书有时会一直工作到破晓时分。"[②] 国家政治的核心系于伊玛目一人之上。到伊玛目艾哈迈德时期（1948—1962 年），尽管社会比叶海亚时期较为开放，但艾哈迈德仍坚持传统的毫无效率的管理方式，例如：1950 年，一个美国代表团到访塔伊兹讨论在荷台达增设港口，并修一条从荷台达到萨那的公路，然而协议被搁置了十年。在也门，政府卡车要去塔伊兹，甚至是骡子的饲料问题都需要得到伊玛目的批示。[③] 伊玛目政府的结构、功能和公共管理部门仅仅处于最初建立阶段。1931 年伊玛目组建了一个内阁，唯一运作的部门是外交部，由部长、副部长、首席礼仪官、一位办事员和两位打字员组成，但伊玛目仍保留着发放入境签证的权力。此外，伊玛目还是财政部、军事部门、教育和司法部门的决策者和管理者，拥有雇佣和解雇所有政府人员的权力。[④]

第三，加强对部落的控制。独立之初，也门传统部落势力在伊玛目与伊德里斯人的斗争中得利。但伊德里斯人失势后，伊玛目加强了对部落的控制，

---

① Paul Dresch，*A History of Modern Yemen*，Cambridge University Press，2002，p.45.

② A. Rihani，*Arabian Peak and Desert*，London：Constable，1930，p.222.

③ D. Ingrams，*A Survey of Social and Economic Conditions in the Aden Protectorate*，Asmara：Government Printer，1949，p.26.

④ B. R. Pridham，*Contemporary Yemen：Political and History Background*，University of Exeter，1984，p.80.

规定部落谢赫必须由伊玛目批准才能任职。伊玛目采取谈判、利诱和分化等多种方式控制部落，对不甘心受控制的部落以“圣战”名义进行征讨并实行人质制度。20 世纪 20 年代，伊玛目将大量南也门地区反对伊玛目的部落谢赫押解到萨那的监狱，他们中只有少数人活了下来。[①]1928 年哈希德部落联盟被伊玛目控制。20 世纪 30 年代，伊玛目扣押的各重要部落的人质接近 3000 人，逐渐控制了马里卜和塔伊兹地区的重要部落。国家权力的基本原则在控制部落的过程中得以确立。萨那北部哈姆丹（Hamdan）的谢赫认为他应该得到更多的回报，叶海亚很愤怒地质问他：“谁让你成为一个谢赫?”得到的回答是“和你成为伊玛目的方式一样”。叶海亚的回应是很快将他关入狱中，狱期长达 20 年之久。[②]

除了人质、征讨等惩罚性手段，伊玛目对部落也采取怀柔措施：通过担任部落间仲裁者的方式加强权威，实现对部落的直接控制。例如，在原属于哈希德部落疆域内的“被保护地”胡斯地区，于 1928 年开始实施担保人制度，每个担保人具有保证当地和平的责任，同时向伊玛目叶海亚负责。司法制度方面，除了强调传统的沙里亚法，也承认部落习俗。[③]在部落势力强大的北也门地区，伊玛目通过拉拢、分化政策平衡哈希德部落艾哈迈尔家族和阿布拉斯部落沙伊夫家族的力量；南也门地区由于谢赫权力分散对伊玛目威胁较小，伊玛目对其关注有限；对于宰德派哈希德和巴基勒两大部落联盟，伊玛目给予其部落大酋长以经济和政治特权，使其成为伊政权强有力的支柱和社会基础。

第四，建立职业军队。伊玛目只有少量近卫军和雇佣军，战争需要在部落武装支持下进行战斗，因此叶海亚在统治伊始就着手建立职业军队。1919 年开始以“土耳其军队的纪律”训练来自萨那周围部落的 2000 名成年男子。据记载，军队被划分为若干“塔比尔”（taburs）或“分队”，第一分队、第二分队以此类推，三个分队组成一个“大行政区”（liwa），三个大行政区被称为

① Paul Dresch，*A History of Modern Yemen*，Cambridge University Press，2002，p.29.

② Paul Dresch，*A History of Modern Yemen*，Cambridge University Press，2002，p.30.

③ Paul Dresch，*A History of Modern Yemen*，Cambridge University Press，2002，p.38.

“费尔克”（firqah），整体被称为“胜利正规军”（Victorious Regular Army）。每个分队由4个小分队组成，每个小分队又有自己的编号。①1920年在塔伊兹也组建了四个分队。正规军的人数达到15000~20000人。与部落武装不同，这类军队享受固定薪资。伊玛目的上述政策加强了中央权威，一定程度上避免了国家的进一步分裂。尽管封建神权专制统治阻碍着也门现代民族国家构建，但从社会整合角度看，这一时期的政治整合具有构建也门国家权威、整合地区分裂势力、维护国家统一的积极影响。

3. 经济领域

第一，土地占有极不平衡。穆塔瓦基利亚王国时期，也门经济仍以传统自给自足的农业经济为主，封建土地所有制使得作为财富象征的土地集中在上层统治阶层手中：伊玛目本人是全国最大的土地所有者，宰德派法官、赛义德和部落谢赫们也占有大量土地，农民承担着沉重的税收。仅在帖哈麦地区，伊玛目家族就拥有9000公顷土地，在苏尔德（Surdud）河谷拥有2700公顷土地。曾在奥斯曼帝国占领时期担任帕夏的沙斐仪派的哈伊格（Hayg）法官，在玛乌尔（Mawr）河谷拥有15000公顷土地。艾哈迈德商业活动代理人贾巴里家族（Jabali）大约有2250公顷土地。传统西北高原地区，普通民众土地占有数量有限，传统权贵家族仍保持着对土地的绝对占有。一些大部落谢赫在部落领地之外的南也门地区也占有大量土地。在帖哈麦的一项调查估计，90%的农民仅仅占有20%的可耕地。②以伊玛目为首的统治阶层只关心税金的收缴，从不关心发展生产，因此也门生产力发展水平很低，收成无法满足国内需要，饥荒时时发生。20世纪40年代也门旱灾频繁，1943年天花肆虐，1945年一份报告显示艾哈迈德在塔伊兹“榨干”了南也门，当地饿殍遍野，而艾哈迈德则支持粮食出口以换取现金。③第二，现代工业建设仍

① Muhammad Zabarah，*Nashr al-'arf li-nubal ā 'al-Yaman ba'da al-alf*：*nubal ā 'al-Yaman bi-al-qarn al-th ā n ī 'ashar lil-hijrah*，al-Q ā hirah：al-Matba 'ah al-Salaf ī yah，1957，p.195.

② Brinkly Messick，*The Calligraohic State*：*Textual Domination and History in a Muslim Society*，Berkeley：University of California Press，1993，pp.149-152.

③ Robert W. Stookey，*Yemen*：*The Politics of the Yemen Arab Republic*，Boulder：Westview Press，1978，p.194.

未开启。穆塔瓦基利亚王国时期，也门没有现代工业部门，仍以传统手工业为主，主要是与农产品相关的纺织、制鞋、家具和榨油等。第二次世界大战后，西方国家的廉价工业品经由亚丁港不断输入也门，使得著名的也门手工业特别是纺织业在严重打击下日趋衰落。也门工农业落后导致出口额仅为进口额的四分之一，缺乏现代化交通和运输工具，没有银行，进出口贸易活动受到很大限制。伊玛目叶海亚对改善道路或进行类似工程没有任何兴趣：伊玛目自己的生活很简单，最奢侈的事情不过是用骆驼将鲜鱼运到萨那，他这样的吝啬也体现在国家开支中。税收财富流入萨那后看起来再也没有使用过。[①]1940 年在亚丁，艾哈迈德 · 努曼（也门自由人运动的领导者之一）在总结改革者认为他们面临的问题时指出："过去一个世纪我们的制度培养了数百名知识渊博的法官……然而，却找不到一名医生……农业领域没有专家，工业也一样。"[②]第三，伊玛目实行闭关锁国政策。穆塔瓦基利亚王国的伊玛目闭目塞听，把宰德社会之外的思想一概视为异端，竭力阻止臣民与外界接触，避免宰德派思想受外界"污染"。伊玛目叶海亚禁止也门人出国，不得与外国人或外国机构保持长久联系。因此，从事进出口贸易的商人都与伊玛目本人或者其亲信有着密切联系，商业活动垄断在政治权贵手中，地方小商贩受到严重盘剥。虽然第二次世界大战后也门的商业活动日益频繁，但伊玛目控制的北也门地区的商业经营人数和范围都极为有限。

4. 社会领域

第一，社会结构复杂，人口流动性增强。

首先，穆塔瓦基利亚王国时期也门社会结构呈现多元化，根据地区、教派和政治立场可分为以下四类型：其一为中央高地居民，北部属于宰德派，南部属沙斐仪派，大都以部落方式聚居。当地居民支持伊玛目政府，希望后者能够保证过境商路安全。认可官员根据宗教法律收取宗教税、市场税的收税权。其二是帖哈麦地区居民，主要以沙斐仪派为主。其中荷台达与外界有

---

① J. Heyworth-Dunne, *Yemen: A General Social, Political and Economic Survey*, Cairo: Renaissance Press, 1977, p.65.

② L. Douglas, *The Free Yemeni Moverment 1935–1962*, Beirut: American University, 1987, p.66.

比较紧密的商业联系，而乡村居民除抢劫和部落间冲突之外与外部联系较少。内部以部落方式聚居，其中库赫拉（Quhar）、扎拉尼克（Zaraniq）部落都以好战著称，视自治权高于生命权。其三是西北部和东部部落居民，在伊玛目叶海亚时代，此地保留着宰德派部落的独特性与好战性。伊玛目无法实施连续的管理，很难以沙里亚法取代当地的传统习惯法。其四是城市社区，除部落以外，也门还有一些市民和小镇的居民。城市居民中最显著的部分是赛义德贵族，哈米德丁家族也是其中的一部分。作为先知的后人，赛义德是政府高官的主要来源群体，该群体内存在贫富分化，一些人利用职权聚敛了大笔财富，而另一些人从事属于中产阶层的教师、商人或普通政府官员等职业。宰德派平民中，个人财富依其学识和能力而定，一些法官家族有钱有势。宰德派乌勒玛[①]同样属于富有市民。城市中的逊尼派除了乌勒玛，都是一些普通商人和手工艺人。到伊玛目艾哈迈德时期，还出现了少量的产业工人，如码头装卸工、制革工、陶工等。其次，人口流动和商业发展。穆塔瓦基利亚王国统治初期社会人口流动有限，20世纪50年代后人口流动性逐渐增强，主要表现为北也门地区部落人口遇到饥荒后会抢劫或移民到相对富饶的南也门地区。许多家庭面临土地不足而税收过重的状况，被迫向国外移民谋生。侯赛因·马巴里（Maqbali）记述道："我三个舅舅阿卜杜拉、穆罕默德和阿里都移民到苏丹（Sudan），我的叔叔叶海亚则移民到埃塞俄比亚，在农村几乎每家都有一个或两个人移民到国外，大多数年轻人是移民的主要成员。"[②]特别是邻国沙特阿拉伯的石油工业繁荣发展，越来越多的也门人选择去国外打工。人口流动带来社会、贸易发展，来自亚丁的石蜡、灯油和棉布出现在也门北部，人口缓慢增长。卡车沿着简陋的道路往返于萨那和亚丁，在伊卜和塔伊兹城镇中出现少量商人，其中有些商人还是在利雅得建立汇款机构的阿卜杜·舒

---

① 广义指受过教育的宗教学者阶层，包括神学家、教会律师、法官、教授和国家高级宗教官员，也特指在伊斯兰国家担任政府职务的人。乌勒玛在过去更强调伊斯兰的学术身份，而如今更倾向于现代化，认为不应只局限于精通宗教事务，而应包括工程、科学、政治和教育等领域，因为所有知识都是神圣的，是上帝赐予的。

② J. Friedlander，*Sojourners and Settlers：The Yemeni Immigrant Experience*，Salt Lake City：University of Utah Press，1988，p.16.

拉齐（Abduh Shulaq）的代理人。[①]1950年专门管理糖、面粉、大米和烟草的也门商贸公司（Yemen Trading Company）成立，其中商人占12%的股份，王室贵族占10%，伊玛目艾哈迈德则占有50%以上。[②]很快北部糖的价格就比亚丁的贵两倍。艾哈迈德向国外打工者征税（如果不交税士兵会囚禁其家人），他还控制着关键货物的流通。也门北部仍是传统的农业社会，部落仍旧各自独立，经济特权垄断在统治者手中，并不存在城市无产阶级。

第二，伊玛目为了维护统治推行宗派主义政策，加深教派隔阂。叶海亚时期依靠北方宰德派反对沙斐仪派和其他教派，哈希德和巴基勒两大宰德派部落成为叶海亚打压其他派别的两翼。农村地区则对宰德派和沙斐仪派人口区别对待，对于前者，伊玛目更多给予道德权威而采取间接控制，而对沙斐仪地区，伊玛目则更多是直接控制。根据这种管理方法，伊玛目政府的管理范围通常难以深入农村，而是局限在城市地区，特别是在纯粹的沙斐仪地区最为流行。例如，萨那任命的监督税收官员都集中在城市地区，而在宰德的农村地区则几乎不存在。[③]伊玛目禁止沙斐仪派和伊斯玛仪派担任政府部落和军队的重要职务，对非宰德派教徒课以重税。许多沙斐仪派感到他们在一个宰德派国家中像"异教徒"一样被对待。[④]也门历史文献中常用地区和职业区分沙斐仪派和宰德派，例如，将塔伊兹地区居民（沙斐仪派为主）描述为农民和商人，而将萨那地区居民（以宰德派为主）称为谢赫和士兵。但实际情况并不是这样界限分明，20世纪30年代的也门存在不少沙斐仪派谢赫和宰德派商人，甚至到20世纪40年代，国家军队中的沙斐仪派人数仍较多，但不可否认的是军官和政府官员多来自西北高原地区的宰德派。

第三，现代教育事业的发展。伊玛目叶海亚1937年组建"历史委员会"，致力于在国外出版也门书籍（许多宰德派经典著作在开罗印刷）。在国内推

① Brinkly Messick, *The Calligraohic State*: *Textual Domination and History in a Muslim Society*, Berkeley: University of California Press, 1993, pp.280–281.

② Paul Dresch, *A History of Modern Yemen*, Cambridge University Press, 2002, p.71.

③ J. E. Peterson, *Yemen*: *The Search for a Modern State*, Baltimore: The Johns Hopkins University Press, 1982, p.39.

④ Paul Dresch, *A History of Modern Yemen*, Cambridge University Press, 2002, p.47.

广正式学校教育，有些是从土耳其人手中接管过来的，还有些是伊玛目自己创办的，如学生都穿着黄色衣服的孤儿学校。培养具有司法知识文职人员的理学院（Scientific School），还有军事学校以及师范学校。1945 年，据萨那主管教育的官员统计，也门大约有 5 万名中学生，其中萨那有 8000 人。所授课程包括：读写《古兰经》、地理、数学（包括代数）等。这些世俗学校标准很低，但伊玛目叶海亚仍下令禁止萨那的中学生读铅印的书籍，认为这些书包含着肮脏的思想，有可能激起动乱。伊玛目的教育措施使得人们在传统神权统治中看到了现代性的曙光，然而，现代性还需要进一步的世俗化和科学技术的引进，显然伊玛目不愿意这样做。随着越来越多的年轻人出国学习，20 世纪 50 年代中期，开罗有约 200 名也门留学生。[①] 也门社会出现要求变革的呼声，教育世俗化的呼声日益强烈，也门国内出现私人兴办的世俗化学校。艾哈迈德·努曼在塔伊兹南部的胡格里亚（Hugariyyah）地区的哈伯汗（Dhubhan）建立了一所“现代学校”：“这所学校被广为传颂，因为是第一所教授现代科学包括地理学、算术……以及体育的学校。”[②] 这所学校获得萨那和塔伊兹地区上层人物的支持，但伊玛目仍派遣传统宰德派学者前往监督，因为他们认为现代教育内容和方式像是某些“魔鬼”的工作。[③]

第四，现代宗教、政治改革运动的兴起。

首先，伊斯兰现代主义改革运动的兴起。20 世纪 30 年代，也门出现了以纯洁伊斯兰教为旗帜，以强国富民为目标的伊斯兰现代主义改革运动，倡导者是也门青年知识分子艾哈迈德·阿卜杜勒·瓦哈布·瓦里斯。其思想主要认为：穆斯林对伊斯兰教教义理解出现偏差，过度注重宗教礼仪和个人功修而忽视宗教精髓；伊斯兰教中各教派、法学派的争斗；统治者的专制暴政以及帝国主义的侵略，都是导致落后的原因。对此，他提出首先要纯洁伊斯兰教，打开教法创制之门；穆斯林国家实行宪政和自由，反对专制；宗教学者也应该学习现代科学知识，清真寺应改变传统教学内容；号召也门人民捍卫

---

① Paul Dresch，*A History of Modern Yemen*，Cambridge University Press，2002，p.70.

② Paul Dresch，*A History of Modern Yemen*，Cambridge University Press，2002，p.51.

③ L. Douglas，*The Free Yemeni Moverment：1935–1962*，Beirut：American University，1987，pp.41–42.

也门包括南部的领土，实现祖国统一。瓦里斯纯洁伊斯兰教与实现国家统一的改革主张，成为也门现代民族主义运动兴起的理论来源。

其次，民族主义运动和各种组织的建立。瓦里斯死后，也门的革命活动并未停止，知识分子和民族主义者努曼和祖贝里于 1942 年创立自由人运动。受政治条件所限，自由人运动并没有组织完备的机构和统一的思想主张，也不具备现代政治党派的特征，更像是一场传播现代思想要求变革的社会运动。该运动受到早期“斗争协会”的影响，改革主张经历了从早期要求进行教育、医疗和交通等领域现代化改革，到倡导“宪政、公民权、自由平等”，建立一个立宪国家的发展历程。运动形式从秘密聚会到建立世俗学校、公开宣传改革思想再到建立各种组织和党派，自由人运动的领导者们先后建立了“劝善戒恶”青年信仰者运动组织（Shabab al-Amr bil-Ma’ruf wa nahy an al-Munkar，1941 年建立）、也门自由人党（The Free Yemeni Party，FYP，1944 年建立）、伊斯兰改革集团（The Reform Group，1944 年在伊卜建立）、也门协会（The Grand Yemeni Association，GYA，1946—1948 年活动）以及 1952 年的也门联盟（The Yemeni Union）等。其中也门协会在 1947 年起草了类似宪法的文件《神圣民族协定》（*The Sacred National Pact*，SNP）。[①] 自由人运动的革命者在 1948 年暗杀了伊玛目叶海亚，选举阿卜杜拉 · 瓦齐尔（Abdullah al-Wazir）接任伊玛目。王储艾哈迈德马上组织军队和部落武装反扑镇压革命并继任伊玛目。1955 年，哈米德丁家族又经历了第二次政变。塔伊兹警备部队军官艾哈迈德 · 沙拉亚（al-Thalaya）中校和伊玛目兄弟阿卜杜拉亲王共同逼迫伊玛目下台，同时阿卜杜拉任伊玛目。这次政变很快失败，政变者被处决。“1948 年革命”和 1955 年政变都是试图在不改变王国根本政治体制的情况下实施部分政治改革，反映了自由人运动改革内容不触动伊玛目制度的局限性。20 世纪 50 年代，自由人运动由于内部分裂和革命失败而沉寂下来。但在阿拉伯民族主义运动影响下，也门国内出现了以推翻封建神权统治、建立自由的也门共和国为目标的民族主义运动和组织。与此同时，伊玛目叶海亚时期对军队

① J. Leigh Douglas，*The Free Yemeni Movement*，*1935–1962*，American University of Beirut，1987.

的建设与扶持，不仅使也门军队成为装备精良、拥有职业化军人和多兵种的现代化军队，还使军人的政治觉悟与现代性大大提高。也门军人进行正规的现代军事教育与训练，进一步学习了西方科学文化知识，掌握了现代军事科技与训练方法，并更深层次地接触了西方先进思想。这些在加速军人集团现代化进程的同时，也提高了军人的政治觉悟，使其开始对也门政治的未来发展方向进行深刻思考。最终自由军官组织在 1962 年 9 月 26 日成功发动革命，以共和国终结了专制的穆塔瓦基利亚王国。

最后，伊玛目对现代民族主义运动的回应。伊玛目对所有要求国家变革的反应是试图用更强有力的控制以维持国家统治。从伊玛目叶海亚、艾哈迈德时期的残酷镇压到有限改革，最终伊玛目巴德尔在内战时期不得不接受伊玛目权力限制的事实：1964 年王室派公布了一个宪法草案，打算实行普选。同年 9 月外交部部长又宣布未来的伊玛目只不过是个虚位领袖，由公民表决产生。这些努力将伊玛目统治下的一个传统社会改造为一个并不富有成效的“新”传统社会，伊玛目统治的合法性被显著削弱。[①] 是坚持共同的国家认同还是坚持传统的目标和价值，这一问题导致王国内部寻求保留传统社会理想的传统主义者与寻求变革的现代主义者之间的分裂。北也门社会的新变化使得穆塔瓦基利亚王国的伊玛目处于困境之中：他们做出的任何改变都受到传统主义者的反对，这些变革的犹豫不决和保守性又引发现代主义者的不满。

穆塔瓦基利亚王国的统治是也门现代民族国家构建的重要阶段，这一时期实现了也门国家独立，伊玛目在反对英国殖民者的过程中确立了统治疆域，伊斯兰教宰德主义成为独立国家的意识形态基础，政治方面成功地通过政教合一的神权专制统治将一盘散沙的也门社会置于伊玛目的管理之下。与当时混乱的南部相比，伊玛目统治下的和平和稳定获得广泛承认，并且这种安定一直延伸到沙漠东部地区，“从焦夫到马里卜的道路，以前没有大队人马无法

---

① B. R. Pridham，*Contemporary Yemen：Political and History Background*，University of Exeter，1984，p.87.

穿过，如今一个人只需要六天的时间就可以安全通过”[①]。尽管这一时期伊玛目严格控制也门与国外的交往，但也门并不是“禁地”（forbidden kingdom），作为阿拉伯世界最早实现独立统治疆域并摆脱外部势力干预的国家，也门与阿拉伯世界的交往并没有停止。社会结构的多样化与现代改革思想的传入使其国内出现伊斯兰现代改革思潮和现代民族主义运动和组织，王国的政治合法性不断受到冲击，1962 年的“9 · 26”革命推翻了封建神权统治，也门社会整合进入全新的发展阶段。

（二）英国在也门南部殖民统治时期的社会整合

历史上，也门南部地区因处于国家交通线的重要地理位置而具有特殊的商业和战略意义。在奥斯曼帝国 1538 年控制亚丁以前，这里一直处于各自为政的当地苏丹和部落酋长的统治之下。1843 年英国建立亚丁殖民地，亚丁成为英国在东方的重要军事基地和贸易转运站，1934 年英国控制了整个也门南部地区。也门被人为地划分为南、北两部分，阻滞了也门独立民族国家实体的构建过程。英国殖民统治时期，也门南部的社会整合表现为两个方面：一方面是英国的殖民政策客观上促进了社会整合；另一方面是也门南部民族意识的觉醒，也门南部的民族主义者开始自觉地要求国家独立和统一。对殖民者来说，殖民统治初期的任务主要是将也门南部纳入自己的管理体系，建立必要的政治、经济制度，以便于其统治；而对于也门民族主义者来说，主要任务是建立政党、号召人民进行反英运动及尝试建立自治政府。

1. 英国分而治之的管理方式

第一，英国殖民统治对南部传统权力结构的整合。历史上也门南部地区除了亚丁等沿海港口城镇，大部分内陆地区由于交通不便而相对隔绝。即使在伊斯兰教传入后，占主导地位的仍是世俗的部落法规。尽管奥斯曼帝国 19 世纪的改革影响了中东的大部分地区，但并没有根本改变也门南部传统权力结构，这一地区的半封建制或以奴隶和隶农制为基础的社会结构，完全不同

① Paul Dresch，*Tribes*，*Government and History in Yemen*，Oxford：Clarendon Press，1994，p.229.

于其他阿拉伯国家。[1]也门南部唯一存在的一种共同的主导力量，是以家族、血缘纽带构成社会认同的部落主义。许多部落的谢赫共同从传统领袖家族中选举出一位苏丹，苏丹主要是调解者，其权力来自承认他的各部落。苏丹要实现统治还要借助一些其他制约方式（如苏丹的私人财富、对任何地区财富和权力的直接统治，以及苏丹的私人武装可以独立地在部落地区征税等）。这种政治关系的结果是一系列社会和政治力量构成一个不稳定的平行结构。具体如图 1 所示。

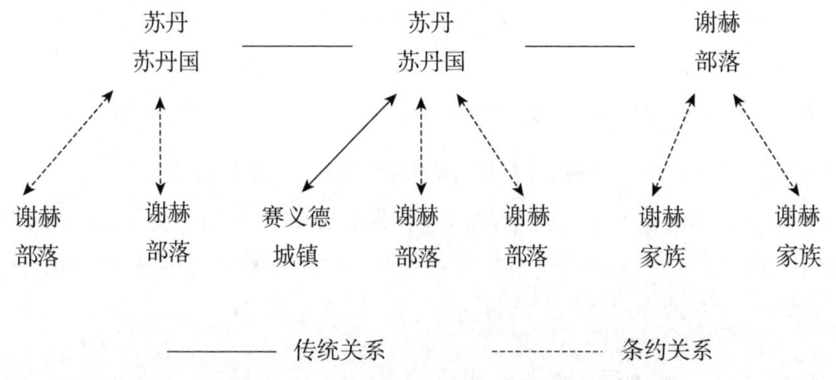

图 1 英国殖民之前南也门权力结构

资料来源：Tareq Y. Ismale，Jacqueline S. Ismael，*The People's Democratic Reublic of Yemen: Politics Economics and Society*，Frances Ointer（Publishers），London Lynne Rienner Publishers，Inc. Boulder，1986，p.9.

英国进入前，苏丹和谢赫必须面对部落或民众的监督，碌碌无为的和残暴的领导人被推翻的例子并不少见。因此，不同部落集团之间的关系以不断变动的权力平衡为特征，每个部落都想提升自己的地位并获得更多权力。英国的殖民政策完全改变了这一特征。根据保护国条约体系，一个苏丹的地位以及部落现状都被压倒性的英国力量掌控，苏丹和部落精英必须向英国宣誓效忠。英国殖民统治的权力结构如图 2 所示。

---

① Tareq Y. Ismale，Jacqueline S. Ismael，*The People's Democratic Reublic of Yemen：Politics Economics and Society*，Frances Ointer（Publishers），London Lynne Rienner Publishers，Inc. Boulder，1986，p.5.

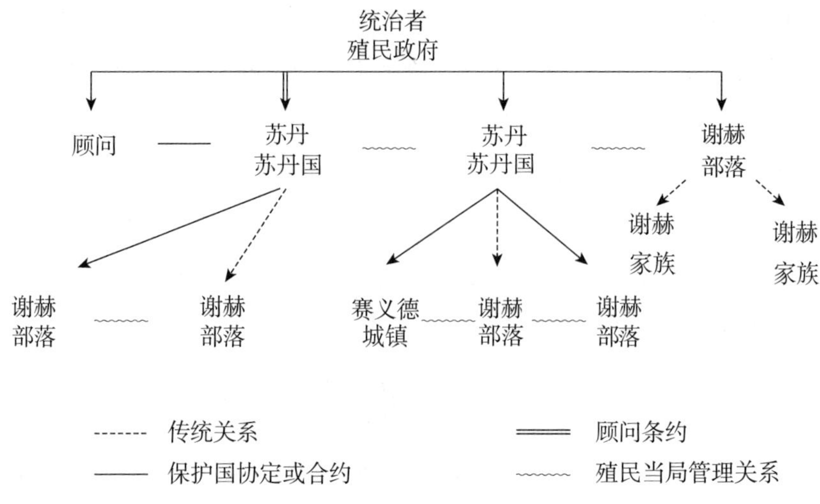

图 2　南也门殖民统治时期的权力结构

资料来源：Tareq Y. Ismale，Jacqueline S. Ismael，*The People's Democratic Reublic of Yemen: Politics Economics and Society*，Frances Ointer（Publishers），London Lynne Rienner Publishers，Inc. Boulder，1986，p10.

英国通过在碎片化的社会政治关系中凌驾当局统治的权威来实现殖民统治，使得原本具有内在调节机制的结构变得僵化和脆弱。殖民当局通常对一个苏丹提供直接的资金援助，以减少苏丹对部落的依赖。与过去相比，苏丹权力扩大而责任感降低。这种权力结构通过英国的分而治之政策体现出来：英国通过武力威胁和金钱收买手段与诸小国订立“保护条约”，实现对各酋长国、苏丹国的全面控制。这些小国统治者保证，不经英国同意，不得与任何国家签订条约，不得把自己领土的任何部分出卖、抵押、出让给其他政府，不得从事进出口贸易。随着势力范围的扩大，英国殖民当局以亚丁为中心，将其在南方的保护地分为东西两部分，西亚丁保护地包括拉赫季、阿比扬地区 20 个小国，东保护地包括哈达拉毛的凯西里（Kathiri）、古阿伊蒂（Qu'aiti）等 7 个小国。1934 年英国任命了第一个亚丁政府官员，筹建第一支小型部落卫队，1937 年组建了一支由 200 人构成的保护政府官员的政府护卫队。大量顾问被派往西部保护国和东部保护国。1934—1941 年殖民当局政府官员的数量从 2 人增加到 20 人。[①] 但英国与各苏丹国、酋长国之间的冲突时有发生，战乱使许多地区陷入瘫痪，拦路抢劫经常发生，甚至有些地区的居民很多年都不敢离开房屋。1936 年英国与当地苏丹国和酋长国陆续达成停战协议，三个月内整个哈达拉毛地区达成了一份为期三年的协定：通常情况下，无论要约束上千名武装分子，还是仅仅约束 12 个人，都必须获得部落谢赫的签名……还有几百个自治的非武装城镇和圣迹城镇，在哈达拉毛大概存在 2000 个独立的“政府”。[②] 伴随着停战协定的签订，为了维持统治，英国对当地部落的资金投入也在增加，如 1934 年后的 10 年间，英国对古阿伊蒂医疗服务的花费从一年 4400 卢比增长到 74000 卢比，教育金额从 6000 卢比增加到 154000 卢比。三年停战协定延长到 1944 年并持续了 10 年。[③] 英国殖民统治的核心在亚丁殖民地，这里 1937 年以前由英国在印度的殖民政府管辖，之后改为英国殖民部直接管辖，英国总督兼驻军总司令掌握亚丁军政大权，总督下设行政委员会，由总督、秘书长、财政部部长、检察长等 7 人组成。

第二，殖民当局成立南阿拉伯联邦和亚丁立法会议。第二次世界大战后，南部兴起了要求实现独立和国家统一的民族主义运动，迫使英国不得不调整策略，企图将亚丁保护地几十个分散的酋长国和苏丹国拼凑成一个受英国控制的“联邦”。1954 年，英国殖民当局拟定联邦基本框架，原则和宪法草案规定：英国高级官员为联邦主席，享有总督所享有的全部权利，负责联邦的外交和安全事务；设立一个由联邦各国首脑组成的最高委员会，处理联邦的政治问题和审批法令；成立以英国总顾问为首的行政委员会，负责联邦的日常行政事务；成立立法会议，由入邦各国代表和行政机构代表组成，负责审定行政委员会提交的法律法规。这一计划受到南也门民族主义者和众多酋长国、苏丹国的反对。1958 年 4 月，英国通过武装占领和胁迫方式陆续使亚丁保护地的法德里（Fadhli Sultanate）、下亚菲阿（Lower Yafa）、奥扎里（Audhali）

① Paul Dresch，*Tribes*，*Government and History in Yemen*，Oxford：Clarendon Press，1994，p.35.

② D. Ingrams，*A Survey of Social and Economic Conditions in the Aden Protectorate*，Asmara Government Printer，1949，p.26.

③ Paul Dresch，*Tribes*，*Government and History in Yemen*，Oxford：Clarendon Press，1994，p.36.

以及拉赫季苏丹国（Sultanate of Lahej）加入联邦，成立“南阿拉伯联邦”，1963年亚丁殖民地也正式成为其成员。“南阿拉伯联邦”虽然建立，但英国仍通过附加条约强调保留对亚丁的主权，南也门的被殖民地位并未改变。殖民当局指定的选举法规定：凡来自也门北方和南方的阿拉伯人（约占亚丁殖民地人口的1/3）无选举权和被选举权；候选人和选民必须每月有150先令的收入；妇女无选举权。因此，也门当地人几乎没有实际选举权等政治权利。1947年英国殖民当局在亚丁炮制了16人组成的立法会议，1958年进行立法会议改选，23名议员中5名为亚丁殖民政府的英国官员，6名由殖民当局指定，12名通过所谓的“选举”产生。

2. 殖民地与封建混合型的经济方式

南也门主要城市亚丁是世界第二大最重要的燃料补充港和转口贸易站，月均500艘船只在此加油卸货。1952年英国在亚丁投资兴建了一座炼油厂，其他工业微乎其微，地方生产总值的80%来自服务产业，极少有规范的工业和通信业。进出口公司、金融等服务性经济产业都掌握在英国手中。在农村地区，苏丹、埃米尔和部落谢赫们占有80%的肥沃土地和20%~25%的低产田，农业生产十分落后，粮食不能自给，民众生活普遍贫困。

3. 人口增长与多元化

亚丁港口的繁荣带来内部社会人口的增加和分化，1946年10月亚丁开始进行1931年以来第一次人口普查，普查结果显示当地人口增长了63.9%，从51500人增长达80500人，其中只有三分之一的人口是亚丁当地出生的阿拉伯人。[①] 大概有24500人主要是来自北也门伊玛目统治地区的阿拉伯人，非阿拉伯人口主要是印度人和犹太人。

20世纪50年代，亚丁人口进一步增长，1955年约13.8万人，其中约3.7万人是亚丁当地人，5万多人是从北方沙斐仪地区来打工的成年男子，此外还有来自南部内陆地区的移民，这部分人有1.9万人，约占亚丁人口的14%来

① Robert W. Stookey, *South Yemen*: *A Marxist Republic in Arabia*, Boulder: Westview Press, 1982, p33.

自印度、欧洲等外国人口有 3 万多人，约占亚丁人口的 23%。[①]20 世纪 50 年代中期西部保护国人口接近 40 万人，哈达拉毛地区人口近 30 万人。

4. 教育事业的发展

英国人的到来在亚丁开启了现代教育。亚丁有小学 44 所，中学 13 所，在校学生约 2.3 万人，还有一所工业技术学校，中学的课程全部用英语讲授。保护地的教育多为传统模式，一种是封闭式的私塾，一种是附属于清真寺的小学校，此外还有一些官办的中小学校，但办学规模都不大，各类学校学生总和不到 2 万人。西部保护国到 20 世纪 50 年代末有 56 所小学，5 所初中，学校大都位于小城镇中，大多数学生都是住在附近的非部落家庭，几乎没有部落家庭的男孩入学。[②] 亚丁港口的繁荣催生了相关服务业、建筑业、旅游业和商业活动，当地人口不能满足这些新兴行业对劳动力的需求，大量来自南部内陆地区和北方的移民成为劳动力的主要来源，因此与北方完全没有产业工人的情形不同，亚丁存在人数不少的产业工人。这些移民的下一代在亚丁成长，构成亚丁新的阶层。随着教育事业的发展和安抚当地民众情绪的考虑，殖民当局开始任用本地人担任政府官员，1947 年有 11 位，1955 年除了文职人员和司机有 15 位本地农业官员。士兵、商人、教师和医护人员等职业在 20 世纪 50 年代出现，这些发展改变着南部传统的社会结构。例如，阿比扬地区的许多新农民已经不再是部落中的集体种植者，当地三分之二工程的雇员都是本地人，并且绝大多数接受过教育。南也门共和国的总统盖哈坦・沙比（Qahtan al-Sha 'bi）在这一时期是一位农业官员。

5. 南部民族主义运动的兴起和民族解放运动的成功

第二次世界大战后阿拉伯世界民族解放运动日益高涨，南也门人民反对英国殖民统治、争取民族独立、实现南北也门统一的斗争出现了新的发展。

第一，早期南也门各部落和地区反对英国占领的起义此起彼伏，但这些起义缺乏组织，多以失败告终。据统计，奥拉基部落（Aulaqi）分别于 1936

---

① Reginald Sorensen，“Aden，the Protectorates and the Yemen”，Fabian International and Commonwealth Bureaux，1961，p.12.

② K. Trevaskis，*Handbook for the Western Aden Protectorate*，Unpublished MS.，Rhodes House（Oxford）. MSS. Brit. Emp. s.367，p.114.

年、1937年、1946年进行反抗战争；拉凡德地区（Radfan）于1918年、1948年、1938—1957年发动起义；哈达拉毛和马赫兰在1944年、1951年、1952年、1961年、1955年进行反抗战争；贝汉部落（Bayhan）于1942年、1943年、1948年、1957年起义；1958—1959亚菲阿（Yafi）地区起义；等等。其中最引人瞩目的第二次世界大战期间凯西里部落的埃米尔萨利赫·本阿布达特在哈达拉毛地区的起义活动。[①]然而，所有的起义都被英国残酷镇压。究其原因，除了各地区和部落间缺乏合作和英国殖民当局的分而治之政策，最重要的是缺乏民族主义情绪来整合各种碎片化的社会力量。

第二，地区民族主义的出现。以英国人和印度人为主导的殖民当局激发了亚丁当地民族主义情绪，正如大卫·霍尔登（David Holden）评论："民族主义是殖民力量催生的结果，英国干预越多，这种情绪越强烈。"[②]面对英国的殖民统治，亚丁出现"阿拉伯民众在自己的国家中处于边缘"的言论。[③]1948年出现的第一个政治组织"亚丁协会"，提出了"亚丁人的亚丁"的口号，排斥居住在亚丁的来自于南、北也门农村的居民，寻求亚丁自治。这是随着港口繁荣带来的移民增加、工作机会增多以及英国改革等问题的早期表现，在哈达拉毛地区也出现了"哈德拉米人的哈达拉毛"的口号。20世纪50年代流传的一本手册中写道："在下亚菲阿地区弥漫着仇外情绪，当地人对向移民租借土地和阿比扬委员会雇佣非亚菲阿居民而愤愤不平。"[④]上述运动带有狭隘的地方民族主义情绪，多是由当地权贵或大商人提出的地区自治要求，影响力有限。第一次世界大战后阿拉伯地区的反英反封建运动和组织还受到以阿富汗尼为代表的现代伊斯兰主义改革思潮的影响，如1913年成立的"指引社会"（The Jami yat al-Irshad）组织，主要是反对赛义德对社会的支配和控

① B. R. Pridham, *Contemporary Yemen: Politics and Historical Background*, University of Exeter, 1984, p.15.

② Paul Dresch, *A History of Modern Yemen*, Cambridge University Press, 2002, p.59.

③ A. S. Bujra, "Urban Elites and Colonialism: The National Elite of Aden and South Arabia", *Middle East Journal*, Vol.6, 1970, p.196.

④ K. Trevaskis, *Handbook for the Western Aden Protectorate*, Unpublished MS., Rhodes House (Oxford). MSS. Brit. Emp. s.367, p.114.

制，认为这违背了伊斯兰教的平等原则。这一组织在哈达拉毛地区有一定影响。到 20 世纪 40 年代，反英运动表现为大量小规模社会和政治俱乐部的出现，如亚丁有阿拉伯文学俱乐部（Nadi Arabi）、改革俱乐部（Nadi Isbah）、伊斯兰联盟（Islamic Jemaah）等，这些带有民族主义倾向的半政治团体提出了各种改革方案。亚丁之外还有拉赫季的亚丁人民俱乐部（Nadial-Shaab）、古阿伊蒂苏丹国的民族主义党（Hizb Watani）以及哈达拉毛地区的统一委员会（Laianat Amalli Wahdat Hadhramawt），[①] 尽管这些组织分布广泛，但缺乏统一的领导和组织，影响力有限。

第三，在阿拉伯民族主义影响下，多种形式反英斗争兴起。20 世纪 50 年代，以纳赛尔为代表的阿拉伯民族主义思想进入南也门，“从 1952 年到 1970 年去世，他（指纳赛尔）是阿拉伯世界的英雄……他的首要政治目的是使阿拉伯世界摆脱了英国的控制，他的观点传播到最远的农民住所和贝都因人的帐篷中。”[②] 在其思想影响下，整个 20 世纪 50 年代也门南部民族主义运动蓬勃发展，表现为学生游行、工人罢工、组建政治组织等多种形式。1956 年，拉赫季和阿比扬出现以青年学生为主体的反英示威游行活动；在亚丁，要求提高工资待遇的工人罢工活动开始出现，仅 1956 年就发生 70 次工人罢工活动，注册工会数量从 1952 年的 2 个增加到 1959 年 3 月参加亚丁商贸工会代表大会（Aden Trades Union Congress）的 25 个。工会规模不一，例如 1956 年民间承包商联盟（Civil Contractors Union）仅有 8 名正式会员，卡特商人工会（Qat Sellers Union）则没有成员。相比之下，技术工人联盟（Technical Union）有 4300 名会员，到 1959 年成员达到 15000 人。[③] 在亚丁成长为“新的阶层”的年轻职员和知识分子开始组织城市工人工会，城市工人几乎都是来自伊玛目艾哈迈德统治区域内的小农民。由于英国剥夺他们的选举权利，这些工人依

① B. R. Pridham，*Contemporary Yemen：Politics and Historical Background*，University of Exeter，1984，p.15.

② Glen Balfour-Paul，*The End of Empire in the Middle East: Britain's Relinquishment of Power in Her Last Three Arab Dependencies*，Cambridge University Press，1991，p.66.

③ Gerald Kennedy，Nicholas Trevaskis，*Shades of Amber：A South Arabian Episode*，London：Hutchinson，1968，p.40.

靠工会表达自身诉求。20 世纪 50 年代，学生、工人和年轻职员通过半秘密的、部分受到乡村协会支持的组织构成的网络，将亚丁与也门其他地区连接起来。[①] 但要指出的是，上述民族主义运动和组织多发生在亚丁及一些重要城镇中，农村地区民众对此并不热衷。1953 年的一份记录写道："在部落村庄，人们漫无目的地坐着或游荡……人们无精打采和无所事事，尽管他们喜欢和平，抱怨保护其骆驼交通的承诺从未履行……他们窃窃私语地讨论未受限制的腐败和不公正现象。"[②]

第四，党派活动兴起，从政治斗争转向武装斗争。20 世纪 40 年代小规模共产主义党派出现，也门复兴党（Bath）的历史可追溯到 1956 年。[③]20 世纪 50 年代哈德拉米改革联盟（Hadrami Reform Association）、社会民主党（Society DemocraticParty）、人民联盟党（People's League Party）相继组建，但党派影响范围并未到达远离港口的内陆地区。新的阶层、南部移民都与内陆割裂开来，他们认为那里充斥着野蛮和暴力。[④] 其中影响较大的有 1951 年成立的代表农村商业资产阶级利益的政治组织——"南阿拉伯人民联盟"和 1956 年共产党人巴吉卜和阿卜杜拉 · 努曼等人领导的一些爱国团体联合组成的"民族统一阵线"。"民族统一战线"在南也门历史上第一次高举民族旗帜，号召摆脱殖民主义统治，实现政治独立，谴责分裂主义，主张也门统一。1961 年，这一运动的骨干组建"人民社会党"，进行政治活动。

1959 年阿拉伯民族主义者运动（Movement of Arab Nationalists，MAN，简称"阿民运"）在亚丁建立支部，号召成立包括所有反对殖民主义的民族、民主力量在内的民族阵线。1963 年 8 月 18 日，阿民运代表与南也门其他反英地下民族主义组织代表及军人、部落人士在萨那举行"全民代表大会"，成立了以阿民运为主体的"被占领的南也门民族解放阵线"（简称民阵），大会决

---

① Shelia Carapico，*Civil Society in Yemen：The Political Economy of Activism in Modern Arabia*，Cambridge University Press，1998，p.256.

② Harold Ingrams，*Arabia and the Isles*，London：John Murray，1966，p.36.

③ Paul Dresch，*A History of Modern Yemen*，Cambridge University Press，2002，p.74.

④ Gerald Kennedy，Nicholas Trevaskis，*Shades of Amber：A South Arabian Episode*，London：Hutchinson，1968，p.94.

定通过武装斗争途径，把南也门从英国殖民主义手中解放出来，并组成以盖哈坦·沙比为首的领导机构。1963 年 10 月 14 日，拉凡德地区发起了反英武装斗争，从此南方人民反对殖民主义的方式从政治斗争转为武装斗争。尽管 1966 年埃及主导将民阵与抗衡民阵的“被占南也门解放组织”合并为“被占南也门解放阵线”（简称解阵），限制民阵在也门民族解放运动中的领导地位，但最终民阵脱离解阵，迫使英国政府同意南也门独立。1967 年 11 月 30 日，南也门人民共和国宣告成立。

阿拉伯民族主义思潮和民族解放运动构成了 20 世纪 50 年代以来北、南也门社会整合的重要内容，标志着也门现代民族国家构建取得重大进展，这一时期也门历史发展有以下三点需要特别提及。

第一，民族主义与多元政治选择。第二次世界大战后世界民族解放运动的兴起，以及英国殖民当局分而治之的政策，促进了也门民族主义思潮的发展，这些民族主义思潮客观上为也门知识分子提供了多种政治选择，继而深刻影响了也门的民族国家构建。其中对也门产生影响最大的当属“阿拉伯民族主义”和“地区民族主义”。

首先，从伊斯兰改革主义到阿拉伯民族主义。伊斯兰改革主义产生于 19 世纪下半期，是伊斯兰世界备受西方殖民侵略、统治阶级专制腐败和伊斯兰文化发生危机条件下出现的社会政治思潮。其目的是通过宗教改革协调穆斯林社会传统与近代化的矛盾，以达到伊斯兰世界的复兴。最著名、最有影响的代表人物是哲马尔丁·阿富汗尼。也门北部的瓦里斯就深受阿富汗尼思想的影响，南部“指引社会”组织也是受这一思潮影响的产物。伊斯兰教与民族主义之间的关系包含在阿富汗尼民族团结思想之内，成为伊斯兰改革主义在协调伊斯兰教与现代关系中的重要一环，并形成了阿拉伯民族主义的理论之源。其次，阿拉伯民族主义的产生。20 世纪初，在反对奥斯曼帝国专制统治及西方殖民主义的过程中，出现了以阿拉伯民族主义为指导的文化复兴和民族觉醒运动，并且这种文化复兴运动在 20 世纪 50、60 年代转变为阿拉伯民族争取解放的政治运动。阿拉伯民族主义提出争取民族独立，发展民族经济和文化；倡导所有阿拉伯民族的统一，主张建立阿拉伯联合的国家。这种思潮为也门提供的政治选择是推翻神权专制的穆塔瓦基利亚王国、驱逐英国殖民统治者，实现也门国家的独立和统一。正是在阿拉伯民族主义思想指导下，北、南也门完成了推翻神权专制王国和英国殖民统治，实现国家独立的目标，实现北、南地区的统一也成为也门民众的普遍诉求。最后，国家民族主义兴起。20 世纪 60 年代，尤其是 1967 年第三次中东战争后，阿拉伯民族主义逐渐失去了盛极一时的政治魅力。随着阿拉伯民族主义的衰落，出现了与“统一”要求相悖的国家民族主义，如埃及的民族主义、叙利亚的民族主义、巴勒斯坦的民族主义等。它们代表了不同的国家和地区利益，反映了阿拉伯世界政治、经济和文化发展的差异性。共产党人领导的“民族统一阵线”则谴责分裂主义，主张也门统一。这些活动逐渐发展出了新的也门国家民族主义认同，为也门提供了切实可行的政治选择。

第二，“国家”认同的萌芽：从地区认同到对也门“国家”的认同。由于历史文化传统影响，南部地区长期以来缺乏领土“国家”概念，国家认同在也门人心中成长缓慢。但在反英殖民统治的斗争中，南部地区逐渐发展出对国家的认同，这种认同经历了从地区认同到国家认同的发展过程。如前所述，南部社会历史上部落认同长期占主导地位，英国殖民统治客观上起到了整合部落政治、动摇部落认同的作用。随着外来移民的增加，亚丁率先发出“亚丁人的亚丁”的呼声，地区认同成为南部社会急剧分化、整合时的主要特征，要求地方自治是这一认同的现实选择。随着阿拉伯民族主义思潮影响的扩大，也门民众终于突破地区认同，以实现国家独立和统一为目标的民族解放运动兴起。这一时期不仅意味着传统部落社会进入分化和整合的新阶段，还意味着南部民众对也门“国家”认同意识的萌芽。

第三，殖民主义对也门现代民族国家构建的“双重使命”。马克思根据其对印度殖民社会的研究，提出了殖民主义具有“双重使命”的理论，这一理论同样适用于对遭受殖民统治的也门历史的分析。“双重使命”指“英国在印度要完成双重的使命：一个是破坏性的使命，即消灭旧的亚洲式的社会；另一个是建设性的使命，即在亚洲为西方式的社会奠定物质基础。”[①] 奥斯曼帝国和英国在也门北部和南部实行殖民统治的破坏性毋庸置疑：奥斯曼帝国当局

① 《马克思恩格斯选集》第二卷，人民出版社 1972 年版，第 70 页。

一直将也门作为帝国税收的重要来源，除了课以重税，面对也门人民的反抗还实施残酷镇压；而英国则在南也门地区进行赤裸裸的掠夺和搜刮，对当地生产力造成了巨大破坏。在城市，由于英国资本与商品大量流入，也门传统民族工商业与小手工业遭遇重大打击。与此同时，出于奥斯曼帝国和英国自身发展的需要，其殖民主义在也门经济、政治、社会等领域的某种建设性作用逐渐凸显。经济方面表现为奥斯曼帝国在也门修缮农业水利设施、开展土地测量工作等。英国的殖民统治推动亚丁港口逐渐繁荣，相关行业兴起，成为各地移民的主要目的地。此外，奥斯曼帝国和英国还在也门投资建设公路交通网、邮政通信设施，打破了当地封闭的社会状态，加强了各地区之间的交往，加快了信息传播的速度。这一时期构成也门经济现代化的早期阶段，为建立现代社会提供了一定的物质基础。社会方面加速了也门各地区和各部落势力的整合，从思想上打破了也门原有的根深蒂固的“部落认同”观念，引入新的“民族”与“国家”等观念。此外在现代军队和警察制度的建立、现代世俗教育的开展等方面，也对也门社会产生了积极性影响。需要指出的是，殖民主义对也门的“建设性”作用绝不能夸大，实际上殖民主义对也门的破坏性远远超过其建设性。1958 年也门主要的交通工具仍是马车、毛驴和骆驼。1962 年前，北也门只有 4 所医院，医疗设备陈旧，仅有 3 所中学，绝大多数人是文盲。当时南部农村地区只有 22 千米的碎石道路，足以证明南也门殖民地经济的薄弱和落后。英国殖民统治南部地区内部，以亚丁为代表的开放港口城市和内陆封闭隔绝农村地区之间存在尖锐的分化甚至对立。

第三节 现代也门社会整合的新阶段（1962—1990 年）

随着阿拉伯也门共和国（简称北也门）和南也门人民共和国（1970 年更名为也门民主人民共和国，简称南也门）的建立，20 世纪 60 年代成为也门沉闷的黑暗时代和光明的进步时代之间的分水岭。在新时代，北、南也门选择了共和国和社会主义国家两种截然不同的发展道路，这也意味着也门的社会整合进入全新的发展时期。

一、北也门的社会整合

阿拉伯也门共和国建立伊始百废待兴，伊玛目所代表的传统政治统治的合法性不复存在，共和国政府急需确立能获得大多数民众认同的国家的合法性，政治、经济和社会领域的剧烈变革依次展开，社会进入更为错综复杂的分化和整合阶段。

（一）从阿拉伯民族主义到国家民族主义

国家的政治体制决定了其社会整合的基本模式，因此国家的意识形态对社会整合具有决定性意义。北也门的诞生是以纳赛尔为代表的阿拉伯民族主义在也门实践的结果。共和国建立后，共和派势力与不甘心失败的君主派爆发内战（1962—1970 年）。内战期间，埃及纳赛尔政府在派遣部队、提供武器装备和推动军事行动上给予共和国大量支持和援助，并且帮助也门政府先后建立了自己的服务及管理机构。但这也说明，埃及全面干预也门的军事、经济并操纵共和国政治，至 1968 年，北也门的政治以及军事领导都完全服务于埃及的利益及政治目标。面对埃及对国家内政的干涉，也门国家民族主义意识上升。1967 年埃及军队完全撤出也门至 1970 年内战结束，北也门政府虽然将引自开罗的基本政府管理结构保留了下来，但对内战期间国家政治、军事上的埃及化政策进行了彻底的清除。也门民族主义的力量和重要性再次得到肯定，实现也门统一的国家认同情感得到强化。虽然内战结束后，北也门政治混乱、政府软弱并且更迭频繁，但总体上历届政府都在努力进行也门国家的建设。可以说，从埃利亚尼政府一直到 20 世纪 80 年代的萨利赫政府，也门都在不断地进行国家民族主义的实践。

（二）北也门共和国现代政治制度的构建

国家构建指“国家政治结构、制度、法律的建设，包括行政资源的整合和集中，使国家能够对其主权范围内的领土实施统一的行政控制”[①]。北也门的

① 王建娥：《族际政治：20 世纪的理论与实践》，社会科学文献出版社 2011 年版，第 59 页。

建立标志着也门进入现代民族国家构建的实质性阶段。北也门初期面临着如何建立“新秩序”的问题，首先必须建立一个全新的政治管理体系，这个体系包括两个重要部分：一是联合君主派结束内战，二是构建以扩大民众的政治参与度为基础的新的合法性，以取代传统伊玛目专制统治。其次是实现政府机构的制度化，即创设现代政府机构并配备工作人员，包括行政管理机构、监管机构、省级政府和办事处，涵盖经济、法律、农业、医疗卫生、教育、交通等各个部门。为了实现上述目标，以构建现代国家政治结构和制度为目标的政治整合势在必行。

1. 民主共和政体的确立

阿拉伯也门共和国诞生后公布了革命的六项爱国原则：消灭独裁与殖民主义，肃清伊玛目政体的遗毒，实现社会正义，重建也门军队，提高也门人民生活水平，实现民族团结。然而很快爆发的内战使政治制度构建停滞，“民族和解”成为首要任务。历经战斗、谈判和共和派政变的“民族和解”过程，一定程度上削弱了共和派和君主派中的激进力量，例如君主派中接受过国外教育的王室家族年轻成员已经接受了传统伊玛目制度已不能适应也门现状的现实。1964 年 9 月，君主派宣布未来的伊玛目只是荣誉领袖，由公民表决产生。君主派对伊玛目传统权威的弱化，标志着其内部改革派占了上风。与此同时，在“11 · 5”政变后上台的共和派埃利亚尼政府，清除了派内的纳赛尔主义者，实现了主张和解的温和派主政。最终两派在 1970 年 3 月达成《吉达协议》，实现停火。除哈米德丁家族成员外，共和派同意接纳一部分原王室军政人员参政：确认君主派人士艾哈迈德 · 哈米教授为共和委员会委员，侯赛因 · 穆尔法克等 4 人为内阁成员，加迪尔等 10 位酋长为全国委员会委员。1970 年 12 月底，国民议会制定了永久宪法，确立了国家政体为民主共和制，北也门现代政治制度化建设真正开始。

2. 政治制度化建设

“政治制度化”一词由美国著名政治学者塞缪尔 · 亨廷顿在《变革社会中的政治秩序》一书中提出，他在论证发展中国家如何建立政治秩序并获得政治稳定的过程中，引入了“政治参与”和“政治制度化”这两个关键变量，尤其是对“政治制度化”作了系统的论述。他认为，政治制度化指政治体系在组织上和程度上获得价值和稳定性的过程，它代表着“社会组织和政治秩序的力量”。[①] 政治制度化是政治共同体得以建立和维持的重要手段，也是实现政治稳定的根本。本部分从宪法、行政机构、议会制度、司法制度和党派活动等方面梳理北也门的政治制度化建设。

（1）宪法

共和国的建立者是改革派军官、商人阶层和广大知识分子的联盟。在共和国政治制度构建上，也门明显受到西方政治制度的影响，表现在：新生的共和国认定起草宪法是国家政治制度建设的根本，宪法将是一份详细说明新政体的主要特点、体制机制和进程的书面文件。北也门不断地颁布新宪法：革命胜利一个多月后的 1962 年 10 月 31 日，新政府公布了一个临时性宪法。这个宪法并不复杂，对领导革命成功的革命指挥委员会（Revolutionary Command Council）的地位进行了清楚的界定。内战期间，共和国政府在埃及的指导下于 1964 年 4 月 28 日颁布了另一部宪法。这部宪法明显复制了埃及的宪法内容，因此受到共和派中民族主义者的抵制。1965 年 5 月 8 日，政府又颁布了一部也门人参与起草的宪法，这部宪法更为强调建立公民政治体系的重要性，最为重要的行政机构——革命指挥委员会被共和国委员会（Republican Council）、更为广泛的部长制和协商议会（Consultative Assembly）取代。协商议会只是一个咨询机构，但被视为表达广泛民意的机构。这部宪法的有效性一直持续到内战结束。出于体现共和派和君主派实现民族和解和推动国家政治、经济发展的需要，1970 年 12 月 28 日，国民议会（National Council）制定了新宪法，这部宪法最终被哈姆迪政府（1974—1977 年）时期在 1974 年 7 月 19 日颁布的另一部宪法取代。1974 年宪法影响深远，为也门之后的政治制度以及政府提供了宪法基础，强调国家的伊斯兰特性、伊斯兰教法的特殊地位、所有公民的权利和义务等。1982 年 8 月萨利赫主政时期，在全国人民大会上通过的《民族宪章》成为国家政治行动的指导方针。《民族宪章》强调，伊斯兰教是也门人民的思想、精神支柱；要实现北、南也门的统一；实

① ［美］塞缪尔 · 亨廷顿：《变革社会中的政治秩序》，李盛平、杨玉生译，京华出版社 2000 年版，第 22 页。

行政治民主（立法、执法、司法三权分立）和经济民主；实现社会公正。

如同其他发展中国家，在北也门，宪法只是试图为现有政权提供合法性的一个正式文件，实际上是给现有政治制度提供合理性，而不是其理念所表达的为赋予公民权利和大众参与政策制定提供基础。在许多方面，这类宪法更像是政府为了实现统治合法性而做出的努力，并不能用于对其国内政治体制的准确描述。

（2）行政机构的设立和完善

首先，行政管理现代化的萌芽奠定了政府管理的基础。1963 年初政府建立了 11 个部门，其他部门和机构也相继建立。同时共和国发布两个法令，反映了政府进行行政管理机构现代化改革的决心：1963 年第八号法令宣布建立处于共和国总统监督之下的"雇员事务总委员会"（General Committee on Employee Affairs），另一项法令建立了为公共管理服务的国家公共管理研究所（NIPA）。内战期间行政机构的现代化发展有限，并受到埃及的影响，北也门专注于发展公共服务委员会（Public Service Commission）和国家公共管理研究所。公共服务委员会由公共管理国家机构、政府分配和培训机构以及退休部门等构成，委员会在人力资源规划、培训和规章修订等方面取得了一定的成功，但远远没有达到管理现代化的目标。相较而言，成立于 1963 年的国家公共管理研究所（National Institute of Public Administration）是最早的政府机构之一，比公务员管理委员会运作更有效。[①] 内战期间，国家公共管理研究所主要在培训、研究和咨询方面开展研究工作。其次，20 世纪 70 年代行政机构进一步发展。在联合国旨在提升也门人力资源和公务员培训的改革和发展计划的资助下，北也门行政管理机构取得新发展。其一，为新服务需求增加了新部门；其二，许多旧有部门和机构被废除，如统一事业部和部落事务部都被较小的办公室取代；其三，以前各部内部的机构都成为附属于各部的机构，如税收、测量、旅游、银行部门等；其四，教育和培训领域共同发展，许多旧有培训办公室都发展成为专业化的独立培训中心，如司法、税收、海关和银

① B. R. Pridham, *Contemporary Yemen: Politics and Historical Background*, University of Exeter, 1984, p.151.

行机构；其五，在公务员、教育、培训和人力资源发展中，国家公共管理研究所发挥了核心作用。1982 年政府雇员超过 35000 人，国家研究学院 1970—1982 年承担的培训人数达到 13000 人，其中 1077 人参加了高级管理研修班；参加中层管理培训计划有 3565 人，参加办公室管理计划有 879 人，其余的人参加了该学院的语言培训项目。[①] 现代公共管理观念开启了也门国家行政管理机构的现代化。行政机构在北也门时期经历了从无到有、从单一到全面的发展历程，国家行政管理现代化具有实质性进步。总体而言，也门行政机构虽然先后设立并日益完备，但长期受到总统大权独揽、部落势力垄断、行政管理部门腐败、效率低下和员工短缺等问题的困扰。

（3）议会制度

共和国初期并没有真正西方意义上的议会机构。共和国建立之初成立了以萨拉勒为首的国家最高权力机构——革命指挥委员会。革命指挥委员会及内阁由自由军官组织成员、参加爱国革命运动的其他组织成员及拥护支持共和革命的社会名流组成。这个以民选代表为主体的机构在公共政策的制定中具有明确角色和独立权力，在公众参与政策制定方面也做了大量切实努力，[②] 但仍存在很多问题：其一，在共和国早期，保守势力仍然存有一定的实力，使得其通过民选权力机关夺取政权、重建伊斯兰教长国有机可乘，或使得已有的革命成果功亏一篑。其二，缺乏建立立法机构的前提条件，尽管也门和阿拉伯世界其他国家一样有着公众参与和投票选举产生伊玛目的传统，但是这里并没有代议制民主制度的传统和基础。因此共和国的缔造者需要创建一种既符合也门传统，又要保证公众政治参与的制度。1965 年宪法首次规定了某种形式上的“立法权”，并准备创建一个协商议会的咨询机构，然而从未付诸实践。直到 1970 年国民议会起草宪法，搭建一个使民众更广泛参与政府政策制定的制度框架才迈出了坚实一步。宪法针对新的政治体系有两个明确规定：保留三人共和国委员会，并设立了由 179 名成员构成的协商议会以取代

① B. R. Pridham，*Contemporary Yemen：Politics and Historical Background*，University of Exeter，1984，p.152.

② Robert D. Burrowes，*The Yemen Arab Republic：The Polities of Development，1962–1986*，London：Westview Press，1987，p.155.

国民议会，这个新机构的成员包括共和国委员会主席任命的20人和北也门各地区的成年男性通过间接选举产生的159位代表。1971年初，选举产生了新的立法机构协商议会，哈希德部落大酋长艾哈迈尔成为议长，并再次组成以埃利亚尼为首的5人共和国委员会。协商议会因为与部落的密切关系而具有保守倾向，到1973年，协商议会已经成为政治结构中部落权力的象征。1974年“6·13”纠偏运动后，哈姆迪成立由10人组成的指挥委员会，取消共和委员会，将国家最高政治权力和议会的立法权全部掌握在指挥委员会手中，哈姆迪强化中央政府权力，严禁部落酋长干涉国家正常行政，国家出现了明显的进步。1977年10月哈姆迪遇刺身亡，继任的加什米政府在1978年2月6日成立了由99名议员组成的人民议会，委托阿卜杜·克里姆·阿尔什法官担任议长。新兴商业资产阶级在议会中人数上升，表明城市力量与部落力量的微妙变化。议会成立后，指挥委员会被撤销。

1978年萨利赫上台执政后立法机构获得重要发展。临危受命的萨利赫为了争取部落势力的支持，于1979年5月成立了15人咨询委员会，并将99人的人民议会增加到150人，为一些有影响力的部落首领及社会名人提供更多参政议政的机会。1979年末，萨利赫成立了由知识分子、政府人员、议会议员和军人组成的《民族宪章》起草委员会，负责拟定宪章基本框架和具体内容。1980年，起草了阿拉伯也门共和国的国家宪章。1982年8月24—29日，全国人民大会（the People's General Congress）在第一次会议上宣告成立。全国人民大会由1000名代表组成，其中300名由总统任命，700名由选举产生。这次会议上，全国人民大会创立了一个常务委员会（Permanent Committee），50人是全国人民大会成员，还有25人是总统直接任命。大会通过了《民族宪章》作为全国政治行动的指导方针，选举萨利赫总统为全国人民大会总书记、常务委员会主任。此后全国人民大会分别在1984年、1986年和1988年召开会议，并逐渐演化成北也门唯一合法的、拥有较大权力的执政党。1985年7月，为进一步推进民众政治动员和参与，约有60%的成年男子和妇女（共约150万人）参加了对地方合作发展委员会（Local Councils for Cooperative Development，LCCDs）17507名代表的选举。1988年夏天，不断推迟又不断承诺会进行的协商议会进行了终期选举。这个机构选举出159名成员并将成为常设立法机构。这次选举包括 128 个选区的 1293 名候选人，剩余 31 个席位由总统直接任命。[①] 议会制度的创立从埃利亚尼执政时期一直持续到萨利赫执政时期，过程复杂并且在责任划定上经常重复和矛盾，但北也门时期的议会制度仍有两点值得肯定：其一，一整套机构的设立表明政府致力于在民意的合法性基础之上开展工作；其二，大批也门民众（包括少量妇女）愿意参加地方合作发展委员会的选举，新的议会在政策制定过程中表现出真正想要听取平民意见的意愿。

（4）司法制度

为了更好地理解北也门的司法制度建设，先简要梳理一下穆塔瓦基利亚王国时期也门国家的法律体系。在伊玛目统治之下，北也门社会实际上存在两个发挥作用的法律体系：伊斯兰教法即由宰德派乌里玛阐释和解读的伊斯兰法律体系和部落创造和使用的传统习惯法（部落法）。两者在许多方面互为补充。在也门北部的部落地区，部落法规范着个人、家族、宗族和部落之间不同的社会和经济问题引发的冲突。在个人事务方面，如出生、结婚、离婚和税收等事务则给予伊斯兰教法名义上的尊重和认同。在这两种法律体系中，出身高贵的赛义德们发挥着重要作用：在部落区域中他们属于受保护的阶层并在部落纠纷中充当调解者；在城市中，他们是法官的主要来源群体。上述两个法律体系存在明显的差别：宰德派承认“创制”的重要性，强调伊斯兰教法的权威性，宰德派法官的裁决依赖的是事实和伊斯兰教法的规定。然而，在现实情况下，以先例、传统和习俗为基础的部落法是做出裁决的关键因素。伊玛目叶海亚的主要目标是扩大伊斯兰教法的范围和影响力，以限制部落法在公共和个人生活中的应用。

北也门的许多举措都表明政府推进国家法律体系现代化的决心。这些措施中最重要的是对改善商业及投资环境和体系的尝试。首先保证与西方机构存在密切接触的部门——进口、制造、银行、捐赠机构、运输后勤等，甚至是政府本身，都采用世俗化的法律规章。世俗法规以一种递增的方式被应用

---

① Robert D. Burrowes, *The Yemen Arab Republic: The Polities of Development, 1962–1986*, London: Westview Press, 1987, p.158.

到主要城市的中心地区，由总统特别办公室协调或推动。20 世纪 70 年代末、80 年代初，政府聘请了一批法律官员作为顾问。20 世纪 80 年代开始，政府法律体系发展速度变缓，但还是建立了一个公共法律部门，政府工作人员负责逮捕和起诉犯罪嫌疑人——包括在传统法规占主导地区的谋杀行为和在现代法律占主导地区的虐待儿童、信用卡诈骗甚至是交通犯罪（这些犯罪在之前都能通过复仇、赔偿或集体行动的传统方式解决）。政府在城市中是解决各种社会冲突（民事和刑事犯罪）的积极参与者，然而农村地区仍然普遍应用传统法律。

（5）党派活动

“9·26”革命之前，受伊斯兰改革主义和阿拉伯民族主义思想影响，也门出现各类党派和组织。北也门成立初期并没有形成完善的政党制度，尽管民主共和的政体规定实行多党制，但内战爆发使国内党派活动受到限制，更多表现为共和派与君主派之间对抗，以及两派内部派系矛盾。伴随着内战结束后和平建设时期的到来，政府面对的最重要的反对派是 1976 年 2 月由各种左派组织创建的全国民主阵线（National Democratic Front，NDF）。这些左派组织包括阿拉伯民族主义运动（ANM）北也门分支、先锋党（Vanguard Party）和阿拉伯复兴党（Ba'ath）亲叙利亚分支、也门抵抗者组织（the Organization of Yemeni Resister）。① 对政府不满的各种组织和个人都加入其中，到 20 世纪 70 年代末，全国民主阵线影响力达到顶峰，创办《希望》（*al-Amal*）周刊，发表批评政府政治、经济、宗教和外交政策的文章。1982 年 6 月，经过激烈战斗，政府和部落联合武装力量打败了全国民主阵线。虽然全国民主阵线作为行政和军事力量被镇压，但各种反政府的力量并没有消失，众多知识分子组建了一个新的组织——也门人民联合党（the Yemeni Popular Unity Party，YPUP）。

20 世纪 40 年代，穆斯林兄弟会在北也门出现。1970—1978 年阿卜杜勒·拉赫曼·埃利亚尼执政时期，穆兄会为阿拉伯也门共和国颁布宪法发挥了重要作用。哈姆迪执政时期，穆兄会成员在宗教组织中表现活跃，并以此

---

① Robert D. Burrowes, *The Yemen Arab Republic: The Polities of Development, 1962-1986*, London: Westview Press, 1987, p.163.

为其开展政治活动的平台。[①]1978 年后直到 1990 年也门统一，各政治党派公开活动，萨利赫政府则利用穆兄会的"伊斯兰阵线"与左翼力量联盟的全国民主阵线和南也门的社会主义政权相对抗。[②]1982 年，代表执政党的全国人民大会成立，穆兄会参与了其爱国宪章的起草。在北也门选举协商会议期间，穆兄会是唯一处于体制框架之外公开活动并拥有极大自由的政治组织。

（三）经济领域的新整合

直到 1962 年革命，北也门一直是世界上经济最不发达的地区之一，与伊玛目统治时期满足于自给自足的经济体制、实行闭关锁国的政策有关。共和国时期，农业是其主要的经济产业，农业人口占全国人口的绝大多数。共和国先后实施三年发展纲要（1973—1976 年）、第一个五年发展计划（1976—1981 年）和第二个五年发展计划（1981—1986 年），经济领域开始了多方面的整合，主要包括以下几个方面。

1. 农业部门

第一，土地占有情况。虽然共和国政府没收了哈米德丁王室家族的土地，但土地仍然集中在以部落酋长为代表的大地主手中。据估计，60%~70% 的土地为大地主所有，20% 的土地为农民所有。土地占有情况有三种类型：私有土地（mulik）；国家所有或公社所有地（miri 或 amlak）；瓦克夫（waqf），即用于宗教目的的土地。尽管各地区之间土地占有存在很大差异，但基本上土地所有情况是：瓦克夫占 15%~25%，公社所有地占 2%~3%，国家所有地占 2%~4%，其余都是私人所有地。[③]第二，国家对农业的政策扶持。1963 年农业部拨专款 35 万里亚尔用于建立农业合作社，以组织农业生产和产品销售。政府引进水泵和新式犁具，以分期付款方式向农业合作社推广。自 1963 年起，政府利用外国援助和贷款，在帖哈麦、塔伊兹、萨那等地区开垦荒地约 2

① Al-Janahi Sa' id, *The National Moverment*: *From the Revolution to Unification*, Aden: Al-Amal Studies and Publications Center, 1992, p.516.

② Hudson Michael, "After the Gulf War: Prospectsfor Democratization in the Arab World", *Middle East Journal*, Vol.45, No. 3, 1991, p.420.

③ Robert D. Burrowes, *The Yemen Arab Republic*: *The Polities of Development*, *1962–1986*, London: Westview Press, 1987, p.80.

万公顷，在萨那、荷台达、塔伊兹和伊卜建立了四个示范农场、三块甜玉米苗圃、四块水果和木材苗圃及一些农业指导中心。1966 年以来，在联合国的援助下，北也门建立了两个动物资源示范中心，进口良种黄牛，开展谷类和烟草等新品种的种植实验，增加水果和蔬菜的种植等。[①] 这些虽然建立在现代科学技术基础之上的、为数有限的农场和示范中心对于农业发展有着重要意义，但是由于也门自身缺乏专业技术人员和疏于管理，未能在生产实践中发挥应有作用。1970 年，世界银行经济考察团对也门进行综合考察后指出，北也门是发展中国家中最不发达的国家之一，农业产值至少占国民收入的 70%，90% 以上的人口仍依靠农业生活，而农业生产仍原始、落后，缺乏现代化的生产工具。萨利赫政府将 1984 年定为“农业发展年”，成立农业消费基金和农业信贷银行等金融机构，向农民提供优惠贷款，并提供农具、良种、农药和技术指导。1986 年，萨利赫政府利用外资在中部高原、南部高原和帖哈麦地区兴建大型农业综合区，特别是成功修建了著名的马里卜新水坝，对马里卜地区农业发展有重要作用。

2. 工业领域

共和国时期，也门工业化开始起步。第一，北也门政府在外援支持下实行了扶植民族工业的政策：政府颁布一系列有关指导消费、限制进口、保护本地产品的法令，采取保护关税和进口许可证制度，严禁无证商品入关。鼓励和动员商业资本向农业和民族工业投资，以此获得工业投资 5 亿里亚尔。第二，鼓励中小民族工业和加工工业发展，特别是食品、饮料及洗涤剂工业有较大发展，不少商品已自给有余，年增长率达到 22.4%。[②]20 世纪 70 年代政府主导的一系列企业包括：也门饼干公司、汽水生产公司和乳制品公司等。第三，勘探和开发石油取得成效。也门政府与西方石油公司合作勘探石油，1984 年 7 月在马里卜—焦夫盆地发现具有商业价值的石油和天然气，油田储量约 5 亿桶。亨特公司援建的马里卜炼油厂于 1986 年 4 月投产，年炼油能力为 50 万吨。1987 年底也门得以出口原油，日出口量达 15 万桶。石油资源的

---

① 郭宝华：《中东国家通史 · 也门卷》，商务印书馆 2004 年版，第 219 页。

② 郭宝华：《中东国家通史 · 也门卷》，商务印书馆 2004 年版，第 226 页。

开放和利用为北也门的经济注入了新的血液，并带动了相关产业的兴起和发展。第四，出现大量新兴工业企业。这类企业大多集中在金属加工、木器、小机械、汽车维修、建筑材料生产和贸易等行业。尽管这些企业规模不大且没有发展成专门的部门，但对国内经济具有积极作用。在解决劳动力方面贡献极小，总数仅达到5%，低于5万个工作岗位。如果包括20世纪80年代发展的交通业和建筑业，对国内生产总值的贡献也只占总数的10%。① 总体而言，北也门的工业发展并没有达到政府所寄予的减少也门对外部商品依赖的厚望，工业技术和工人技能水平很低，电力和水力资源不能有效地保证工业需求，制约着国家工业的发展。1990年北、南也门统一前，北也门国民经济仍处于落后状态，但与伊玛目统治时期相比还是取得了明显进步。

3. 金融领域

在埃及政府的帮助下，共和国政府在1962年建立了也门第一家国有银行——开发建设银行；1963年建立也门货币委员会，开始发行里亚尔纸币；1966年建立中央统计局和国家建设委员会；1969年加入国际货币基金组织，并成为世界银行成员。1971年中央银行成立，负责金融管理和发展工作，制定国家金融政策，并负责国家货币的发行。开发建设银行转变为专业银行，同年还成立了中央预算办公室。1972年埃利亚尼政府建立中央规划局（CPO），这个当时最重要的新部门主要负责确定国家发展项目、发展目标及其方法，制定具体发展计划。中央规划局在出台预算、协调和监督各部委的多个项目的实施，给政府提供宝贵建议，强化中央政府对农村管理等方面具有重要作用。

4. 交通运输领域

北也门出于经济发展的需要开始建设现代公路体系。国家公路的修建多是在外部资金援助下完成的：1961年中国援建了也门第一条萨那和荷台达之间的公路，将原本两天的路程缩减为四个小时。苏联完成了从荷台达到塔伊兹的公路铺设，通过这些建设将三个主要城市联系起来。② 到20世纪70年代，北也门

---

① Robert D. Burrowes，*The Yemen Arab Republic：The Polities of Development，1962–1986*，London：Westview Press，1987，p.71.

② Robert D. Burrowes，*The Yemen Arab Republic：The Polities of Development，1962–1986*，London：Westview Press，1987，p.96.

许多较大的城镇如阿姆兰和萨达都通了公路，政府开始着力于修建二级和支线公路。交通运输的改善革命性地改变着北也门的农村经济，沿着公路的新市场开始出现，国外各类消费品进入北也门并且改变着北也门民众的日常生活。

（四）社会政策方面

1. 教育方面

也门在中世纪是伊斯兰教的主要学习中心，到伊玛目王朝仍旧以在清真寺中背诵《古兰经》为宗教教育的主要授课方式。进入20世纪70年代，政府强调教育与国家发展的关系，北也门教育呈现出快速发展的趋势。首先，现代教育体制在20世纪70年代末基本建成，小学学制6年，初中3年，高中3年，大学4—6年，中专和技校一般为3年，与高中平行。国家实行小学义务教育，各教育阶段基本实行免费教育，教育部收取象征性费用向学生提供课本和文具，官办学校采用统一教材和课程。到20世纪80年代，国家小学超过4000所，初高中超过400所。[①] 其次，创办多种类型学校。为适应北也门社会经济发展实际需要，政府陆续创办多种类型的中等专业技术学校和职业培训中心。据统计，1986年北也门拥有工业技术学校2所，农业、兽医学校3所，商业学校7所，卫生学校3所，职业培养中心4所，师范学校81所，在校生约1.6万人。[②]1971年，政府创办了也门历史上第一所高等学府——萨那大学。到20世纪80年代，大学在校生超过6000人，妇女占20%。再次，开展扫盲运动。伊玛目时期全国文盲率高达98%，农村地区更为严重。根据1975年数据，三个主要城市（萨那、塔伊兹、荷台达）的文盲率为50%，而农村地区为88%。[③]20世纪80年代初，政府成立以教育部部长为首的全国扫盲委员会，各省、市、乡都成立了相应的委员会，仅1981—1982年度就建立成人教育学校520所，参加扫盲学习人数达1.25万人，1982年北也门文盲率为85%，到20世纪80年代末下降为80%，扫盲工作任重道

---

① Robert D. Burrowes, *The Yemen Arab Republic: The Polities of Development, 1962–1986*, London: Westview Press, 1987, p.95.

② 郭宝华：《中东国家通史 · 也门卷》，商务印书馆2004年版，第228页。

③ Robert D. Burrowes, *The Yemen Arab Republic: The Polities of Development, 1962–1986*, London: Westview Press, 1987, p.96.

远。最后，提高妇女识字率。20 世纪 70 年代也门文盲率全国平均为 85%，按性别男子文盲率为 60%，而妇女高达 97%。政府倡导女子接受现代教育，1986 年女性在小学中约占 30%，初中占 14%，高中占 13%，师范学校和商业学校中女性所占比例相对较高。知识女性参加各种社会工作，妇女的社会地位和价值相应提高。尽管现代教育获得快速发展，但民众仍认为必须接受基本的伊斯兰教教育。20 世纪 80 年代初，政府公布全国有 300 所宗教学校，受到国家宗教事务部的管理，这些学校中学生人数接近 5 万人。主要培养伊斯兰教教长、法官和宗教学者。

2. 医疗卫生方面

共和国成立前，北也门没有现代医疗服务机构，20 世纪 60 年代初，全国只有 4 所医院，且都分布在大城市。共和国建立后，国家决定从母婴卫生保健、卫生教育、营养工程和医疗培训学校四个方面加强也门国家医疗卫生建设。20 世纪 70 年代，北也门政府积极争取外援，创办多层次的医疗卫生机构，其中包括建立设施先进的综合性医院、诊疗所、卫生中心、农村卫生站及急救中心，构成了一个庞大的医疗卫生网络。政府还相继创办了培养护士、技师和卫生督查员的卫生学校及培养医生等高级医务人员的医学院。实行全民公费医疗制度。自 20 世纪 70 年代起，国家卫生部与国际卫生组织合作，成功实施了免疫接种计划，建立接种中心、移动接种站与巡回接种小组。1967—1986 年，北也门的医院从 18 所增加到 35 所，诊疗所从 5 所增加到 150 所，建立卫生中心 209 所，农村卫生站 399 所，医生从 139 人增加到 1285 人，护士从 615 人增加到 2732 人。随着医疗卫生的进步，北也门的人口数量和素质都在提高。然而，北也门的医疗卫生条件仍然堪忧，外部援建的现代医疗规划过程大多忽视了也门的传统文化、习俗，流行性疾病并没有完全消失，痢疾、疟疾、血吸虫病、肺结核等疾病仍很常见。

（五）社会结构的分化和整合

社会结构是研究社会分化和转型的重要理论，19 世纪法国社会学家涂尔干曾说："对社会结构的分析，是理解一切社会现象的出发点。"[①] 所谓社会结构，

① 林梅：《当代西方社会结构变迁的多元文化解读》，《中共石家庄市委党校学报》2015 年第 12 期。

是指一个国家或地区占有一定资源与机会的社会成员之间的组成方式及关系格局。[①] 社会结构包括阶层结构、人口结构和就业、收入结构等，其中阶层结构是核心。理想的社会结构应该具有开放性、公正性和相对稳定性等特征。

虽然也门现代化的开端可以追溯到 18 世纪奥斯曼帝国占领时期推行的现代化改革，但直到 20 世纪 60 年代以前，也门的社会结构并没有发生明显变化，直到北也门建立后，也门的社会结构才发生了显著变化。

1. 人口增长和城市化的发展

20 世纪 70 年代，北也门政府委托瑞士一家机构进行了也门历史上第一次完整的人口普查，1975 年公布人口为 4705336 人，这一数字并不包含大量也门打工侨民。该结果也门人并不认可，政府在 1981 年再次进行人口普查，结果显示也门人口总数为 8540119 人。两者数据差距较大，结合两次的统计数据，估计北也门共和国时期人口数在 650 万人左右，还有 25 万 ~30 万的外出务工者。[②]1986 年 3 月，又一次人口普查显示，北也门的总人口已经增加到 9274173 人 [③]。人口增长和经济发展带来城市化进程的加快。一方面也门出现了一些聚居着农村知识分子以及农业工人的小城镇，成为在地理、经济、政治、文化上连接城市与乡村的纽带；另一方面出现了向城市移居的浪潮，大量出身农村中上层的子弟涌入城市求学或谋生，这些人虽然生活在大城市，却与农村社会紧密相连，往往日后成为农村利益的代言人，起到组织动员农村社会的作用。同时，工业化使小农经济受到打击，农村自给自足的封闭状态被打破，失去土地的农民不得不背井离乡以谋生计，社会人口的流动性明显增强。1975 年人口普查时，只有三个城市萨那、塔伊兹和荷台达人口超过 5 万人，总计约占人口总数的 6.5%。据官方数字，首都萨那人口从 1975 年的 13.5 万人增加到 1994 年的近 100 万人。20 世纪 80 年代到 2000 年，二线城市的年人口增长率达到 10%。伊卜、达哈玛、哈贾和萨达的人口在 1986 年都超过 10 万人。

---

① 陆学艺主编：《当代中国社会结构》，社会科学文献出版社 2010 年版，第 10 页。

② Robert D. Burrowes，*The Yemen Arab Republic：The Polities of Development，1962–1986*，London：Westview Press，1987，p.21.

③ Robert D. Burrowes，*The Yemen Arab Republic：The Polities of Development，1962–1986*，London：Westview Press，1987，p.22.

2. 人口流动性增强和城乡差距增大

20世纪70年代，也门去海湾产油国特别是沙特阿拉伯的务工者渐多，无形贸易收入剧增。1973—1976年，约有120万也门人在海外工作，侨汇收入达34.197亿里亚尔。到20世纪80年代，大量侨汇收入使得也门经济的年平均增长率为5.6%。[①] 当时每个家庭几乎都有一位或者多位家庭成员外出打工，再加上青年学生留学者增多，社会开放性和人口流动性明显增强。在大量侨汇收入刺激下，国内消费市场日渐繁荣，但国家银行、信贷和商业体系都集中在主要城市中心，没有任何有效的援助计划帮助农村地区实现经济的全面变革和消费方式的改变。

3. 以家族、部落、地域等为基础的传统社会关系被削弱

北也门经济、教育发展及城市化与现代化的进程，客观上削弱了从前以家族、部落、地域为基础的社会关系。农业、工业的现代化打破了原来封闭、自给自足的自然经济，村庄和部落中大部分是老人和妇女务农，而成年男子大多选择进入军队、外出打工或求学，有些部落成员从事商业活动、挖掘机租赁和长途运输。新的谋生方式使得家长对家庭、酋长对部落居民的控制力减弱，再加上大量青年外出学习，带回了西方的现代民族国家观念，人们对民族、国家等更大范围的群体认同感和归属感加强，在一定程度上削弱了人们的家族、族群、地域忠诚感。但对当时的也门人民来说，传统社会关系的弱化是十分有限的，部落仍是人们认同和归属感的主要来源。

4. 社会阶层的构成与地位的变化

首先，传统部落权贵阶层仍占统治地位。传统贵族包括部落酋长、赛义德和宗教学者。经过内战，部落武装力量得到加强，尤其是哈希德部落艾哈迈尔大酋长更是名声显赫，政治影响力倍增，成为也门政坛举足轻重的政治人物。北也门政府将没收的哈米德丁王室家族的土地分给大部落酋长，全国60%~70%的土地为大地主所有。这些传统贵族在政府的庇护下，有一部分人将自己的资金投入商业部门而向资产阶级转化，从国家建设中大发横财，成为工、农业企业家，出口商，建筑承包商，大买办等“新传统贵族”。其次，

① *World Development Report 1989*，Washington，D. C.：World Bank，1989，p.166.

新中产阶层发展壮大。因经济发展和国家建设的需要，特别是独立后教育事业的发展，以出身中下层、受过现代教育培训的青年为主的新兴的现代职业阶层（也称“新中产阶层”）开始壮大。与以前的中产阶层不同的是，他们主要出身于中上层。新中产阶层虽然多从事社会中下等职业，如中下级军官、雇员、低级官员、教师、职员等，但数量庞大且具有共同的现代思想观念与较强的阿拉伯民族主义意识，对职业、阶层、国家、民族的认同强于对传统的族群、地域的认同。然而，由于上层阶级及其子弟享有高官厚禄及各种特权，新兴中间阶层只能游离于权力核心之外。新中产阶层人数激增，受就业困难、工资待遇低下等情况影响，其思想逐渐激进化，并通过示威游行、组建激进政党甚至军事政变等形式反映出来。最后，工人阶层的出现。20 世纪 70—80 年代北也门工业的发展催生了工人阶层的出现，主要来源是无地或者少地的农村农民以及城镇中破产的小手工业者，尽管确实存在，但这部分群体人数相当有限。

二、南也门的社会整合

也门南部是一块充满着矛盾的土地。地理上，这块土地被崎岖的山路和酷热的沙漠孤立于阿拉伯半岛南端，但又处于连接中东与非洲的重要贸易路线之上。历史上该地区经历了孤立与互动、边缘化与战略中心化的发展历程。南部也门主要城市亚丁拥有重要的商业和战略地位。因此，它在过去的四个多世纪遭受了外部力量占领：奥斯曼帝国（1538—1839 年）和英国（1839—1967 年）。在此期间，南部也门的内陆地区基本保持着原状。1967 年 11 月 30 日，地理和历史上的矛盾由新独立的南也门人民共和国承继，并于 1970 年改名为也门民主人民共和国。在经济上，也门民主人民共和国是一个资源匮乏的贫穷国家；在社会和政治上，它是阿拉伯世界里唯一一个真正接受“社会主义”的国家。在 20 年的社会主义发展道路上，南也门在政治、经济和社会结构上进行了重新整合，在政治、经济、社会等领域都打上了新的、激进的民主社会主义的深刻烙印。

（一）从阿拉伯民族主义到社会主义

南也门是阿拉伯民族主义指导下的民族解放运动获得成功的结果，但其建国后国家意识形态的基础经历了从阿拉伯民族主义到社会主义的转变。

20 世纪 50 年代，受阿拉伯民族主义思想和运动的影响，也门南部地区出现大量以反对英国殖民统治、争取民族独立为目标的民族主义组织。1959 年拥护埃及总统纳赛尔政治主张的阿拉伯民族主义者运动在亚丁建立支部。北也门“9·26”革命的成功极大地鼓舞了南也门人民反对英国殖民者的信心。1963 年 8 月 18 日，阿民运代表与南也门其他反英地下民族主义组织代表及爱国知识分子、军人和部落人士在“全国代表大会”上，成立了以阿民运为主体的民阵，建立以阿拉伯民族主义者盖哈坦·沙比为首的领导机构。随着民阵的建立，南部存在的三股主要政治力量分别提出了三种不同的国家发展构想：其一，英国殖民当局。面对南部人民的武装斗争，英国提出了三种方案：借助优势将革命扼杀在开始阶段；通过给当地人提供更多管理职位、许以农民优惠等改革措施缓和矛盾；借助成立“联邦”企图让依附于英国的苏丹、埃米尔及政治组织接管政权，借以保持英国在该地区的势力和利益。其二，阿拉伯方案。20 世纪 60 年代，埃及总统纳赛尔的阿拉伯民族主义影响巨大，受其所倡导的阿拉伯统一思想影响，埃及和沙特对也门南部局势的方案是：强调南阿拉伯半岛的合作，强调南也门各民族主义组织的联合。1966 年，通过宣布民阵和解阵的合并，试图对南也门民族解放运动进行干涉和控制。其三，以民阵为代表的南部人民的方案。1965 年 6 月 22—25 日，在塔伊兹召开民阵第一次代表大会，由来自前线的 75 名代表参加，会议重申了民阵之前要求完全独立、撤销英国军事基地和废除与英国联盟的主张。埃及主导的解阵被认为是人民的敌人。最重要的是这次会议通过了《国民宪章》(*National Charter*)。《国民宪章》被认为是南也门民族解放运动的一个先进文件，其思想基础既包含纳赛尔倡导的阿拉伯民族主义中实现民族独立的诉求，也包含着对 1961 年埃及进行的土地改革和国有化政策的关注。上述政策在也门作为革命口号传播，并且使得社会主义成为民族主义运动的主要目标之一，宪章中所进行的社会经济分析体现出社会主义理论。[①]《国民宪章》所描述的南部

① B. R. Pridham, *Contemporary Yemen: Politics and Historical Background*, University of Exeter, 1984, p.73.

是一个没有英国统治、撤销英国基地、没有苏丹、生产全归工人并且农民都将分得土地的独立国家。由于观点差异，民阵于 1966 年 10 月宣布脱离解阵。自此民阵放弃了埃及提供的物质和宣传上的支持，转而依靠国内广大爱国群众。在思想和行动上，阿拉伯民族主义开始让位于国家民族主义和民族社会主义理论。最终民阵在 1967 年 11 月击败英国和解阵势力，控制了南部局势，1967 年 11 月 30 日，南也门人民共和国宣告成立。民阵成为执政党，民阵领导人盖哈坦·沙比担任国家总统。

《国民宪章》时期，民阵内部出现了左翼和右翼之间的斗争，两者之间的分歧体现为右翼继续寻求阿拉伯民族主义特别是纳赛尔的支持，左翼日益转向民族社会主义。南也门人民共和国建立后，两派在国家建设上的分歧日益增大，1969 年 6 月 22 日，以鲁巴伊和伊斯梅尔为首的民阵进步派（左翼）发动“纠偏运动”，推翻了较为温和的盖哈坦·沙比政权，确定社会主义作为国家意识形态基础，国家代表工人、农民、知识分子、小资产阶级以及所有劳动者的利益，以完成民族民主革命和过渡到社会主义建设的目标，1970 年 11 月改国名为“也门民主人民共和国”，自此南也门人民共和国意识形态基础实现了从阿拉伯民族主义向社会主义的转变。

（二）社会主义政治制度的构建

与北也门相比，南也门因其选择社会主义发展道路而备受瞩目。建国后其社会主义政治制度的构建、计划经济体制的建立和对传统部落社会结构的改造，都意味着南也门的社会整合过程及影响比北也门要剧烈得多。

1. 从共和制到党政合一的国家体制的确立

1969 年 6 月 22 日，盖哈坦·沙比政权被推翻后，“纠偏运动”领导人对政权机构进行了带有某种集体领导性质的改组。先成立国家最高政权机构总统委员会，1970 年完成了第一部国家永久宪法的制定工作，同时将国名改为“也门民主人民共和国”，确立了共和制的国家政体。1978 年 10 月 11 日，以原执政党民阵为主体，包括南也门所有进步政治组织组建了新党——也门社会党。10 月底，成立新的国家权力机构和立法机构——最高人民委员会（11 人），取代原来的总统委员会执掌政权。1978 年宪法规定也门社会党领导国家。理论上作为也门人民的先锋队，制定革命政策，随后由国家实施，实践中则走向了国家与政党的一体化：其一，将也门社会党的领导地位写入宪法中，为执政党的最高地位提供法律基础。其二，政府的所有部长和高级官员包括高级军官都是也门社会党党员。总统、总理、副总理、国防部部长都是也门社会党政治局成员，重要部门的部长和省长来自也门社会党中央委员会成员；人民委员会绝大多数成员是也门社会党党员。总之，从政府重要部门到地方管理机构，也门社会党党员掌握着所有国家的关键岗位。其三，大量由也门社会党控制的民间组织促成了党政合一体制的形成。南也门党政合一体制关系如图 3 所示。

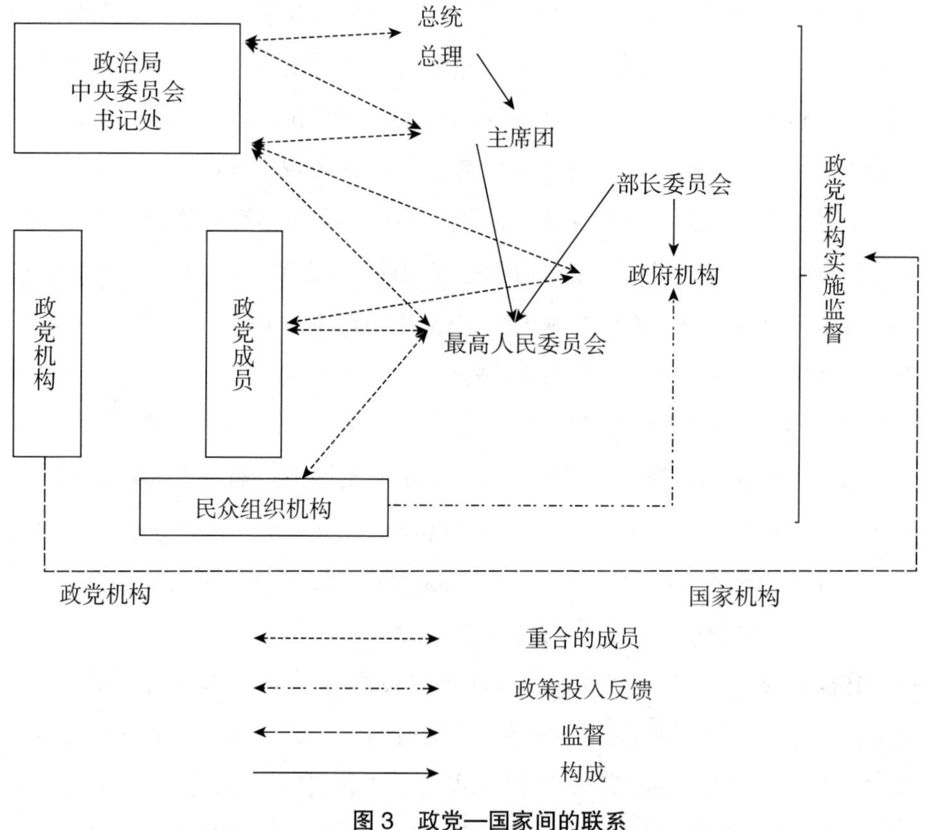

图 3　政党—国家间的联系

资料来源：Tareq Y. Ismale，Jacqueline S. Ismael，*The People's Democratic Republic of Yemen：Politics Economics and Society*，Frances Ointer（Publishers），London Lynne Rienner Publishers，Inc. Boulder，1986，p.54.

2. 现代政治制度化建设

在《政治发展与政治衰败》一文中，亨廷顿把政治制度化等同于政治发展，认为政治发展的过程和目标就是不断加强和完善政治制度。确立了民族社会主义的发展道路后，南也门的现代政治制度化构建取得了重要发展。

第一，宪法。

1970 年 11 月 30 日南也门发布第一部国家永久宪法，这部宪法是在埃及和东德专家的帮助下完成的。对南也门影响最大的宪法是 1978 年 10 月 31 日发布的国家宪法。该宪法第一部分阐明了国家的政治基础包含三个重要主题：其一，开明宗义地阐述南也门支持也门统一，将同帝国主义、殖民主义和地方封建主义作斗争，并将“完全消除人与人之间的剥削”（第 8 条款）。其二，阐明国家的基础是工人阶级、农民和知识分子的联合。其三，联合将通过也门社会党表现，“也门社会党是联合农民、其他劳动人民阶层和革命知识分子的也门工人阶级的先锋队”，“党的目标是实现对社会进行革命的改造，完成民族民主革命的各项任务，向社会主义建设过渡。为实现这一崇高目标，党以社会主义理论为指导，并考虑南也门民族民主革命发展的本国特点。”[①] 国家主席为国家元首，同时也是全国行政长官，由最高人民委员会主席团主席兼任。

第二，立法和国家行政管理机构的设立。

根据 1978 年宪法，成立最高人民委员会（PSC）为国家立法机构。立法机构实行两院制：代表会议有 301 个席位，由全民选举产生；协商议会有 111 个席位，任命产生。两院每 6 年选举一次。1978 年最高人民委员会有 111 名成员，成员绝大多数来自前总统委员会和部长委员会。其内部还包含一个 11 人主席团，其主席为国家元首。最高人民委员会拥有涵盖全国范围的立法权。最高人民委员会建立后，国家权力开始转向总统和南也门人民共和国部长委员会。部长委员会（the Council of Ministers）根据 1970 年宪法创建，成员包

① Tareq Y. Ismale，Jacqueline S. Ismael，*The People's Democratic Republic of Yemen：Politics Economics and Society*，Frances Ointer（Publishers），London Lynne Rienner Publishers，Inc. Boulder，1986，p.42.

括政府总理和内阁各部，1978 年后成为国家最高行政和管理机构。除了立法和行政机构，还建立了最高规划委员会和国家防务最高委员会，分别负责国家发展规划和国家安全事项。

独立前殖民政府中的英国和印度公务人员撤离后，面对公务人员匮乏和行政机构重建等问题，南也门政府支持建立了一系列管理和培训机构：统计培训学院（1970 年）、经济和管理研究院（1974 年）和亚丁大学（1975 年）。上述机构为南也门提供了相对充足的政府人员。1977 年中央政府的雇员从 1970 年的 13274 人增加到 32183 人。其中 48% 是文书和具体工作人员，38% 是管理者和执行者，剩余 14% 为非技术工人。①1986 年，政府机构从初设走向完善，包括国家元首、总理、副总理，劳动和保障部门、内务部、能源和矿产部、防务部、外交部、国家安全部、财政部、规划部、住房和建设部、工业、贸易和供应部、商务部、司法部、农业改革部、国家统一事务部，以及文化、教育和卫生部。②

第三，司法制度。

独立前，南部除了英国人控制的亚丁殖民地，还有 20 多个独立小国，每个小国都有各自的司法体系。亚丁殖民地拥有完备的立法和司法系统，众所周知的亚丁法是 5 卷本的"1955 年亚丁法修订版"，每年还会补充新的法规和条例。亚丁拥有四个地方法院（又称分区法院）、首席地方法院和亚丁最高法院。最高法院首席法官由亚丁殖民当局最高长官任命，法官助理、首席地方法官和地区法官在首席法官的建议下由领导人任命。地方法院的司法权限制在处罚两年内的监禁或 100 英镑罚款，或两者并罚（首席地方法官在民事案件中拥有的权限扩大为四年监禁和 200 英镑罚款）。高等法院受理民事管辖权是索赔超过 200 英镑、禁令和公告、离婚、拘留、收养和监护、继承权、海

① Tareq Y. Ismale，Jacqueline S. Ismael，*The People's Democratic Republic of Yemen–Politics Economics and Society*，Frances Ointer（Publishers），London Lynne Rienner Publishers，Inc. Boulder，1986，p.49.

② Tareq Y. Ismale，Jacqueline S. Ismael，*The People's Democratic Republic of Yemen–Politics Economics and Society*，Frances Ointer（Publishers），London Lynne Rienner Publishers，Inc. Boulder，1986，p.48.

事司法管辖权和处理上诉的司法权限。高等法院的任何判决都必须通过由普通人组成的 7 人陪审团中至少 5 人的同意才能生效。亚丁法院的官方语言是英语，并且有代讼人（同时为法务官和律师工作），但是亚丁之外几乎不存在现代司法活动，多是建立在伊斯兰教法和当地习惯法之上的法规，法官由当地苏丹、部落酋长或埃米尔任命。

南也门人民共和国诞生后，基本继承了亚丁地区的法律体系，只是官方语言规定为阿拉伯语。1969 年“纠偏运动”之后，政府按照社会主义原则推进司法改革进程。首先，1970 年颁布的宪法中明确规定，“国家将保证司法的一致性并且逐步颁布民主的民事诉讼法、雇工法、家庭法和刑法。”① 根据宪法精神，从 1973—1983 年南也门政府先后颁布了刑法（1976 年）、劳工法（1978 年）、社会安全法（1980 年）和民法（1983 年）等重要的国家法律。其次，创立附属于司法部的法律研究机构。1978 年亚丁大学设立法律系，为国家培养法律人才。国家召开专题讨论会研究司法改革，1977 年每个省都举行了专题讨论会，并且还举行了一次全国性的讨论会，对独立后第一个十年的司法工作进行回顾与反思。再次，废除全国各地许多小法庭。1969—1977 年为了适应全新的行政管理机构，开始了重建法律体系的过程，包括省内各区根据人数多少设立一个或者多个“地区裁判官”；各省设立“省级法院”；最高法院位于首都亚丁，设首席法官和最高法院的陪审法官；上述各级法院中的法官由人民委员会选举产生。最后，出现职业法律人。1981 年南也门政府通过了一项关于法律职业的法案，其中对律师的资质认证、管理、权利和义务、费用标准等作出了详细规定，并设立律师委员会对其进行监督管理。这一职业包括三种类型：律师、代理人和诉讼状代笔人。② 此外，法律援助方面强调每个公民都有权求助司法保护其合法的权利；对青少年和残疾人士强制提供司法援助；对不懂阿拉伯语的被告同样提供法律援助。与北也门相比，南也门独立后司法领域的现代化建设成绩斐然。

---

① B. R. Pridham, *Contemporary Yemen: Politics and Historical Background*, University of Exeter, 1984, p.179.

② B. R. Pridham, *Contemporary Yemen: Politics and Historical Background*, University of Exeter, 1984, p.190.

第四，地方管理机构的建立和完善。

1968年，南也门被分为若干个省。自1980年3月起，南也门共和国将全国划分为六个省，依次为第一省亚丁、第二省拉赫季、第三省阿比扬、第四省沙布瓦、第五省哈达拉毛和第六省迈赫拉。六省在划分中刻意打破部落边界并以数字命名，旨在削弱影响巨大的部落主义。各省级管理内部存在着两个相互矛盾的原则：其一是管理中央集中化，即努力维持中央政府对偏远地区的控制并促进国家一体化，因此省级管理中存在一个垂直式的政治结构：各省长由中央政府任命，整个省级政府都处于部长委员会的监督之下。其二是地方管理中的人民民主原则。建立地方人民委员会。尽管这些机构的权利和责任模糊不清，但1976—1977年进行了地方选举，最终选举了204名成员，其中有21名妇女代表。地方人民委员会监督当地行政部门的预算和管理。事实证明，在地方管理中，其集中化特征通常更为明显。地方人民委员会并没有实权，其权力仍在中央任命的省长手中。南也门地方管理结构如图4所示。

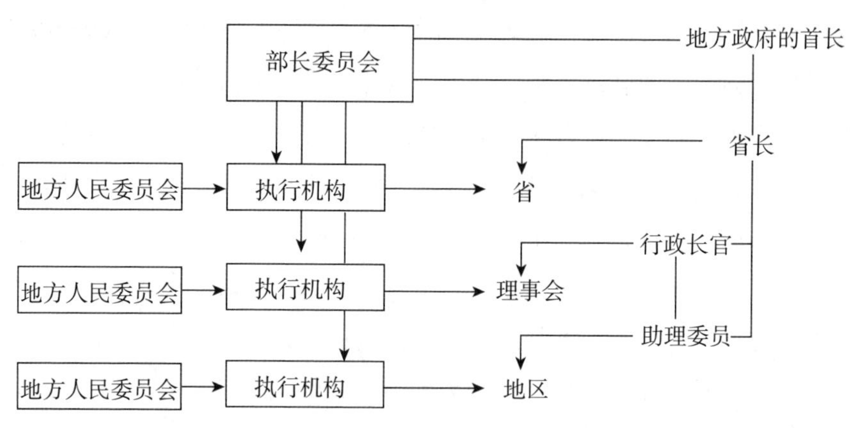

图4　南也门的地方管理结构

资料来源：Tareq Y. Ismale，Jacqueline S. Ismael，*The People's Democratic Republic of Yemen：Politics Economics and Society*，Frances Ointer（Publishers），London Lynne Rienner Publishers Inc. Boulder，1986，p.52.

第五，民间组织的发展。

南也门规模最大、最重要的民间组织有也门妇女总工会、也门民主青年联盟和南也门工人总工会，由也门社会党控制的民间组织中央委员会秘书处管理。这类民间组织在各级（地区、省级和国家）中央委员会中都拥有一个或多个代表。在最高人民委员会和地方人民委员会中也有民间组织成员。民间组织在南也门政治体系中发挥着重要功能：其一是在国家和执政党政策中扮演着主要的“传送带”角色，努力推动政策实施并及时反馈效果。其二是革命社会化的工具，以也门革命的思想和世界观教育其成员和其他人。其三是也门社会党党员的重要来源。其四是以有限的方式发挥宣传功能，呼吁民众接受新政策或对现政策的修订。他们仅拥有政府可接受的政治话语权，如批评必须是建设性的、有限的和平静的，并且通常在执政党的闭门会议中进行。

（三）国家对经济的控制和计划经济体制的确立

随着社会主义国家政治体制的逐步建立，南也门的经济领域整合也随之展开。独立之初，英国投资撤离和苏伊士运河关闭，使亚丁港船只数量从每月的600艘下降到100艘，与此相关的港口服务业、商业和建筑业一片萧条。国民收入下降了20%，外汇收入下降了40%。[①]1969年“纠偏运动”之后，国家先后颁布国有化法令和土地改革修正法案，标志着政府将通过全新的经济政策重新整合原有的殖民地和封建混合型经济模式。

1. 建立国家对经济的控制

1969年11月，南也门政府颁布了外国企业国有化法令（1969年第37号法令），规定将所有外国银行和金融机构，帝国主义的商业公司、保险公司、提供港口服务的公司、管理石油产品的公司等都收归国有。根据法令，将属于英国、法国、美国和印度的涉及金融、保险、石油、海运和贸易等36家企业收归国有。1971年又将一批民族资本和一般外商拥有的货船，以及旅馆、商店、电影院及私人房产收归国有，1975年收回英资亚丁炼油厂。政府允许成立私人和国家合资的混合贸易公司，但一些必需品的出口只限于国有公司，政府将亚丁自由港改为自由贸易区，以开展经由亚丁港向附近国家的转口贸

① Tareq Y. Ismale，Jacqueline S. Ismael，*The People's Democratic Republic of Yemen：Politics Economics and Society*，Frances Ointer（Publishers），London Lynne Rienner Publishers Inc. Boulder，1986，p.80.

易为主，从而确立了国家在经济生活中的主导地位。1969 年法律（以及 1971 年规定的银行体系法和 1972 年规定的对外贸易组织法）规定，也门国家银行由八家银行的国有化和合并形成（其中 7 个为外商投资）。保险公司同样是 12 个国有保险公司合并组建，国家对外贸易公司、也门国家石油公司由 5 个国有贸易公司和 5 个国有石油配送公司组成。国家对农、牧、渔业产品实行统购统销，禁止私人交易。自 1971 年起，政府开始实施国家发展计划，分别有三年发展计划（1971—1974 年）、第一个五年计划（1974—1979 年）和第二个五年计划（1981—1986 年）。

2. 农业方面

第一，实施土地改革。独立之初，国家 80% 的肥沃土地掌握在苏丹、部落酋长等地方权贵手中，农业生产落后。1954 年全国可耕地有 582747 公顷，而实际上只有约 4721 公顷耕地用于耕种，粮食不能实现自给自足。[①]1963 年沙比政府颁布的农业改革法规定：常年灌溉的土地可占有 25 费丹[②]，雨季灌溉的土地可占有 50 费丹。1970 年 11 月 5 日，南也门政府颁布了土地改革修正法案。根据法案，将原保护国权贵、苏丹、埃米尔和部落酋长的土地收归国有，并重新分配给贫困农民和来自城市和沙漠地带的移民；将农业灌溉和供水设施收归国有；将常年灌溉的土地个人拥有量最高限额改为 20 费丹，雨季灌溉的土地可占有 40 费丹；建立农业合作社，并把通过土地改革强制没收的土地分配给合作社的所有成员。此外，根据法案第三十一条，按照社会主义国家模式建立国营农场，鼓励农民和合作社进行集体劳动。最后建立了监督和推动整个土地改革进程的国家农业公司与农业合作和土地改革理事会。到 1973 年，全国有 124319 费丹（将近国家的耕地面积的一半）的土地被重新分配给 25778 个无地或少地的农民。

第二，农业结构调整。独立前南也门农业结构单一，随着土地改革的推进和 1972 年合作社法案的颁布，出现了三种农业类型：①农业合作社，分为

① Tareq Y. Ismale，Jacqueline S. Ismael，*The People's Democratic Republic of Yemen*：*Politics Economics and Society*，Frances Ointer（Publishers），London Lynne Rienner Publishers Inc. Boulder，1986，p.79.

② 埃及表示面积的单位，1 费丹等于 0.42 公顷。

初级、中级、高级三个阶段。到 1980 年南也门共有 44 个合作农场，占全国约 70% 的耕地。大多处于初级和中级阶段，即独立或者半合作的生产方式。②国营农场。1978 年全国有 35 个国营农场，占有全国 10% 的可耕地，大概有 3000 农场劳动者，他们与国家其他部门的职员一样享受工资和福利，并且拥有额外分红。③自由小农。多集中在偏远地区，这部分占有全国 20% 的耕地。除了农业领域，社会服务、畜牧业和渔业合作社都相继建立，1977 年有 7500 名渔民被组织进入 12 个合作社中，占渔业部门的三分之二。1977 年南也门的农业构成情况见表 1。

表 1　1977 年南也门的农业构成情况

项目	面积（公顷）		人口（人）	
	总数	实际使用	总人口	劳动力人口
国营农场	11900	7300	20000	4000
农业生产合作社	88600	40400	189000	36300
私人农场	9300	1600	7500	2500
游牧业	—	—	180000	36000
农业服务合作社	—	—	80000	16000
机器租赁站	—	—	5500	1100
渔业合作社	—	—	37500	7500
总数	109800	49300	519500	103400

资料来源：Tareq Y. Ismale，Jacqueline S. Ismael，*The People's Democratic Republic of Yemen：Politics Economics and Society*，Frances Ointer（Publishers），London Lynne Rienner Publishers Inc. Boulder，1986，p87.

第三，国家对农业的扶持措施。南也门有三分之二的人口从事农业生产，可耕地约 23 万公顷，不足全国陆地面积的 10%。针对严重的降水问题，政府约 60% 的农业投资用于水利灌溉项目，包括建设阿比扬大坝，并在全国其他地方建设的众多小坝，修建新灌溉渠。1972—1977 年，平均每年钻探 92 个新地下水，灌溉土地面积从 1974—1976 年的 53000 公顷上升到 1981 年的 70000 公顷。政府在农业机械化和化肥、农药等方面也投入了大量资金。1982 年，南也门每1000公顷的耕地平均投入6台拖拉机和大约11000千克化肥，而与之相比的是在北也门只能投入1台拖拉机和5000千克化肥。[①]国家政策和资金支持使得南也门农业产量稳步增长，但受土地贫瘠和人口快速增长影响，粮食年产量仅占国内需求的30%。南也门仍需要大量进口粮食。

3. 工业领域

南也门工业涉及轻工业、水电工业、矿物石油工业和建筑业。前两个由工业部管辖，第三个自1969年起由石油矿产局及其子公司（也门国家石油公司和亚丁炼油厂）管理，自1985年2月由拥有内阁权力的矿产和能源部管理。轻工业、水电工业、矿物石油工业占国内生产总值的10%（1981年），建设业占16%。

第一，政府支持民族工业，加大对工业投资力度。降低对外依赖，发展独立的民族工业是南也门政府经济建设的首要目标。政府加大对工业投资，从1971—1974年的420万第纳尔增加到1981年的1476万第纳尔。同时，以轻工业和机械制造业为代表的民族工业增长迅速。1967年，饮料厂、船舶修理厂、金枪鱼加工厂，包括亚丁炼油厂和几个小轧花机厂是国家主要的工业生产企业。20世纪80年代在国家投资政策的刺激下，南也门拥有52个公有、合营、混合和私人轻工业公司，包括纺织、皮革加工、化工、建筑材料、机械设备、电器制造和食品加工，1983年工业产值约占国内生产总值的21%。第二，20世纪70年代中期，政府放宽对移民的限制后，1976年有12.5万名工人在海湾国家打工，侨汇在国民经济中发挥了重要作用，到第一个五年计划末，地方总收入近50%来自侨汇，侨汇成为弥补贸易赤字的手段。第三，石油工业的缓慢发展。在未发现石油之前，盐和石灰石是南也门仅有的可利用矿物资源。由于缺少重大采矿活动，矿产部以亚丁炼油厂的经营为主，

① Tareq Y. Ismale，Jacqueline S. Ismael，*The People's Democratic Republic of Yemen：Politics Economics and Society*，Frances Ointer（Publishers），London Lynne Rienner Publishers Inc. Boulder，1986，p.94.

1977年有员工1800人，占工业总产值的9%。[①]政府与苏联、捷克等国签订勘探新矿产资源的协定，20世纪80年代苏联在夏卜瓦发现了具有商业开采价值的油田，石油储量为5亿吨，至此结束了南也门无油的历史。苏联还帮助铺设了从油田到亚丁湾的输油管道。管道长约200公里，日喷油能力为50万桶。1989年南也门开始向国外输出石油。南也门工业一直在以平均每年12.1%的速度增长，占国内生产总值的26%（1981年）。与之相关的服务业也稳步扩展，占国内生产总值的61%，其中贸易、酒店、餐厅占17%；运输、存储、通信占13%；金融、保险、房地产占4%；企业和个人服务占1%；政府服务占26%。[②]

4. 交通运输与通信业的发展

独立之初，南也门国家道路的总长度不超过470公里，其中城市之外地区只有22公里，仅有亚丁提供电话服务。运输和通信基础设施的缺乏阻碍了经济发展，为地区交流带来了严峻的挑战。在最初的三年发展计划期间，政府将总开支的37.9%（约950万第纳尔）用于交通建设，到第二个五年计划期间这项投资已高达1176万第纳尔。碎石路面从1969年的470公里增加至1980年的1781公里。亚丁、塔伊兹、穆卡拉和哈达拉毛之间的新公路铺设完成。随着道路的改善，运输业随之兴起，1980年南也门登记的汽车数量为32800台，高于1978年的24500台。[③]亚丁国际机场发展起来，港口建设也在进行。在通信方面，20世纪80年代全国大概有150000个收音机和31000个电视接收器。1978年3月，英国在亚丁拥有的有线电视和无线电台国际有线通信由也门电信公司（YTC）控制。

---

① Tareq Y. Ismale，Jacqueline S. Ismael，*The People's Democratic Republic of Yemen：Politics Economics and Society*，Frances Ointer（Publishers），London Lynne Rienner Publishers Inc. Boulder，1986，p.101.

② Tareq Y. Ismale，Jacqueline S. Ismael，*The People's Democratic Republic of Yemen：Politics Economics and Society*，Frances Ointer（Publishers），London Lynne Rienner Publishers Inc. Boulder，1986，p.96.

③ Tareq Y. Ismale，Jacqueline S. Ismael，*The People's Democratic Republic of Yemen：Politics Economics and Society*，Frances Ointer（Publishers），London Lynne Rienner Publishers Inc. Boulder，1986，p.104.

（四）社会政策领域

1. 教育方面

与英国在南也门推行的为加强殖民地统治服务的教育政策不同，独立后南也门政府认为教育是实现国家经济、社会进步的重要方面。政府重视改建和创办新型学校，努力消除旧的殖民主义和传统宗教教育的影响，全面构建现代教育体系。第一，政府实行义务教育和免费教育，增加教育投入。教育支出从 1969 年占国家预算的 2.3% 增加至 1980 的 18.5%。[①] 第二，建立现代教育结构。小学到高中实行八年制义务教育，是每个公民基本的权利；中级教育包含准备进入大学的学科教育（四年制）、职业技术学校（两年制）、师资和卫生学校（四年制），以及农、渔业，技能学校（二到四年制）；高等教育（四到五年制）方面，1975 年创办亚丁大学，设有教育、农业、医学、经济、文学等学院，到 1981 年已有在校生 3400 人。第三，为了给失去读书机会的成年人提供学习机会，在全国各地开办扫盲中心 446 所，约有 4 万名成年人参加学习。据统计，1983 年 1 月南也门文盲人数占总人口的 40%，成为第三世界国家识字率最高的国家之一。

2. 卫生医疗方面

20 世纪 50 年代中期，整个保护地[②] 仅有 14 名医生，疟疾、肺病、寄生虫等疾病流行，政府积极争取友好国家和国际组织援助，修建医院、卫生中心和农村医疗站，邀请外国医生及医疗队来也门参加医疗和卫生防疫工作，并努力为培养自己的医生创造条件。亚丁大学创办医学院。到 20 世纪 80 年代，南也门初步形成了以亚丁等几个大城市为中心的医疗卫生网。1971 年南也门已有医生 145 名，病床 1728 张，到 1978 年医生人数增加到 233 人，病床 2652 张。[③] 国家实行免费医疗制度，使民众看病就医得到保障。

---

① B. R. Pridham，*Contemporary Yemen：Politics and Historical Background*，University of Exeter，1984，p.113.

② 1869—1882 年，英国与南部 30 多个酋长领地签订各种保护条约，先后控制了亚丁周围的 30 多个部落，并依此建立了“亚丁保护地”。

③ 郭宝华：《中东国家通史 · 也门卷》，商务印书馆 2004 年版，第 269 页。

（五）社会结构的分化和整合

南也门建立后奉行民族社会主义原则，构建社会主义国家政治制度，实行大规模国有化政策和土地改革，对当地传统社会结构冲击巨大。原有的苏丹、埃米尔和部落酋长的大土地所有制消失，旧有社会秩序的瓦解使社会处于剧烈的分化和整合之中。具体表现在以下几个方面。

1. 人口增长和城乡隔阂

随着国家经济发展和医疗卫生事业的进步，婴儿出生率从 1960 年的 36% 上升到 45.5%，儿童死亡率从 59.4% 下降到 29.3%。[①] 国家人口增长加快，1973 年全国总人口约 742 万人，1985 年增加到 1104 万人，1985 年人口增长率为 3.8%。伴随着人口增加，城市化进程加快，1983 年有近 37% 的人口生活在城市中，并保持着 3.5% 的年增长率。独立前较为繁荣的亚丁港的人口从 1955 年的 13.8 万人增长到 1985 年的 35 万人。穆卡拉人口达到 8 万人。还有一些较小城镇分布在沿海地区和哈达拉毛河谷附近。城市发展导致亚丁地区居民将对农村居民的轻视，发展为对整个贝都因人的歧视。当时贝都因人约占南也门人口的 10%，[②] 多在偏远地区以游牧为生，孤立于主流经济和文化之外。

2. 社会流动性增强

独立前的南也门地区，英国殖民统治更多地改变了亚丁等沿海地区的社会关系，而内陆地区仍保持着传统的以部落为核心的社会关系。农村地区部落酋长掌握权力，他们虽然通过选举产生但都出自传统统治家族。部落内部存在严格的等级划分，成员根据社会地位高低不同，所拥有的土地和从事的职业完全不同。通常农民和工匠的地位要高于理发师、屠夫等职业，最底层的是奴隶。城镇中的管理者多由赛义德担任，聚集的居住街区一般按照家族

① Tareq Y. Ismale，Jacqueline S. Ismael，*The People's Democratic Republic of Yemen：Politics Economics and Society*，Frances Ointer（Publishers），London Lynne Rienner Publishers Inc. Boulder，1986，p.118.

② Tareq Y. Ismale，Jacqueline S. Ismael，*The People's Democratic Republic of Yemen：Politics Economics and Society*，Frances Ointer（Publishers），London Lynne Rienner Publishers Inc. Boulder，1986，p.128.

和社会地位划分。传统社会关系等级分明，职业单一，社会流动性有限。随着南也门社会在政治、经济等领域的重新整合，以前农村地区多以务农为生的人们的谋生方式日益多样化，1981 年 45% 的劳动力在农业领域，而工业和服务业分别吸纳了 15% 和 40% 的劳动力。20 世纪 70—80 年代南也门海外打工人数在 6 万 ~7.5 万人；部落成员从事以前被认为是低等职业的商业贸易、交通运输、餐馆和旅馆等工作。传统社会关系受到削弱，社会流动性明显增强。南也门政府致力于消除失业和贫富差距，保证最低工资，将收入差距从 1967 年的 1 ∶ 11 缩小到 20 世纪 80 年代的 1 ∶ 3.5。

综上所述，北、南也门共和国时期的社会整合赋予了也门现代民族国家实质性的内容：民众对国家的政治认同初步建立；现代政治结构、制度、法律的相继建立和完善以及行政资源的整合和集中，使国家实现对其主权范围内的领土实施统一的行政控制；无论是社会主义发展战略与国有化模式，还是国家主导下的现代市场经济模式的初建，南、北也门政府都积极发展民族经济，努力提高经济发展速度，一定程度上改善了也门民众的生活水平。这一时期的社会整合尽管构成了也门推进现代化建设、民族国家构建的重要内容，但也存在一些不容忽视的问题。

第一，军人主政和民主运行的虚化造成国家权力整合失范。

北也门共和国政治系统内部权力配置出现结构性失衡，分权制衡的原则没有真正贯彻执行。如北也门共和国建立后曾多次颁布宪法，最初仿照埃及版本，影响较大的是哈姆迪时期颁布的 1974 年宪法，效仿美国制度，宪法确立了实施总统制、多党制并建立以自由民主制为核心的国家制度，从而奠定北也门政治体制的基础。但自哈姆迪以武装部队副总司令身份发动政变推翻埃利亚尼政府上台执政开始，军方势力取代了民选政府。此后继任的加什米和萨利赫总统都是军人出身，军队及军队统帅始终是现代也门政治生活中的重要力量。自哈姆迪政府开始，个人专权统治取代原有的协商执政，并逐渐成为北也门政治的核心。

南也门民主人民共和国政府确立了民族社会主义执政原则后，宪法规定国家代表工人、农民、知识分子、小资产阶级等所有劳动者的利益，但领导集团内部派别斗争激烈，政变频繁。从 1969 年的“纠偏运动”、1978 年阿里·纳赛尔·穆罕默德武装政变，到1986年"1·13"事件也门社会党内强硬派和温和派流血冲突，一系列暴力事件不仅使大批政治精英死于非命，而且产生了以暴力方式解决政治争端的不良影响。

北、南也门立国之初都表示要扩大民众的政治参与度，听取民意、发展民主，而实际情况是国家合法性获得承认，但绝大多数民众的忠诚和认同都停留在地方而不是国家层面，并且民众的政治参与度相当有限。

第二，传统势力与国家政治合法性构建的困境。

政治合法性主要是政治权力主体和客体相互作用的结果，有效性、规范性和正当性是政治合法性的三个重要基础。国家政治合法性的获得，不仅意味着政治统治在法律上被允许，还意味着国民对国家制度认同的建立。① 在从伊斯兰政教合一的传统伊玛目政治制度向现代政治制度转型过程中，北、南也门政府不可避免地面临着清除传统统治的合法性，构建全新的政治合法性的艰巨任务。传统主义与现代主义之争、部落势力对国家政治生活的干预，以及伊斯兰教与政治关系互动等问题，使北、南也门政府始终面临着政治合法性构建的困境。北也门政府在构建政治合法性方面常常会依靠领导人的个人魅力：埃利亚尼曾被认为是实现民族和解的关键人物；哈姆迪能打败政治对手，提升中央政府权威是来源于其非凡的领导能力；萨利赫成功依靠个人能力建立威权统治，这些都体现出了这种特点。相比之下，南也门则更强调通过执政党的意识形态建设确立国家合法性。从民族解放阵线最初作为民族主义的化身，领导南也门推翻英国殖民统治实现国家独立，到确立"社会主义"的国家发展道路，南也门的政治合法性具有强烈的意识形态色彩。总之，北、南也门面对的政治合法性困境将持续到也门统一后，并持续影响着也门现代民族国家构建。

---

① 郑已东：《埃及社会转型期的政治合法性研究》，博士学位论文，上海外国语大学，2014年，第30页。

第四节　也门统一后的社会整合（1990—2012 年）

1990 年 5 月 22 日，南、北也门经过漫长艰难的谈判实现统一，也门共和国（Republic of Yemen，YE）成立，确认北也门首都萨那为统一国家的政治首都，南也门首都亚丁为统一国家的经济首都。萨利赫总统表示，“新国家永远取消了分裂时建立的想象中的边界线，现在这个国家进入了一个新时代”[①]。北、南也门实现统一，结束了长达 300 多年的分离历史，标志着也门现代民族国家构建取得重大进展。尽管由于政治权力和经济权益之争导致 1994 年夏季内战爆发，但内战结束后也门一直保持着统一的国家形态。这一时期最重要的特征是萨利赫威权统治的逐步确立和走向崩溃。1978 年，36 岁的萨利赫临危受命成为北也门总统兼武装部队总司令。1990 年后，萨利赫担任统一的也门国家总统直至 2011 年底。萨利赫时代持续 34 年，他一直保持着也门政坛第一人的地位。面对国内强大的各派势力，萨利赫曾形象地说，统治也门的最大感受就是“在蛇头上跳舞”[②]。萨利赫时代使也门进入全面社会整合时期，这一时期也是也门民族国家获得发展并走向解构与重构的重要阶段。

一、统一后也门共和国威权主义政体的确立

西方政治学界通常将世界各国的政体归结为三种纯粹类型：民主政体（democracy）、威权政体（authoritarism）和极权政体（totalitarianism），这一分类成了大多数西方学者研究后发国家政治现代化的主导型框架。[③] 国内学者将

① 郭宝华：《中东国家通史 · 也门卷》，商务印书馆 2004 年版，第 292 页。

② Victoria Clark，*Yemen：Dancing on the Heads of Snakes*，Yale University Press，2010，p.2.

③ 孙关宏、胡雨春：《政治学概论》，复旦大学出版社 2009 年版，第 103 页。

中东、拉美等地区 20 世纪 50、60 年代独立国家的政体称为“新威权主义”①。本研究中提到威权主义政体，是指统治权力高度集中和社会成员政治参与明显缺乏的一种统治方式。其内涵是在民主的外壳下，以既包含民主成分又包含集权强制成分的威权手段，来取得政权和治理国家的一种政治形式。②也门威权主义政治产生于国家独立后的发展过程中，并且逐渐形成了具有鲜明特征的个人威权主义政治模式。1978 年萨利赫成为北也门共和国总统后，利用部落势力平衡国内各种政治力量，起用技术官僚掌管中央和地方的重要部门。1982 年成立的全国人民大会党逐渐演化成北也门唯一合法的执政党。国家统一实施短暂的政治民主化之后，萨利赫借助内战的胜利排斥也门社会党，逐步确立了具有威权主义色彩的总统共和制的政治体制。萨利赫总统采取政党政治名义下的个人长期专制，国家对社会的渗透力和控制力明显提高。这种政治权威源自 20 世纪 60 年代也门兴起的阿拉伯民族主义和国家民族主义思潮，还包括也门国家统一后与日俱增的萨利赫总统的人格魅力和实现国家稳定和统一的政治功绩，借助其家族、部落对军队和政党的控制实现。

因此，也门统一后的社会整合主要表现为威权政体下的政治、经济和社会整合。

二、威权政体下的政治结构及其特征

也门在政治领域中经历了统一初期推行政治民主化改革，到 1994 年内战结束后萨利赫威权统治逐步确立的整合过程。

（一）“宪政”道路下，萨利赫威权统治的逐步确立

北、南也门独立后，尽管政治制度各异，但都坚持走“宪政”道路。“宪政”最基本的要求和含义是按照宪法治国，本质上是对国家权力的限制。尽

---

① 详见王林聪：《中东国家民主化问题研究》，中国社会科学出版社 2007 版，第 261 页；王泰：《当代埃及的威权主义与政治民主化问题研究：文明交往视角下国家、社会与政治伊斯兰的历史嬗变》，博士学位论文，西北大学，2008 年，第 6 页；李意：《中东国家政治转型期的不稳定因素分析》，《现代国际关系》2011 年第 7 期；陈务：《新权威主义政权的民主转型》，上海人民出版社 2006 年版，第 42 页。

② 徐茜萍：《威权政体下埃及 2011 年政局动荡分析》，硕士学位论文，西南交通大学，2012 年，第 8 页。

管现实中远未达到“宪政”要求，但 1936 年到 2000 年，也门有关宪法的文件有 40 多个，包括北、南也门独立后的宪法、宪法修正案、国民宪章和宪政公告等。在哈姆迪、加什米和萨利赫三代总统的领导下，北也门逐渐构建了具有自己特色的宪政体制并在萨利赫时期维持了政局的稳定。

1990 年 5 月 21 日，北、南也门议会通过了统一宪法草案。1991 年 5 月 26 日，全民公决通过了统一后的第一部宪法。1993 年 4 月成功进行了统一后第一次议会选举，这是传统部落社会民主化进程的一次伟大尝试，也是阿拉伯半岛上举行的首次多党参加的宪政自由选举，最终由全国人民大会党、也门社会党和伊斯兰改革集团[①]三党组成联合政府。1994 年夏季内战结束后，由全国人民大会党和也门伊斯兰改革集团实行两党联合执政，通过修改宪法、制定新的政党法和选举法对政治民主化改革进行了政策调整，即 1994 年议会通过的宪法修正案，不仅对过渡期结束后的国家政治制度做了详尽规定，而且迈出了威权统治的第一步，即以总统制取代了具有集体领导性质的总统委员会制，总统由议会投票选举产生。1995 年 6 月，萨利赫当选为全国人民大会党主席。1999 年 9 月 25 日，萨利赫在也门举行的首次总统直接选举中，以 96.2% 的得票率再次当选总统，至此在“宪政”旗号下，萨利赫个人威权统治得以确立。2001 年宪法修正案将总统任期从 5 年延长为 7 年，并赋予总统解散议会的权力。2006 年萨利赫在全国大选后再次蝉联总统，任期 7 年。2011 年 1 月 1 日，全国人民大会党推动议会又通过了一项宪法修正案，取消总统只能担任 2 个任期、每个任期 7 年的条款，将总统任期改为 5 年，总统有权提名自己无限期连任，这使得萨利赫有可能成为终身总统，结果引发席卷全国的反政府示威和骚乱，最终萨利赫黯然下台。

（二）威权政体的结构

1994 年的宪法修正案被认为是实际意义上也门的第一部宪法，宪法规定了也门共和国具有阿拉伯和伊斯兰属性；实行民主共和制政体，也门人民是

① 伊斯兰改革集团属于也门主流的较为温和的伊斯兰政党，源自穆斯林兄弟会在也门的早期活动，在 1990 年正式成立。伴随着也门政党政治的发展，20 世纪 90 年代以来，伊斯兰改革集团选择在组建联合政府、改革集团的理念中接纳了民主观念，通过选举的合法方式参与政治和影响政府决策，推动也门政治民主化进程。

权力的来源和主体；伊斯兰教法为立法的源泉，奠定了民主议会政体的基础。当代也门政治体制的基本权力架构，主要包括国家立法机构、行政机构、司法机构，还包括政党、各地方（省级）政府和大量民间社会机构。其中立法机构、行政机构、司法机构是国家政治体制的核心。

1. 立法机构

议会是国家立法机构。根据北、南也门达成的《萨那协议》，统一后过渡期的国家议会由南北方议会全体成员及总统委员会任命的 31 名代表组成。除了选举总统委员会和修改宪法，过渡期的国家议会享有宪法赋予的一切权力。1993 年统一后第一次议会选举中，最高选举委员会将全国划分为 301 个选区，每个选区选举一名议会议员，即整个国家议会有 301 席，全国人民大会党获得议席最多（123 个），但未超过半数，最终组成三党联合政府，原也门社会党人亚辛担任的议长职位被伊斯兰改革集团总书记艾哈迈尔取代。1995 年 8 月，为了消除内战影响，议会颁布了新的政党组织法，规定实行多党制，但对政党条件进行了严格限制。1996 年 8 月颁布了新选举法，对议员候选人的条件做出了两点修改：一是将候选人应遵守宗教礼仪改为应履行宗教义务；二是以政党名义参加竞选的人员须得到本党最高领导人的批准。1997 年议会选举后，萨利赫领导的全国人民大会党实现独立组织政府，伊斯兰改革集团领袖艾哈迈尔为议长，此时议会的作用大大低于政府的作用，全国人民大会党控制着议会。1997 年 5 月 19 日，萨利赫总统颁布总统令，在北也门 1979 年成立的协商会议的基础上宣布成立也门协商会议，并任命了 59 名委员。协商议会作为总统的自我委任机构与议会联席召开会议，共同商讨国家重大战略和政策，2001 年协商议会扩大为 111 人。2001 年 2 月 20 日，新宪法修正案创立一个两院制议会：协商议会（111 个议席，由总统任命）和全国人民议会（301 席，经选举选出）。全国人民大会党在也门政治格局中一党独大，同时确定了协商议会辅助总统职权的重要地位。

2. 行政机构

行政机构主要由国家元首（共和国总统）和政府（部长会议）两部分构成。其中总统大权独揽，领导行政机构。1994 年宪法修正案规定，共和国总统是国家最高首脑、武装部队最高统帅，负责制定国家总政策，监管政府执行政策、解散议会，有权任命政府成员和授予总理组阁权。总统通过公民直接选举和竞选产生，候选人须经 10% 以上议员推荐，议会推荐两名以上的总统候选人。自 1994 年 9 月过渡期结束，总统委员会取消。

1994 年宪法修正案规定，部长会议是国家最高行政机构，与总统共同拥有国家行政管理权。政府构成包括总理、副总理和各部部长，总理和部长集体向总统和议会负责。政府依法负责实施国家政治、经济、社会和文化及安全政策，制定内政外交政策，起草国家经济计划及负责具体的实施，起草法律草案和决议并将其提呈议会或总统批准，负责保护国家内外的安全和维护公民权利，依法指导、协调和检查政府部门，管理机构、公司、公私合营企业的活动。统一以来，五届政府总理都由南方人担任，自 1998 年 5 月加尼姆总理因政见分歧辞职后这一惯例被打破。此后五届政府多由高学历的文官构成。加利福尼亚大学卡姆拉瓦教授将也门威权主义统治方式定义为文官政权类型。①

3. 司法机构

1994 年宪法修正案规定，司法权具有完全独立性，司法机构的财政和行政系统保持独立。各级法官依法独立行使司法权，任何机构不得干预司法判决结果和具体事务。统一后也门的司法法律以国家根本大法——宪法为基础，包括刑法和民法，还包括有关行使司法权的司法权法和有关执法机构及其职责的相关法律。值得注意的是，由于宪法中明确伊斯兰教法是立法源泉，也门刑法和民法主要遵循沙里亚法的原则，并以其为法律依据。也门司法机构由最高司法委员会、最高法院、上诉法院和初等法院构成。1991 年 7 月，总统委员会宣布成立最高司法委员会，由 1 名主席和 9 名委员组成，主席由总统委员会主席担任。

4. 地方政府管理

根据宪法规定，地方行政区域分为首都、省、区，地方行政区域的长官是首都的市长、各省的省长、各区的区长。地方行政长官对总统和政府负责，

---

① Mehran Kamrava，*The Modern Middle East：A Political History Since the First World War*，Berkeley and Los Angeles：University of California Press，2005，p.284.

由中央政府的地方管理部直接管理，地方行政长官执行中央政府的所有政策，负责管理所辖地区的行政事务。根据宪法规定的行政和财政分权原则，地方行政和财政具有相对独立性。也门分别在1991年和2000年颁布了两部地方行政法，对地方行政事务做了明确规定。地方政府由地方行政区域的首脑、地方会议（包括省议会和区议会）及在本行政区域的行政机构组成。也门行政区域规划除了首都萨那为直辖市，有20个省，332个县，2099个城镇，37598个乡和68215个村。[①]

（三）也门威权政体的特征

20世纪60年代以来，北、南也门都采取现代国家的宪政制度模式，实行总统共和政体，但具体实践层面实行的仍是总统集权专制和一党制。如北也门共和国时期通过不断地颁布宪法确立民主共和制原则，然而自哈姆迪总统遇刺身亡，具有军队背景的加什米和萨利赫相继执政后，其宪政逐渐被个人威权统治取代。也门统一初期迎来了政治民主化改革浪潮，尽管萨利赫总统声称将不断推行政治民主化，扩大国内民主基础，但事实上萨利赫主政的也门已经成为一个“有宪政而无民主”的国家。

1. 总统大权独揽，政府权力有限

也门统一后，特别是1997年议会选举全国人民大会党独立组织政府后，萨利赫总统个人大权独揽，政府权力有限的特征日益明显。

第一，通过修改宪法加强总统权力。1994年宪法修正案以总统制取代了具有集体领导性质的总统委员会制，萨利赫逐步加强总统的权力：任命总理组织政府，解散议会等，将属于总统委员会的职权转归总统，进一步确立和加强了总统在国家政治生活中的主导地位和作用。根据宪法规定，国家副总统、总理、政府部长、军官和高级公务人员包括高级法官都由总统任命，共和国政府向总统个人负责。总统拥有绝对政治权力。1997年萨利赫获得也门最高军衔——“陆军元帅”称号。1999年萨利赫以执政党全国人民大会党的党魁身份参加也门统一后的第一次总统竞选，赢得96.2%的选票。2001年宪法修正案延长总统任期到7年。2011年萨利赫主导议会通过的宪法修正案将

① 杨建荣:《也门经济研究》，对外经济贸易大学出版社2011年版，第5页。

总统任期从 7 年减至 5 年，但可无限期连任，同时组建具有立法权的顾问委员会，其 111 名成员都由总统任命，意味着总统终身合法化获得法律保障。

第二，以家族政治垄断权力。萨利赫将国家权力高度集中在自己和家人手中，萨利赫家族成员担任也门政府高层、军队指挥官，掌控着垄断企业。其中国家最精锐的特种部队和国民卫队掌握在萨利赫长子手中，而关系国家情报机密的国家安全委员会主席职位则由萨利赫侄子控制。

第三，总统对议会的控制。1993 年、1997 年和 2003 年议会选举结果中，全国人民大会党分别在 301 个议会席位中占 123 个、188 个和 238 个。1997 年以后，议会席位中的 75% 以上都被全国人民大会党把持，他们控制着绝大多数的行政部门。全国人民大会党的垄断地位使其作为执政党严格地控制和操纵着国家机构，导致议会的作用大大低于总统的作用，全国人民大会党控制着议会的表决机器，不会对全国人民大会党政策的出台和实施构成障碍。

2. 全国人民大会党一党独大，有限参与的政党政治

萨利赫执政后相当长的时间内禁止政党活动，认为政党是社会动乱的根源，主张既不要一党专制，也不要多党制。也门统一之初推行政治民主化和自由化改革，开放党禁，短时间内就出现了 40 多个新党派和组织。除了原北、南方执政党全国人民大会党和也门社会党，最引人注目的是伊斯兰改革集团。其他政党还包括：阿拉伯民族主义政党、纳赛尔主义统一组织、阿拉伯社会复兴党、建立在宰德派教义基础上的真理党、以部落为基础的也门人民力量联盟、宪政民主性质的自由人宪政党、也门统一集团和人民力量联盟等。尽管政府宣称推行政治民主化措施，但也门的民主化进程仍然是某种进步与限制的混合体。进步体现在增加政党的数量、司法部门参与限制国家权利、扩大言论与出版自由等；限制则体现在对选举过程的干涉、阻止反对派的活动、执政党的绝对统治以及事实上成为一党制国家等。国家政治民主化程度体现在议会选举的过程和结果中，从也门进行的三次议会选举的结果看（见表 2），反对党在与执政党全国人民大会党的竞争中屡屡失败，执政党一直控制着议会的绝大多数席位。

表 2　也门议会选举结果（单位：票）

政党	1993 年	1997 年	2003 年
全国人民大会党	123	188	238
伊斯兰改革集团	62	53	46
也门社会党	56	抵制选举	8
独立候选人	48	55	4
阿拉伯社会复兴党	7	2	2
真理党	2	0	0
纳赛尔主义统一组织	3	3	3
总数（包括其他党）	301	301	301

资料来源：Sheila Carapico，*Civil Society in Yemen：The Political Economy of Activism in Modern Arabia*，Cambridge University Press，1998，p.149.

全国人民大会党的压倒性胜利得益于以下几方面：

第一，萨利赫政府严格限制政党政治参与。1995 年颁布的《政党组织法》中规定：政党组织的各级机构均应设在国内，其在全国多数省份内的成员不得少于 2500 人，各党应坚持国家统一和拥护宪法，坚持也门人民的信仰和民族传统。该法还要求所有政党组织向政党事务委员会递交登记申请材料，经批准后才能成为合法政党。1997 年议会选举前夕，也门近 50 个政党中只有 15 个获得合法地位，新政党法在一定程度上限制了反对党的建立和发展，创造了有利于全国人民大会党而不利于其他政党的竞选规则和政治环境。

第二，以萨利赫总统为领袖的全国人民大会党地位源于其对国家资源的垄断，并凭借手中权力为其候选人提供财力和宣传方面的便利。如在 2006 年总统选举和地方议会选举中，总统身边的人士估计政府花费在竞选上的费用是 600 亿里亚尔，接近 3370 万美元。总统顾问表示总统和地方选举的成功在于政党与国家的融合。他说："诚实地说，全国人民大会党不是一个真正的政治党派，而是国家，两者是如此紧密地缠绕在一起，以至于很难清晰地区分两者。”[①] 在 2006 年选举中，萨利赫充分利用国家机器保证获得胜利，包括：在选举前一天给所有国家公务员发了一个月的奖金；给所有教师和大学教授暗示如何投票；让军人穿着便装参与支持总统的集会以增加人数；让智囊部门暗中监察反对党派并散布谣言；向竞争激烈的地区如亚丁调动军队，以保证他们投票支持总统和全国人民大会党候选人。此外萨利赫还给主要反对党伊斯兰改革集团和也门社会党分别打上“支持恐怖势力”和“国家分裂主义”的标签。

第三，反对党自身力量有限。除了也门社会党和伊斯兰改革集团，其他党派大多规模小且组织能力弱。也门社会党自 1993 年成为在野党后，一直与执政党相抗衡，维护反对党权益。1995 年 8 月，也门社会党联合 7 个反对党组成反对党最高协调委员会（简称高协委）。高协委呼吁取消对政党活动的限制，禁止利用“叛国”“叛教”罪名打击反对党，修改选举法。但以也门社会党为核心的高协委在抵制选举问题上没能形成统一的决议，最终只有也门社会党、也门统一集团等 4 个政党组织宣布抵制选举。这反映出该组织的松散性，其成员多数实力不足，协调能力有限，难以与执政党抗争。2005 年以也门社会党和伊斯兰改革集团为核心组成联席会议党[②]（JMP），还包括纳赛尔主义统一组织和真理党等党派组织，联席会议党逐渐成为反对党的核心力量。作为也门最大的反对党，伊斯兰改革集团在联席会议党中并没有发挥团结各反对党派的核心作用，其摇摆不定的立场直接分化和削弱了反对派的力量。联席会议党内部各政党之间分歧严重、组织协调不力，限制了该组织对全国人民大会党大权独揽的制约作用。

三、威权政体下的国家经济发展

（一）也门统一后的经济发展概况

1994 年也门内战严重破坏了国家经济。内战结束后，政府制定了稳定社

① April Longley, “The High Water Mark of Islamist Politics? The Case of Yemen”, *Middle East Journal*, Vol.61, No.2, 2007, p.242.

② 联席会议党由五个反对党联合而成，分别是：伊斯兰改革集团、也门社会党、也门人民力量联盟、真理党和纳赛尔主义统一组织。

会和发展经济的政策措施。1995 年也门政府寻求国际货币基金组织的援助，通过贷款和实施经济改革计划以减少其沉重的债务负担。经济改革的第一个五年计划自 1995 年到 2000 年，亦被称为结构调整计划。措施包括：取消对石油和柴油外所有商品的价格补贴；外汇系统为浮动汇率系统；取消进出口许可证，改为简便的注册制；放开市场价格；开始国有企业私有化进程。经过改革，1995 年也门政府预算赤字占到国内生产总值的 5.2%，1999 年终止了赤字，实现了 1.6% 的盈余，2000 年的盈余达到 7.1%。[①] 经济的发展并没有使民众的基本福利得到显著改善。国际货币基金组织和世界银行的经济学家称，改革将更关注于制度建设和改善也门民众的困境。2001—2010 年，政府在国际组织和海湾国家的资金援助下分别实施了第二个和第三个五年计划。经过一系列经济改革计划，2002 年也门国内生产总值增长到 99.6 亿美元，人均产值达 548 美元。2003 年国内生产总值提高到 112 亿美元，比 2002 年增长 3.2%。1999 年开始，石油开采业成为也门国民经济的支柱产业和财政收入的主要来源，到 2003 年也门石油工业产值占到国家国内生产总值的 30% 左右。但是，改革并没有根本改变民众最为关心的失业和贫困问题。2010 年上半年，也门失业率高达 40%，全国一半人口的生活费用低于每天 2 美元。也门人民收入极低，贫困现象严重。据联合国粮农组织分析，也门 2300 万人的总人口中，约有 45.2% 仍生活在贫困线以下，25% 刚刚脱贫，约 900 万人只能满足基本温饱，具体也门贫困指数见表 3。

表 3　也门贫困指数

贫困线以下的家庭		45.2%
教育数据	男子文盲率	30%
	妇女文盲率	70%
卫生保健数据	医疗卫生率	55%
	平均寿命	63 岁
	婴儿死亡率（每 1000 个婴儿）	79.5%

① 杨建荣：《也门统一后的经济发展及面临的挑战》，《阿拉伯世界》2005 年第 5 期。

续表

贫困线以下的家庭		45.2%
人口数据	人口总数	2300 万人
	人口增长率	2.78%
	14 岁以下人口占比	43.9%
	家庭规模（平均数）	6.5 人
	农村地区家庭占比	69%
国内生产总值相关数据	人均国内生产总值	2500 美元

资料来源：Nora Ann Colton，“Yemen：A Collapsed Economy”，*Middle East Journal*，Vol.64，No.3，2010，p.419。

也门的通货膨胀率也一直居高不下。经济学家认为高通胀对穷人的影响尤甚，因为大多数穷人仅仅依靠固定的、极其微薄的收入生活，一旦通货膨胀，穷人的实际收入将严重缩水。高通货膨胀还影响汇率和货币的整体购买力。也门大部分消费品来源于国外市场。联合国将也门归为低收入缺粮国，其超过 75% 的小麦需要进口，食物在穷人的日常开支中占很大比重。2007 年也门的整体通胀率从 1994 年的 70% 降低到 12.5%，而同年食品价格则上涨 23.3%。2010 年 2 月，政府削减柴油和汽油补贴导致其价格上涨了 8%，同时里亚尔在 2010 年上半年贬值了 20%。也门人并没有从降低的通货膨胀中获益（通胀率从 2008 年 19% 降至 2009 年 3.6%），因为许多享受补贴的商品都是也门人的日常消费品，包括石油产品和面粉和小麦等基本食品，削减补贴和世界粮食价格上涨使这些消费品价格上涨。1998 年至 2005—2006 年间，里亚尔贬值 20%，导致市场上超过 1/3 的商品价格上涨 89%。可见，要想改变贫困问题，也门的经济改革计划只削减政府补贴是不够的，而应该认识到这一计划缺乏帮助穷人适应市场变化的机制。在政府层面削减开支对穷人没有任何帮助，贫民仍没有任何就业和受教育的机会，接受补贴的商品在取消补贴后，贫民反而更负担不起了。

经济学的库兹涅茨假说[①]认为，任何改革计划总是最初对穷人无益，但长远看会对他们有益。这一学说假设改革实施后不仅经济会增长，而且社会其他行业同样保持增长并创造就业岗位。但在也门，第二产业中保持缓慢发展的只有石油产业，其他产业的发展停滞不前。

（二）关于现代也门经济的几点思考

第一，20世纪70—90年代侨汇收入在也门国民经济中发挥着最重要的作用，普通民众的生活也因为侨汇收入充满希望。但以侨汇为基础的经济结构导致也门产业结构狭窄，服务业和第三产业兴盛，而最需要发展的工业由于劳动力不足和生产成本高昂，发展停滞不前。20世纪90年代末受海湾战争影响大批劳工回国后，极不发达的工业和落后的农业无法消化过剩的劳动力，也门经济陷入困境。同时，作为国民经济新支柱的石油产业牢牢掌握在总统萨利赫及其少数亲贵手中。侨汇收入改善了也门普通民众的基本生活条件，而巨额石油收入却只使得权贵阶层势力进一步扩张，加剧了贫富差距，困扰也门经济的贫困问题并没有得到妥善解决。

第二，1994年内战结束后，也门在国际组织的援助下开始经济改革，也门与提供援助的国际组织、海合会国家和西方国家之间的关系是典型的委托代理关系[②]。在也门经济发展中，国际机构和外国政府是委托方，也门政府是代理人。出于防止也门国内局势失控会给恐怖组织以可乘之机的考虑，国际组织、海合会国家和西方国家给也门政府提供大量经济援助，帮助其进行改革。委托方会监督也门政府是否利用援助资金稳定国内局势、促进经济发展、打击恐怖主义势力；而也门政府则希望以最少的政治代价和让步换取更多的资金援助，最终国际援助虽然取得了一定成效，但也门国内政治腐败以及经济基础薄弱、投资环境恶劣、民众生活贫困等问题仍然严峻。许多政

① 库兹涅茨假说又被称为“倒U曲线”，库兹涅茨在大量的统计分析经济数据的基础上提出关于经济变化与收入差距变化关系的“倒U曲线”假说，并阐释了各国经济增长的特点以及各种变量的变化趋势和相互关系，在经济增长研究领域作出了巨大的贡献。

② 迈克尔·詹森和威廉·梅克林把委托—代理关系定义为一种契约关系，在这种契约下，一个人或更多的人（即委托人）聘用另一人（即代理人）代表他们来履行某些服务，包括把若干决策权托付给代理人。

府官员和国际捐赠者都表示，也门的问题如此严重，以至于“真正的”规划仅能触及问题的表面。能否与国际社会积极合作，以减轻贫困为目的推动经济、政治改革，处理好经济与监管、公正和法律制度的问题，也门政府任重而道远。

第三，有效解决民生、政治民主和社会公正问题是实现经济健康发展的前提。面对严重的贫困问题，也门迫切需要能使穷人获益的经济发展计划。早在 1997 年，世界银行便发布报告评估在也门进行投资的可能性，并建议也门政府采取措施吸引国外投资。报告指出对国外投资者缺乏吸引力的主要原因是缺少统一、完备的法制规范。要想实现使民众获益的经济发展，也门必须严肃地对待司法制度中存在的腐败问题，而不是忙于制定法律条款。在集权政治下，市场这只看不见的手无法单独发挥作用，只有以有效的法规来实施真正的市场改革才能改变也门的经济困境。

20 世纪 90 年代早期，也门国内进行了一场重大且开放的政治讨论。然而，也门人常嘲讽政府并没有禁止卡特。只要也门人下午还聚在一起咀嚼卡特和抱怨，就不会有真正的改革发生。尽管这个论断过于武断，但这确实反映了也门人的感受，即民众的呼声对国家发生的事没有任何影响力。依靠国际货币基金组织、世界银行和国外政府等外部力量的帮助培育也门的民主，聆听民众的呼声并尽可能制定能给予其在 20 世纪 70—80 年代所享有的部分经济权利的计划保障穷人利益，才是也门经济发展的当务之急。基础设施必须建设和修缮，发展迄今为止不受重视的素质教育，提高农业中的渔业和基本作物的种植，以及最重要的是让也门民众受到法律规则的保护并且公平地分配资源。

现代也门经济历经从伊玛目叶海亚统治时期的缓慢发展转变为前往国外打工生活的发展时代。通过持续 15 年的经济改革计划，贫困问题仍触目惊心。2011 年“阿拉伯之春”蔓延至也门后，也门经济形势一片混乱，各派政治力量忙于争权夺利，对社会和民众生活的关注度急剧下降，也门经济处于崩溃边缘。

四、威权政体下暗流涌动的也门社会

萨利赫时期对政治、经济领域有力的整合行为，保持了也门国家政治稳定和经济的有限发展，但威权主义政体的合法性随着愈演愈烈的反对党派行动、地区叛乱、经济恶化而削弱，日益严重的地方主义、强大的部落势力使得也门社会仍具有碎裂化和脆弱性的特征。然而，威权政体下的社会整合对也门构建现代民族国家的推动作用也不可否认，主要表现在以下几个方面。

（一）也门国家城市化的快速发展和社会结构多元化

也门是阿拉伯半岛上人口最多（2010年约有2300万居民），但城市化率最低的国家。三分之一的也门人生活在城市中，而在1994年这一数字是四分之一。尽管也门仍是以农村人口为主的国家，但自20世纪70年代以来却是城市化发展较快的国家之一，到2010年国家城市化率达到32%。

2004年也门首都萨那的居民达到180万人以上，1994—2004年塔伊兹、荷台达的人口翻番，穆卡拉人口达到40万人。1990—2005年，也门城市的流动人口增长了229%，约有70%的城市居民生活在临时居住地和贫民窟中。[①] 城市中的商业活动以露天市场零售业为主，现代化的超市、购物中心和街头小贩满足不同消费群体的需求。当代也门较有代表性的大城市除了萨那，还有亚丁、穆卡拉、塔伊兹和荷台达。城市发展一方面显示出也门国内人口的持续增长，另一方面表明频繁的商业贸易活动促进了农村人口向城市的流动。

城市迅速发展，引起了几个世纪以来被城市精英垄断和部落社会置身城市之外主导的传统社会结构和城市生活的变革。这种变革表现在农村生活、城市结构和部落生活等各个方面。城市较低社会阶层中出现上千名店主和工匠——他们大多来自城市周围的乡村，还有大量部落成员源源不断地进入城市从事各类贸易活动。部落成员参与原本受到轻视的商业活动，使得传统部落居民与市场商人之间的保护人—委托人的关系解体。受城市生活吸引，许

① Roman Stadnicki，“The Challenges of Urban Transition in Yemen：Sana’a and Other Major Cities”，*Journal of Arabian Studies*，2014，p.120.

多部落酋长在城市中拥有别墅，与城市新贵（包括大商人、高级官员、政治权贵）生活在一起。当地传统与西方风格建筑的出现，不仅成为城市现代化的象征，也代表着“社会的多元化”[①]。尽管城市化的发展带来也门社会人口的流动、生活环境的改善和传统观念的现代化，但总体而言，也门存在城市规模有限、缺乏具有国际竞争力的大城市、政府对城市缺乏明确有序的规划、城市基础设施建设严重落后等问题。

（二）青年群体的崛起和活跃

随着经济和城市的发展，也门国内出生率、人口增长率持续处于高峰，青年人口数激增。2009 年也门人口增长率为 2.96%，远远高于世界均值的 1.24%；[②] 也门国内 15 岁及以下人口占总人口 60%，青年群体高达 70%。青年群体人数的增加为社会注入了催生变革的力量。他们强调政治参与和社会变革，憎恶权威和“老人政治”，崇尚自由和民主选举，有极强的政治动员潜力和能力。同时也门青年面临着严峻的民生问题，首要的是青年失业率居高不下。2014 年 12 月 4 日也门《革命报》报道，也门经济社会发展研究中心的一份调查显示，也门 30—64 岁年龄段劳动力的失业率高达 46.2%，在 15—64 岁年龄段劳动力中的失业率达 38.4%。[③] 也门国家内部社会结构性冲突凸显：公民年龄呈超年轻化趋势，而“强人政治”体制僵化、腐败，压制民众政治权利。2011 年，当突尼斯、埃及青年走上街头示威并成功使政权更迭后，也门青年也开始走上街头。在胡塞武装组织攻城略地的战斗中，青年始终是主力军。随着青年群体崛起和参政意识提高，以青年为主体的也门社会面临意识形态和核心价值观的重塑。

1990 年也门实现国家统一是其现代民族国家构建道路中的里程碑，国家统一后，也门在政治民主化的道路上蹒跚前进。现代也门逐步确立了具有威

---

① Roman Stadnicki，“The Challenges of Urban Transition in Yemen：Sana’a and Other Major Cities”，*Journal of Arabian Studies*，2014，p.131.

② 《人口增长（年度百分比）–Yemen，Rep.》，见 https：//data.worldbank.org/indicator/SP.POP.GROW？locations=YE。

③ 驻亚丁总领馆经商室，《也门青年失业率高达 46.2%》，2014 年 12 月 7 日，见 https：//china.huanqiu.com/article/9CaKrnJFWrD。

权主义色彩的党政合一的总统共和制政治体制。萨利赫威权主义政治体制的确立，保持了也门政局的稳定，并且在也门当代政治发展中建立了一个最基本、最重要的民主机制，即在其压制性结构的内部留下了以多党政治为基础的议会选举制度。尽管全国人民大会党大权独揽，但毕竟出现了强大的反对派政党和组织，并通过议会选举表达自己的政治诉求。进入 21 世纪，萨利赫政府主导的也门民主化进程缓慢而保守，打击反对派、无视民众诉求、家族统治等现象导致也门政治陷入贪腐失效的泥潭。2011 年，萨利赫在民众反政府游行示威运动的冲击中黯然下台，标志着以萨利赫个人威权主义为特征的也门现代民族国家构建道路的失败，也门面临着新的国家重建。

第五节　也门社会整合的特征及对现代民族国家构建的思考

20 世纪初的也门社会整合涉及政治、经济、社会和文化四大子系统，随着社会整合的深入开展，国家的权威和治理能力得以扩大。相比于宗教、教派、部落等传统势力，国家的地位得到大幅度提高，基本完成了“国家政治结构、制度、法律的建设，包括行政资源的整合和集中”①。尽管“后萨利赫时代”的也门陷入多方政治势力的博弈，意味着也门并没有“创造出维持政治共同体所必需的凝聚力”②，但贯穿整个 20 世纪的社会整合仍取得了比较突出的成就。

一、也门社会整合的特征

1. 政治整合占主导地位

“政治整合就是占优势地位的政治主体，将不同的社会和政治力量，有机

① 王建娥：《族际政治：20 世纪的理论与实践》，社会科学文献出版社 2011 年版，第 59 页。

② 王建娥：《族际政治：20 世纪的理论与实践》，社会科学文献出版社 2011 年版，第 59 页。

纳入到一个统一的中心框架的过程。”[①] 在政治整合为主导的社会系统中，以政治子系统为核心，其他经济、文化和社会子系统处于边缘从属地位，其功能是服务于政治子系统。政治子系统主导的社会整合体现为：首先，政治主体借助其掌控的行政权力确立社会整合的目标，其他子系统的目标都被统一于政治整合的目标之内。其次，政治子系统的运行目标成为社会整合整体的目标，导致社会各子系统具有统一的整合原则，即经济、文化和社会子系统都必须沿着政治子系统确立的目标和运行原则进行整合。政治子系统的运行机制、规则和评价标准也主导着经济、文化和社会结构等子系统的运行。最后，随着社会子系统运行目标和运行原则的统一，政治子系统以外的其他社会子系统逐渐丧失了自主性和相对独立性。这种丧失是结构性的，也是功能性的。社会的非政治子系统除了承担自己的专门功能，还必须完成各种政治任务。社会子系统的运行不是根据子系统自身的功能独特性自主运行，而是根据政治的需要。[②] 自奥斯曼帝国占领时期开始，也门的政治整合成为社会整合的主导方向。北、南也门政府选择以强制性行政手段，通过整合国家机构掌控着几乎所有重要的社会资源。国家借助对资源的垄断，依靠行政手段，集中兴建私人资本无法承担的巨大工程，并能采取必要的宏观调控措施以推动国家发展。政治主体自上而下地在社会各子系统中发挥领导、组织、干预、扶植、推动等作用，以此推动社会系统的整合。这一特征在南也门经济国有化和土地改革政策的实施过程中表现得更为明显。也门统一后，萨利赫主导的威权政体仍延续着国家政治子系统的目标，规定着经济、文化和社会子系统的发展道路，如：在经济资源的组织过程中以权力替代货币的作用；国家政治领域保留着选举、议会、政党等民主制度，而实质上由于总统大权独揽、公民基本权利受压，导致上述民主制度无法发挥实际作用。这种强制性整合造成社会子系统之间的紧张互动，结构重叠、功能紊乱，社会结构日益僵化。政治整合为主导的整合方式对于也门实现独立和统一后的现代民族国家构建具

① 吴晓林：《国外政治整合研究：理论主张与研究路径》，《南京社会科学》2009 年第 9 期。

② 张兆曙：《从政治整合到经济整合——建国以来中国社会系统结构整合方式的转变》，《浙江师范大学学报（社科版）》2004 年第 6 期。

有一定的积极作用。但是由于威权主义政治权力过度集中造成了严重的政治腐败，民主化发展迟缓受到公民政治参与度提高的持续冲击。强制性社会整合方式和社会各子系统关系的紧张和失衡，必然迫使社会系统的整合方式进行变革。在这种压力下，2011 年也门以政治系统为主导的整合方式走向解体，社会面临着新一轮的分化和整合。

2. 也门的社会整合过程中存在族群整合问题

学术界通常认为，尽管民族和族群都指人们的共同体，但两者存在本质的区别。“从政治学意义上讲，民族是指具有政治独立性的国家层面的人们共同体，或者具有某种程度自我政府的人们共同体；而族群是指国家层面之下没有政治独立性，而只是具有社会相关性的人民群体，这些群体通常具备独特的历史、语言、宗教或文化传统。”① 民族国家建构中的民族构建实质上就是民族整合的过程，民族整合过程中的重要内容之一就是化解族群动员的力量，包括消解族群动员、化解族群冲突等具体内容。② 从民族整合的角度看社会整合，也指把社会主流之外的群体融入主流社会之中的过程。

民族国家意义上的族群概念，首先涉及国家内部具有语言、文化等特殊性的人们的共同体。也门族群关系错综复杂，主要分为以下几种类型：第一种从教派划分，以什叶派的宰德派和逊尼派的沙斐仪派为主，其中北也门居民以什叶派宰德派为主，南也门人口则以逊尼派的沙斐仪派为主。此外，随着同属于逊尼派的萨拉菲运动和“基地”组织半岛分支在也门的崛起，逊尼派内部的派别问题日益错综复杂。第二种从垄断政治权力的地区关系划分：包括统一前北也门内部传统权力中心西北高原地区与边缘化的中西部地区的矛盾；南也门则表现为内部以拉赫季省为代表的北方势力和以阿比扬省为代表的南方势力之争；也门统一后地区族群矛盾既包括北方西北高原地区继续把持政治权力的南、北方利益分配分歧，还包括南方分离主义运动和北方胡塞武装组织叛乱等地方族群势力的崛起（详见第四章）。第三种是以部落为代表的群体。国家与部落社会并存是也门历史变迁的基本特征。部落认同远远

① 王剑锋：《整合与分化：西方族群动员理论研究述评》，《民族研究》2013 年第 4 期。

② 王剑锋：《整合与分化：西方族群动员理论研究述评》，《民族研究》2013 年第 4 期。

高于国家认同，部落自治传统仍根深蒂固。从独立的穆塔瓦基利亚王国到北也门共和国的建立，再到萨利赫执政时期北、南也门的统一，强大的部落势力始终参与和影响着也门的现代国家构建过程，萨利赫长达 34 年的统治也与获得哈希德和巴基勒两大部落联盟的支持密切相关（详见第三章）。

3. 伊斯兰教在也门社会整合中的特殊作用

自 7 世纪 30 年代传入后，伊斯兰教很快成为也门人的主要信仰。历史上也门长期由政教合一的宰德派伊玛目政权统治，以构建现代民族国家为目标的社会整合势必受到伊斯兰教的影响。一方面是在阿拉伯民族主义推动下，也门通过民族解放运动，摆脱外来殖民统治完成现代民族国家的起步；另一方面是以世俗化、民主化为目标的也门现代民族国家构建严重地冲击着作为传统意识形态根基的伊斯兰教。中东现代国家中存在的宗教忠诚与民族忠诚的联系与矛盾同样也凸显于也门的政治整合中。

纵观 20 世纪也门的社会整合，伊斯兰教对政治整合的影响清晰可见：政教合一的穆塔瓦基利亚王国自不必说，统一前的北、南也门和统一后的新也门，其宪法都明确规定伊斯兰教是国教，伊斯兰教法是也门法律的源泉。也门实行政治民主化和多元化，以伊斯兰改革集团为代表的宗教政党积极参与国家政治生活。也门议会选举法中规定议会代表必须遵守和履行伊斯兰宗教礼仪。未来也门社会整合仍将受到伊斯兰教文化与传统的影响。

二、社会整合与也门现代民族国家构建的思考

1. 也门社会整合与构建现代民族国家的目标存在一致性

贯穿 20 世纪的社会整合本身就是也门传统秩序解构的过程，从历史变迁的角度表现为：外部势力对也门社会的破坏和重构；穆塔瓦基利亚王国伊玛目统治时期的停滞与阿拉伯民族主义浪潮影响下的社会变革；国家民族主义和科学社会主义所带来的社会裂变与进步；国家统一后威权政体下社会的发展与冲突。从现代化角度看，也门经历着传统社会向现代社会、农业社会逐渐解体、实施市场经济改革的社会转型过程。伴随着也门实现独立后社会分化的加剧，“人们的利益格局迅速发生变化和重新组合”，各种社会主体针对资源配置、社会角色、权力获取等利益进行竞争，形成了大量或潜在或显

在的矛盾与冲突。[①] 社会群体类别增加引发社会结构变迁，社会整合成为也门构建新的社会秩序的转换机制。根据结构功能主义理论，帕森斯清楚地阐释了社会整合的目标即通过整合的过程，社会呈现为统一协调的整体。这个结果的特征表现为社会安定有序、团结和谐，如经济发展、政治清明、思想统一、人民安居乐业等。[②] 也门的现代民族国家构建通过确定国家疆域、对各地区进行地域和行政整合、强化对部落的控制、创造在法律上享有平等政治地位的国家公民等方式，完成在全体国民中间创造出共同遵守的法律制度和公共文化，创造出全体国民的归属感和政治认同，创造出维持政治共同体所必需的凝聚力，为国家的政治合法性奠定制度法律和社会的基础。[③] 从一定意义上说，也门社会整合与现代民族国家构建的目标存在一致性，实践中表现为以社会整合为手段，以达到实现社会一体化和建立现代民族国家的目标。

2. 机械整合方式制约着也门现代民族国家的构建

建立在社会经济发展不充分、社会分化程度低的基础上的机械整合，在20世纪60年代以前为也门的社会整合发挥了积极作用，一定程度上推动了也门独立国家的建立和社会结构的变动。随着也门统一后开启经济改革，经济结构从以侨汇为基础转变为以石油开发为主。经济自由化带来社会结构变动，新的社会阶层出现，人口增长带来青年群体就业的需求，意味着以比较单一的社会控制方式为主的机械整合方式，不能解决也门社会的所有问题。事实上，长期的机械整合往往造成社会的僵化，无法激发社会活力。机械整合导致以民族主义为意识形态塑造基础的现代也门国家，最后走上了通过强化政府权力构建威权主义治理国家的道路。这种机械整合方式最终带来的是社会各子系统的失衡发展，社会矛盾丛生，威权政体难以为继，严重制约着也门现代民族国家的构建进程。从机械整合向有机整合的转型是现代社会变迁的主要特征。机械整合方式存在合理性，但并不意味着它能持续发挥主导作用，

① 吴晓林：《现代化进程中的社会分化与整合》，《河南大学学报（社会科学版）》2012年第3期。

② 张翼：《社会整合与文化整合——社会学者的“整合”观》，《兰州商学院学报》1994年第1期。

③ 王建娥：《国家构建和民族构建：内涵、特征及联系——以欧洲国家经验为例》，《西北师大学报（社会科学版）》2010年第2期。

面对社会经济的重建和恢复，具有强制性的机械整合方式显然不能发挥有效作用。因此，机械整合方式应逐步被建立在人们相互依赖基础之上的、把异质性的个人有机地联结在一起的有机整合方式取代。

3. 从也门社会整合的实现机制看其现代民族国家构建的途径

国外学术界认可的社会整合的实现机制主要有六种，分别是：以哈贝马斯为代表学者的沟通交往机制，主张通过社会共同交往提升共同情感；以涂尔干为代表学者的规则整合机制，提到以传统文化、宗教和教育等规则产生社会约束；利益整合机制，强调通过利益分配，增强社会吸引；交换整合机制，主张社会各要素的互相交换，提升社会支持；参与整合机制，倡导通过积极全面的社会参与加强社会联系；社会控制机制，通过合理的社会控制提高社会服从。六种实现机制可以同时进行、互相作用，其目标都是实现社会和谐和均衡。

分析也门社会整合的过程，表现最为明显的是社会控制机制，此外还有一定的规则整合机制和利益整合机制发挥作用。奥斯曼帝国入侵和英国殖民统治时期的社会整合，从根本上说是为帝国利益服务，其对政治、经济、教育的全方位整合措施表现出明显的社会控制机制。其中，英国的殖民统治通过对苏丹的控制彻底改变了南也门原有的政治结构，这种机制具有全面性和掠夺性，控制着也门的资源，使社会矛盾丛生、冲突频发。此外，由于部落影响巨大和地理、交通所限，此类社会控制所覆盖的地区和时间有限，并没有改变部落认同广泛存在的特征。穆塔瓦基利亚王国时期，社会控制机制仍是伊玛目进行社会整合的主要手段，规则整合机制也发挥着一定的作用。伊玛目叶海亚以伊斯兰教宰德主义作为意识形态的基础，强调伊玛目神权统治的合法性，试图通过共同的宗教认同构建统一的国家。但神权专制和封建保守的统治方式最终被阿拉伯民族主义运动推翻。统一前的北、南也门都以扩大民众的政治参与、确立共和政体作为新政权合法性的主要基础，有意淡化社会控制机制，试图通过利益整合机制和规则整合机制实现社会稳定，但政局都陷入动荡之中，社会控制机制重新在社会整合中起主导作用，并一直延续到统一后的萨利赫执政时期。萨利赫总统善于平衡，通过利益整合机制，牺牲南部人民资源等利益以拉拢北方部落联盟对其的政治支持。

也门社会整合的实现机制折射出其现代民族国家构建的实现途径，以社会控制为手段的政治整合推动了也门现代民族国家的建立、国家政治制度化建设、国家认同感的最初形成，但过于刚性、强制性力量占主导的社会整合方式也制约着其现代民族国家构建的实现。

本章以社会整合理论分析也门现代民族国家构建的历程：首先厘清了社会整合的理论来源、含义和理论分析框架，然后按社会变迁的顺序阐释不同时期也门社会整合的内容，最后分析也门社会整合的特征及其与现代民族国家构建的关系。

也门经历了复杂的社会历史变迁，从在近代奥斯曼帝国占领和英国殖民统治下开启现代化道路开始，其社会整合涵盖政治、经济、文化和社会各个子系统。其中现代民族国家认同的出现尤其引人注目，也门逐步从一个部落认同为主、没有现代国家概念的地区，发展成主权独立、疆界确定的现代民族国家。在这个过程中，阿拉伯民族主义成为塑造也门国家政治发展框架的关键性力量。也门人民通过民族解放运动完成了初步的国家构建，北、南也门相继独立，传统的宰德主义的国家意识形态基础分别被国家民族主义和民族社会主义理论取代，与之相伴的社会整合中包括现代共和制国家政体的确立和具有现代意义的“政治制度化”建设的开展。经济变革和人口增长带来社会流动性的增加和社会结构的分化。现代社会整合随着1990年也门统一进入新的发展阶段。这一阶段初期实行的政治民主化最终让位于萨利赫依靠平衡利益构建起来的威权政体，同时期政治、经济、文化和社会子系统的整合都被打上了“威权主义”的烙印。

也门社会整合的历程构成了其现代民族国家构建的艰难历程。也门社会整合中既有国家认同感的初步确立，也有部落认同的根深蒂固和多种族群矛盾的显现；既有阿拉伯民族主义推动下现代民族国家独立和统一的实现，也有民族主义意识形态的威权主义政治的出现；既有现代政治制度化建设的起步和发展，也有政治民主化内涵的缺失；既有国家经济改革和发展的希望，同时又充满着步履维艰和贫困如影随形的难题；既有社会结构多元化的发展，也出现市民社会的缺失和民众权益边缘化的困境。综上，社会整合是实现也门现代民族国家构建的重要手段，其实现机制决定着也门民族国家的构建路径，其存在的问题也深刻制约着也门现代民族国家构建的实现。

第三章　部落社会与也门现代民族国家构建

加拿大麦吉尔大学人类学教授菲利普·卡尔·萨尔兹曼（Philip Carl Salzman）在其著作《中东的文化与冲突》一书中认为，近百年来，部落自治和专制集权左右着中东历史。其中部落自治是中东地区独有的现象，起源于游牧民族依赖大家族保护其成员生命安全的原生机制。部落作为人类历史发展进程中一种重要的社会组织形态，具有相对独立的政治、社会和经济结构。早在伊斯兰教诞生之前，就有部落生活在也门这块土地上，历经几千年风雨而不消亡，至今仍在也门的政治、经济、社会等各方面发挥着重要作用。萨利赫总统之所以能在也门维持长达 34 年的统治，哈希德部落联盟的支持是决定性因素。而 2011 年底萨利赫被迫交权，也与哈希德部落联盟选择站在反对派一边有重要关系，部落组织在也门国家政治中的影响力可见一斑。

一般而言，氏族部落制度是人类学研究的范畴，有一整套较为成熟的研究规范。美国人类学家摩尔根和现代功能主义者霍尼格曼都对"部落"进行过概念解释。然而在当今的人类学研究中，"部落"是一个极具争议的概念。根据《社会科学百科全书》，部落指"人们通常生活在同一地方，从事低（或无）技术含量生产的社会组织，它大于家庭，但又不等同于一个民族。由错综复杂的血亲和义务契约精密地联系在一起"[①]。《现代汉语词典》中，部落是指人类社会发展阶段早期、国家产生之前的一种社会组织形式，是原始社会的基本单位，是"由若干血缘相近的氏族结合而成的集体"[②]。部落过去是指由家族（family）延伸的血缘组织（kinship group），或是相关家族的聚合。在中东国家本土的语境中，部落概念的内涵却有所不同，一般用

① Amal Kuper，Jessica Kuper，*The Social Science Encyclopaedis*，London：Routledge and Kegan Paul，1985，p.699.

② 中国社会科学院语言研究所词典编撰室编：《现代汉语词典》第 4 版，商务印书馆 2002 年版，第 112 页。

“qaum”“uluss”“qabila”等阿拉伯语，泛指家庭之上各个层面的地方性社会组织。美国历史学家菲利普·库里认为，部落是穆斯林世界中农村地区的一种实体，是建立在合作放牧与农耕基础上、由血缘关系联合在一起的组织，其成员有着共同的姓氏和关于其祖先的神话传说。[①]埃及学者阿卜杜·拉赫曼·巴希尔也在其著作中提到，“部落是也门社会的基本单位，是建立在血缘、亲族关系和父权基础上的原始组织，由氏族和家庭构成”。上述定义表明，部落是基于血亲和义务契约而团结在一起的一种社会组织，在中东国家地区，部落不仅是十分普遍的社会组织形式，而且还是社会荣誉与地位的象征和来源。

也门人以“qabila”指称部落，原意为拥有共同祖先、血缘的人数不等的亲族集合体，通常由多个氏族或家族组成，与古代社会更强调血亲和谱系不同，也门的“部落”在近代强调是基于地域身份认同基础上有着血亲关系的人们集合体，是也门山区农村社会的核心组织。相互隔绝的地理现实使得也门历史上的王朝力量很难深入山区农村，当地逐渐形成以村庄为单位联系起来，构成一个小部落国家，选举首领以处理部落内外事务的管理模式。过去一千多年中，部落在整体应对农业危机等方面的功能始终存在。[②]部落延续至今的社会功能包括：长期稳定的领导层、可以缔约和发布法令的行政和司法结构、一系列处理内外冲突的规则与程序、对当地人口的征税权和拥有自己的武装力量，所有功能都可将也门部落定义为“小的主权单位，每个都由拥有权威和权力的领导人统治着”[③]。与国家相比，部落组织表现为自主的团结，其核心精神是凝聚力。保罗·德雷施将其运作方式称为“分支—世系”理论，认为也门部落具有文化上与众不同，政治上自治的特征。[④]基于也门独特的社

① Philp S. Khoury，Joseph Kostiner eds.，*Tribes and State Formation in the Middle East*，Oxford：University of California Press，1990，p5.

② Shelagh Weir，*A Tribal Order：Politics and Law in the Mountains of Yemen*，University of Texas Press，2007，p.4 .

③ Shelagh Weir，*A Tribal Order：Politics and Law in the Mountains of Yemen*，University of Texas Press，2007，p.4.

④ Paul Dresch，“The Significance of the Course Events Take in Segmentary System”，*American Ethnologist*，Vol.13，No.2，1986，pp.309-324.

会结构和文化，本研究涉及的“部落”不仅包括基于血缘、地缘和政治关系的传统社会组织，还包括因为存在共同的政治、经济和社会利益而联合的部落组织。“部落社会”正是由这些地方性的部落和部落组织构成的，这些社会组织各自独立，并且占有一定的地域空间，大的部落联盟基本都可以通过父系血缘关系追溯到共同的祖先。在近现代也门历史中，也门南部的部落社会在 1990 年统一之前的社会改革运动中受到冲击，虽然国家统一后南部部落仍旧存在，但与北部大的部落联盟相比，南部以数量众多的小部落为主。因此，本研究所探讨的部落社会主要以北也门地区的部落及部落联盟为主。

第一节　也门部落的世系和分布

与其他中东国家不同，也门部落具有分裂型的社会传统和强烈的地域认同观。以亲属关系为纽带的部落，其认同多来自与其他部落交往中产生的“自我”与“他者”意识。在也门，各部落间的对立冲突多体现在领地范围与边界的争端方面。部落间的广泛对立或敌对导致政治合作困难，难以达成稳定的政治联盟，而这反过来又进一步加剧了也门部落社会的碎片化。[①] 部落间还有基于教派的划分标准，大体上西部的帖哈麦地区主要分布伊斯玛仪派部落，中南部属沙斐仪派部落，北部则是宰德派部落的大本营。

西方学术界认为阿拉伯的部落常以游牧为主，实际上也门部落的生产方式受到地理和气候条件的影响，地处高原且气候条件恶劣的以萨那、萨达为代表的北部地区和东部地区的部落中存在游牧部落，而降雨较为充沛的以塔伊兹、伊卜为代表的中西部和南部地区的部落则以农业定居部落为主。地理气候条件和生产方式的不同带来也门各地居民对“部落”功能机制和理解的

① 有观点认为也门部落并不是一个亲缘关系网络而更多表现为地理上的区分，持这一观点的代表学者有斯蒂文森、德雷施、威尔等。但目前学术界对这一观点还存在争议。本研究认为也门部落早期亲缘关系的特征很明显，至近代社会变迁和分化后，地区利益开始超越亲缘关系成为区分部落的主要因素。

差异性。也门北部和东部地区由于自然和气候条件恶劣，以游牧为主的部落保留着尚武、以抢劫为荣的遗风，而抢劫的首选对象就是较为肥沃和富庶的中西部和南部地区。也门北部和东部地区的部落民的归属感和服从观念根深蒂固，忠于部落胜于忠于国家。对每个部落民来说，部落领土和尊严都是神圣不可侵犯的，维护自己部落的统一和荣誉是每个部落成员的神圣职责。相较而言，以定居农业生活为主的也门中西部和南部地区部落意识淡薄。中西部和南部地区的人们通常认为北部和东部也门的部落民以游牧为生（Badu），而自己则属于农民（Fallahin）。北部对中西部和南部的劫掠使得两个地区的对立由来已久，不仅包括也门南、北之间的对立，还涉及生活在北部的宰德派和大部分处于中西部和南部地区的沙斐仪派之间的教派对立。与也门北部和东部人将部落归属作为个人身份认同，甚至象征个人荣誉和地位相比，在也门中西部和南部人看来，“部落”无疑是落后、野蛮的代名词。

也门的部落制度比较完整，大部落联盟由多个大小部落组合而成，部落之间以联盟或领属关系连接，每个部落又分为若干氏族，每个氏族居住在一个自然村。氏族的头人谢赫也是村庄的负责人。阿拉伯谱录学家将阿拉伯半岛的早期居民划分为两大类：一类是消亡了的阿拉伯人，另一类是存留下来的阿拉伯人。而后者又分为两大族，其一被称为纯粹的阿拉伯人，即南阿拉伯人，也称盖哈坦人；其二被称为归化的阿拉伯人，即伊斯玛仪的后裔阿德南的子孙北阿拉伯人，也称阿德南人。其中盖哈坦人被公认为是也门人的始祖，盖哈坦的后裔中，萨巴 · 本 · 盖哈坦最有名，他的儿子希木叶尔和凯赫兰构成了盖哈坦后裔的两大著名支系，这两大支系在也门经过长期发展，分化成大大小小、数以百计的部落群体，其中也门南部的部落都来自希木叶尔支系，而萨那以北的绝大多数部落都起源于凯赫兰支系。凯赫兰有两个儿子扎伊德（Zayd）和阿里卜（Arib），扎伊德的后裔繁衍出哈姆丹（Hamdan），哈姆丹的两个儿子成为当今也门最著名的哈希德和巴基勒部落的先祖。哈希德和巴基勒的世系如图 5 所示。

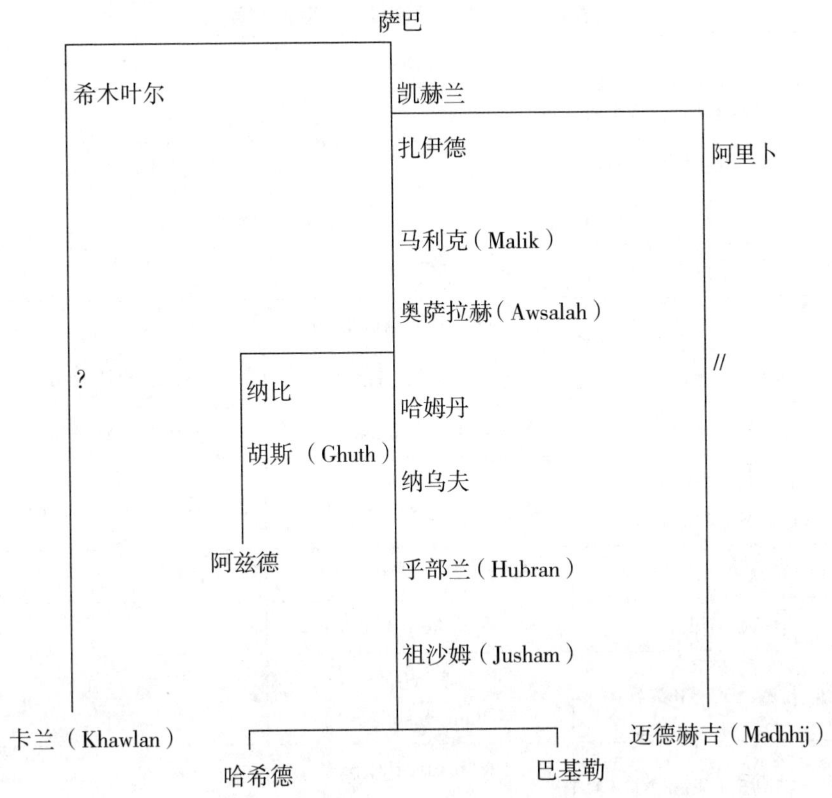

图 5　哈希德和巴基勒的世系

资料来源：Paul Dresch，*Tribes*，*Government and History in Yemen*，Cambridge University Press，1994，p.5.

也门部落中组织结构最严密、最完整地保留着古代风俗习惯的是哈希德和巴基勒部落联盟。这两个部落联盟分别由数量众多的部落构成，这些部落的人口和边界范围变化很大，但是核心地区的人口在 2 万 ~3 万人。两个部落联盟人口数量可达到 50 万人左右。哈希德和巴基勒部落联盟主要构成见表 4。

表 4　哈希德和巴基勒部落联盟主要构成

<table>
<tr><th colspan="6">哈希德部落联盟</th></tr>
<tr><td colspan="3">乌斯玛特（Al–Usaymat）</td><td colspan="3">萨罕（Sanhan）</td></tr>
<tr><td colspan="3">伊德哈尔（Idhar）</td><td colspan="3">比拉德 · 拉斯（Bilad al–Rus）</td></tr>
<tr><td colspan="3">克哈里夫（Kharif）</td><td colspan="3">哈姆丹 · 萨那（Hamdan San' a）</td></tr>
<tr><td colspan="3">巴尼 · 苏拉伊姆（Bani Suraym）</td><td colspan="3"></td></tr>
<tr><th colspan="6">巴基勒部落联盟</th></tr>
<tr><td colspan="2">奥尔哈卜（Arhab）</td><td colspan="2">亚兹德（Iyal Yazid）</td><td colspan="2">奥玛尔（Al' Ammar）</td></tr>
<tr><td colspan="2">素夫言（Sufyan）</td><td colspan="2">苏拉伊赫（Iyal Surayh）</td><td colspan="2">萨利姆（Al Salim）</td></tr>
<tr><td colspan="2">穆罕默德家族
（Dhu Muhammad）</td><td colspan="2">奥赫努姆（Al–Ahnum）</td><td colspan="2">苏莱曼（Al Sulayman）</td></tr>
<tr><td colspan="2">侯赛因家族（Dhu Husayn）</td><td colspan="2">穆赫巴赫（Murhibah）</td><td colspan="2"></td></tr>
<tr><td colspan="2">尼赫姆（Nihm）</td><td colspan="2">巴尼 · 穆塔尔（Bani Matar）</td><td colspan="2"></td></tr>
<tr><td colspan="2">瓦拉赫（Wa' ilah）</td><td colspan="2">巴尼 · 胡沙伊
（Bani Hushaysh）</td><td colspan="2"></td></tr>
<tr><td colspan="2">巴尼 · 纳乌夫（Bani Nawf）</td><td colspan="2">卡兰 · 阿里亚赫
（Khawlan al–' Aliyah）</td><td colspan="2"></td></tr>
</table>

资料来源：Paul Dresch，*Tribes*，*Government and History in Yemen*，Cambridge University Press，1994，p.24.

同属哈姆丹后裔的这两个部落联盟并不涵盖也门境内的全部部落。萨达周围的卡兰 · 本 · 埃米尔（Khawlan b. Amir）部落就既不属于哈希德部落联盟，也不属于巴基勒部落联盟。这样独立的部落还有东部地区的阿比达哈（Abidah）和穆拉德（Murad）等。

高原和山地构成也门的主要地形特征。哈希德和巴基勒部落联盟所在的北部地区以高原地形为主。

也门各个部落基本都拥有自己的武装队伍、运行规则和法律习俗，在边远省份，部落就是社会的基本组织，受到本省政府的管辖。中央政府颁布的法令能否顺利贯彻，往往取决于地方部落对其支持程度，省长同各部落酋长之间的关系成为能否实现有限管理的关键。哈希德和巴基勒部落联盟中，部落制度和规矩自成体系，有权处理结盟、战争、冲突和缔约等对外关系事务。联盟内部各级酋长构成领导阶层，酋长一般采用世袭制，在特殊情况下，也可以通过召开部落代表长者大会的办法选举或改选酋长。酋长当选后，其子便享有继承权。酋长集政治、军事、经济、司法等大权于一身，是部落中的绝对权威。酋长与首领委员会商讨按照本部落制度和习惯处理部落大小事务。每个部落都有配备各式武器的武装力量，负责保卫部落安全，并在国家需要时充实国家军队力量。部落民以同宗、同族或者嫡亲血脉为主线，其归属感和服从观念根深蒂固。对每个部落成员来说，部落领土和尊严都是神圣不可侵犯的，维护自己部落的统一和荣誉是其神圣职责。

综上所述，部落组织在也门广泛存在，部落制度和习俗在也门的政治、经济和社会生活中发挥着重要作用。如今，随着历史演变、生产发展和社会变革，也门许多部落已经或正在发生巨大变化。例如，家族层面上的部落组织开始弱化和消失，民族主义、社会进步和伊斯兰观念也影响着部落民。然而，部落的本质属性仍是在一定地域范围之内对于血缘关系的认同，具体表现为部落组织的名称、共同祖先神话和英雄传说等象征性符号构成部落凝聚力的基础。部落认同和部落政治文化始终是决定也门现代民族国家构建的深层结构要素。

第二节　也门部落的社会结构

也门的部落社会在一定意义上指的是农村和地方社会，这一社会组织并不是“简单”和“原始”的社会，而是自成体系、高度复杂且具有自身组织特性的社会。正如涂尔干所言，国家是建立在族群、经济、官僚和政治组织多重合作基础之上的“机械团结”，而部落是通过自然集聚形成的较为松散的组织，其运行有着内在的逻辑，本质上取决于传统的政治文化。同时，也门部落不仅是社会组织，而且是将社会、经济和政治职能融于一体的“微型政府”。部落凭借坚固的亲缘联系掌控着也门社会的多数人口和财富，成为横亘在上层统治组织与下层社会平民之间的强大力量。

一、也门部落的社会构成

美国学者巴菲尔德认为中东地区的部落有两种类型："一是以蒙古—突厥部落为主，其社会具有等级制的特征，伊朗的部落和库尔德部落皆属此类。它们规模庞大，容易建立大帝国，例如奥斯曼帝国和波斯萨法维王朝。二是以阿拉伯部落为代表，社会结构具有平等性的特征。它们处于分散状态，以地区性的国家为主，王朝更替频繁。"[①] 也门部落的社会结构具有等级制和平等性的二元化特征。

（一）也门部落社会内部的基本结构

谱系是也门部落最核心的社会关系，家庭是也门部落社会最基本的单位，若干家庭组成一个家族，若干家族构成一个部落，在谱系的基础上，也门部落社会形成基本的社会结构。家庭和家族以父权制为特征：部落成员都表示来自"同一个祖先"，成员间具有"兄弟之情"。正如一个父亲的儿子们拥有和守护着共同的荣誉，一个部落中所有的男子也会被要求守护共同的荣誉。部落荣誉与个人荣誉紧密相连。部落成员之间和不同部落之间的地位完全平等。部落领袖被称为"谢赫"，通常来自最具影响力的家族，领袖出身的家族通常被称作"本源家族"，有时一个部落的名称便是其本源家族的名称。部落领袖的当选除了要拥有高贵血统，是否具有团结部落和解决部落内部冲突的能力，是否能切实维护部落成员的经济利益，以及是否拥有出众的口才、勇敢和无畏的个人品质也是重要衡量指标。一个优秀的领袖不仅能获得人们的拥护追随，而且有能力让部落免于陷入无休止的战乱。通常部落领袖不能世袭，在家族中的继承顺序是"松散的和充满变数的"[②]；尽管在几代人中可能有一个固定家庭垄断着领袖之位，但在理论和实际中，谢赫家族的任何成员都可以被选为酋长。通常一个部落中首领家族的数量众多。例如，穆罕默德

---

① Philp S. Khoury，Joseph Kostiner eds.，*Tribes and State Formation in the Middle East*，Oxford：University of California Press，1990，p126.

② Paul Dresch，*Tribes*，*Government and History in Yemen*，Cambridge University Press，1994，p.89.

家族部落由五个子部落构成，每个子部落都有一个显赫的首领家族，如图6所示。

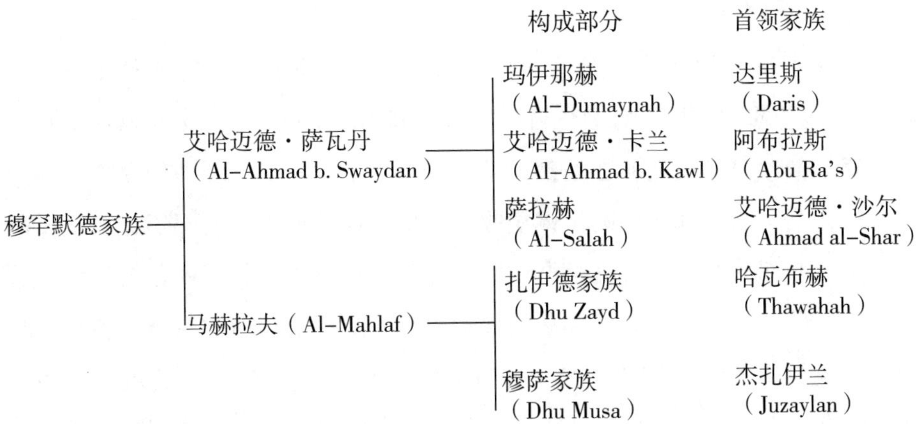

图6 穆罕默德部落联盟的构成及酋长家族

资料来源：Paul Dresch，*Tribes*，*Government and History in Yemen*，Cambridge University Press，1994，p.90.

尽管部落内部成员之间具有平等的“兄弟之情”，但整个部落中不同的家族按照世系关系和地位尊卑有着严格的等级划分，除了家族和普通部落成员，还有两类人在部落领地内拥有权利和义务：第一类是弱势阶层（Du'afa）；第二类是宗教学者乌勒玛（ulama）阶层。

弱势阶层生活在部落领地之内，社会地位低于普通部落成员，与部落首领和成员将腰刀佩戴在中间不同，其腰刀只能佩戴在左边。这类人无权参与关系部落“荣誉”的事件，但他们的人身和财产安全受到所在部落保护，任何伤害他们身体和财产的行为都必须向提供保护的部落做出赔偿。弱势阶层根据所从事的行业又分为不同种类：一类是人数很少的犹太人和商人；第二类是非部落民，主要指理发师、屠夫、实施割礼的人以及重要场合中的鼓手。这类人的职业世代相传，部落成员几乎不与他们通婚。第三类是世代相袭的其他职业从业人员，如买卖卡特的小商贩、在小镇上开设咖啡商店和旅馆的人，以及拥有小菜园并在集市中售卖蔬菜的人。20世纪60年代以前，集市上的小贩和商人的工作被部落视为是只有非部落民才会从事的卑微不洁的工作。但70年代之后，部落民从事商业活动的人不在少数。第四种是同样世代相传的“传递信息者”，尽管他们的腰刀佩戴在中间，但地位低下，大部分还处于半游牧状态。[①] 此类人主要在部落成员发生争端或者部落之间发生争端时，充当传递消息的角色。

部落中宗教学者阶层包括两类：卡迪（法官家族）和赛义德（圣人后裔）。与弱势阶层不同，宗教学者阶层地位高于部落成员，腰刀通常佩戴在右边。每个卡迪家族及其所在地都处于一个部落的保护之下。他们在部落中拥有特权，不用缴纳部落中的集体税收，可以为向他们求助的部落成员提供避难庇护。在部落社会，赛义德群体以其高贵的血统占据较高的社会地位，获得荣誉与尊重的同时还处于部落的保护之下。这一群体通常在当地各类争端中充当着“调解者”和“保护人”的角色。20 世纪 60 年代，北也门共和国建立后赛义德的社会地位有所下降。一位部落酋长曾表示“我们过去很尊重赛义德，但现在不会了，真正的赛义德都在天堂。”[②] 实际上，作为传统政治力量，多数强大的赛义德家族仍保持着优越的社会地位。

（二）也门部落间的社会互动结构

也门部落既存在一个酋长管理下的单个部落内部的社会结构，也存在各部落之间的互动结构以及部落联盟内部各子部落间如何协调运作的社会结构。

较小规模的单个部落单位通常作为整体被划分为亚部落，按照所属大部落的构成成为其中的九分之一、八分之一……两个子部落通常用“上与下、南与北或内与外”[③] 进行区分。同一部落内部各子部落间享有平等的权利和财富，面对上缴税收或共同任务时，部落成为一个共同责任体，酋长会根据亚部落的数量而不是大小平摊款项或任务。如哈希德部落联盟中最大的部落巴尼 · 苏拉伊姆（Bani Suraym）位于哈拉米（Khamir）镇周围，其下包含 9 个亚部落，每个亚部落之下还有众多小部落，如属于 9 个亚部落之一的阿

---

① Paul Dresch, “The Several Peaces of Yemeni Tribe”, *Journal of the Anthropological Society of Oxford*, 1981, Vol.12, No.2, pp.73–86.

② Shelagh Weir, *A Tribal Order: Politics and Law in the Mountains of Yemen*, Austin: University of Texas Press, 2007, p.159.

③ Meissner Jeffrey R, “Tribes at the Core: Legitimacy, Structure and Power in Zaydi Yemen”, Columbia University, 1987, p.297.

兹－查希尔（Tasi Az-Zahir）部落又分为3个小部落，其余8个亚部落都包含3~6个小部落不等。9个亚部落中，5个联合组成上巴尼·苏拉伊姆部落（Bani Suraym Al-Cilw），其余4个组成下巴尼·苏拉伊姆·阿兹－斯菲（Bani Suray mas-Sifl）。有资料显示，巴尼·苏拉伊姆部落曾表示能出9000名武装人员，这个数字表明9个子部落每个可以出1000人。[①]哈希德部落的另一个核心部落卡里德（Al-Kharid）包含巴尼·贾巴尔（Bani Jubar）、卡勒比音（Al-Kalbiyyin）和阿兹－赛德（As-Sayd）3个亚部落，前2个亚部落共同拥有5个小部落，阿兹－赛德包含5个亚部落。位于巴拉特（Barat）东北部的巴基勒部落联盟中的穆罕默德家族部落包括5个亚部落，侯赛因部落则包括8个亚部落。这类多层子部落结构在也门北方部落中普遍存在，具体划分并不存在统一的规则，更多是部落酋长们协商谈判的结果，这决定了其多层结构间的复杂性和多样性。部落社会结构反映出各层部落间均衡对抗的特征，即在部落社会中不存在单一权威，权力分散在社会结构的每一层的各个部落中，政治权力更多体现在部落集体行动的情况下，只有一致对外战争或防御以及与其他部落组织进行谈判时，部落才被视为具有行政功能的整体。通常各部落间更多表现为对立、对抗关系。

在也门，部落联盟具有代表性的部落有：哈希德和巴基勒部落联盟，还有位于萨那南部阿尼斯（Anis）地区的希木叶尔部落联盟，位于阿尼斯东南部的麦兹希吉部落联盟，萨达地区西部库雷本（Kulayb）部落联盟包括萨哈尔（Sahar）、凯赫兰部落，东部马利克（Malik）部落联盟包括哈姆丹·本·扎伊德（Hamdan b. Zayd）部落。各部落联盟构成复杂且多样：如阿哈卜（Arhab）、希亚尔－苏里赫（Ciyal Surih）和贾巴尔－西雅尔－亚兹德（Jabal Ciyal Yazid）三个相邻的部落共同组成的小联盟又整体属于巴基勒部落联盟。也有部落基于共同利益加入地方联盟，与属于同一个部落联盟的成员对抗，或与其他部落联盟成员结盟，如同属于哈希德部落联盟的巴尼－马哈布（Bani Mawhab）和巴尼－贾迪拉（Bani Jadilah）部落交恶时，其相邻的麦

① Carsten Niebuhr，*Beschreibung von Arabien：aus eigenen Beobachtungen und im Lande*，Kopenhagen：gedruckt in der Hofbuchdruckerey bey Nicolaus Mö ller，1772，p.265.

兹希吉部落联盟的巴尼－阿什卡布（Bani Ashcab）部落选择支持巴尼－马哈布。属于同一部落的各亚部落有时也被称为部落联盟，如谢拉夫（Sharaf）地区的巴尼－卡克布（Bani Kacb）包含6个村庄，分属于5个亚部落，共同构成一个部落联盟。每个部落联盟都有一位大酋长，其地位高于联盟内其他部落酋长，通常拥有“谢赫之首”（Shaykh al-mashayikh）的头衔，哈希德部落联盟中艾哈迈尔家族已经拥有该头衔两个世纪之久。巴基勒部落联盟中拥有众多不同古老家族如阿布拉斯（Abu Ras），祖赛兰（Juzaylan），胡巴伊什（Hubaysh）等，但并没有公认的大酋长家族。

部落联盟十分松散，共同行动基于共同利益之上，而不听从统一的指挥。整个部落联盟在合作与对抗中很少能保持一致，如20世纪60年代内战期间，哈希德部落中以核心部落乌斯玛特（Usaymat）为代表的大多数部落是共和政府的强有力支持者，但其相邻的另一核心部落伊德哈尔（Idhar）是君主派的有力支持者。但到20世纪70年代，哈希德部落与共和政府交恶，而巴基勒部落则成为共和政府的盟友，这表明无论是对伊玛目还是对共和国的支持与对抗都只是结构性的，而不是由意识形态所决定的。

总之，基于传统世系以及现实利益基础上形成的“部落等级制”构成也门部落社会的基本结构。也门部落间存在多层亚结构和部落联盟两种形式。部落成员多强调其所属部落的各亚部落结构，强调对多层亚结构总数构成一个整体替代了最初以共同祖先为基础组成部落实体的特征，实际上对血统世系的肯定仍然存在。这种亲属关系为基础的社会单位能够很好地适应也门以定居为主的农业部落社会。部落联盟唤起了团结与共同责任的部落价值观，是部落内部分层结构在更高层次上的重复，一个部落属于某个联盟正如一位部落成员属于某个部落一样；但部落联盟并不稳定，其成员对各类统一动员号召的回应并不能保持一致，灵活性是部落联盟组织的一大特征。部落联盟更像是部落酋长间的结盟，酋长间的合作关系超越部落联盟间的惯例。在也门，部落不仅是社会的基本单位，还是内部存在多种分化的政治单位，部落自治与独立的程度多取决于部落酋长间的政治联系，历史上中央政府势弱时，部落社会享有很大的自治权。

二、也门部落社会的制度规范

也门的部落社会拥有完备的组织和制度规范，是一个有机的社会形态。尽管各部落以及部落联盟之间千差万别，但共同遵循的制度和规范包括以下几个方面。

1. 荣誉

部落中的“荣誉”（sharaf 或 ard）分为两类，第一类称为 sharaf，破坏 sharaf 的行为除了特殊的侮辱行为，都被称为“诽谤”或“污蔑”，即以声望和信誉为代表的荣誉。第二种指的是破坏 ard 的行为。部落成员携带的枪支和佩戴的腰刀是其荣誉的主要象征。通常荣誉包括保卫自己的土地、武器、家族中的女性和房屋。如果部落成员没有能力保卫，那么就丧失了荣誉，不仅在村庄和部落中没有容身之地，不得不脱离村庄和部落寄人篱下，还会丧失部落成员的资格。其家族和子嗣也会因此长期蒙羞。唯有重新战斗，夺回自己的荣誉才能重返部落。

2. 牵制结构

牵制结构是部落间解决争端遵循的重要原则，即发生争议的两方暂停交往，各自寻求自己的保护人，再由保护人请求有声望的谢赫或者宗教人士以“调解者”的身份在两者之间进行传话调解，最终解决争端，牵制结构示意图如图 7 所示。具体实践中，调解者通常是由三到四个谢赫轮流担任，涉及部落联盟间的争端达成最终协定通常需要几十个谢赫进行调解和签字。调解者在解决争端中可以获得报酬和声望。

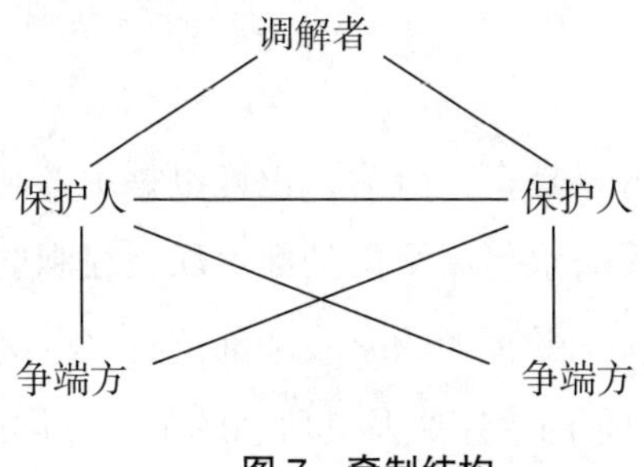

图 7 牵制结构

资料来源：Paul Dresch，*Tribes*，*Government and History in Yemen*，Cambridge University Press，1994，p.93.

3. 部落习俗

依据部落习俗和伊斯兰教法制定的法律法规是处理部落事务最重要的准则，主要涉及民事和刑事范畴，用以处理部落争执以及决定对部落成员的惩处。通常情况下，拥有显赫地位、受到公认的“仲裁者”都是熟知习俗和部落法规的人。如今，部落习俗仍是处理部落社会内部矛盾的规范。

4. 庇护

当部落成员认为在自己部落内受到压迫，请求和暴力行为都无法恢复他的权利时，他可以离开自己的部落（以 A 代称），向重新选择进入的部落（以 B 代称）交出一头公牛以表示寻求庇护。B 部落将向 A 部落谢赫写信说明并要求解释，如果没有获得满意的解释，B 部落酋长会接受公牛以表示此人成为该部落的“被保护者”，享有该部落共同的祖先和荣誉。因为涉及部落成员最关心的土地，现实中完全脱离自己部落寻求庇护的情形并不多见。通常 A 部落可以有“十五天”时间，在征得被保护者同意情况下向 B 部落要回部落成员，但必须向 B 部落提供一头公牛作为补偿。

5. 好客

部落成员会给到访者和客人提供最好的食宿，主人对于客人的款待不计回报，更为重要的是，主人要保护客人的周全，就如同守护自己的财产和家眷一样。如果客人遭到抢夺或伤害，主人会代表客人进行复仇。有访客的家庭会受到其他成员的尊重。主人和客人的关系等同于“保护者”和“被保护者”的关系，即使是途经部落领地的旅游者也会受到部落的保护，这种保护被认为是部落荣誉的一部分。

6. 复仇

部落中血亲复仇可以是个人行为，也可以是家族和部落的集体行为。但复仇是对等的，一个人偷了另一个人的牛，那么权利受侵害的人将以同样的方式回击。有人被杀害，受害者的家族和部落有义务为其复仇。杀人行为有两种解决方式：第一种是凶手家庭及其所属的部落提供偿命金，20 世纪 70 年代末金额是 12000 里亚尔，实际上这一数额根据受害者的身份和伤情而有很大不同，杀害部落权贵是普通部落民偿命金的 12 倍；第二种是在受害者亲属和部落拒绝提供偿命金的情形下，必须通过决斗的复仇方式解决。复仇是采用“以眼还眼”的同态复仇法，如今西北高原地区很少有这种方式，但东部某些部落仍保留着这种传统方式。

三、也门部落社会的基本特征

部落社会不仅是一种重要的社会组织形式，而且逐渐发展成一种社会经济政治模式。根据以上对部落社会的全面剖析，也门部落社会的基本特征可以概括为以下四点。

第一，以部落忠诚为核心的部落认同观。依托于血缘关系和相同居住地的部落忠诚是部落文化中的核心价值。历史上也门恶劣的自然环境和部落组织形式决定了个人所受到的保护皆来自他们所处的家庭、部族或部落，而不是国家和法律。部落成员对本部落的效忠，或者在很大程度上对本部落首领的效忠，远远大于对国家和中央政府的忠诚。这种松散的组织形式使部落处于不断分化、组合的过程，部落成员对部落的认同感很大程度上取决于首领的威望，这些特性使得部落力量的强弱有很大的随机性。在现代部落社会中，部落可能基于某种政治诉求进一步组建部落联盟，这种新联盟的产生不再单纯以血缘为基础。例如，2011 年 7 月 3 日，为支持也门民众要求罢免萨利赫总统的示威活动而成立的“也门部落联盟”，就是一个多血统的部落联盟组织。

第二，自治型的部落政治传统。也门部落社会存在家族层面的等级制和部落层面的平等观，其政治传统建立在谱系的家族和部落之间的隶属关系之上。在长期发展中，部落确立了以“平衡对抗”确保自己安全的原则。在这一秩序中，部落不论大小，基于血亲关系，每个部落成员都有责任保护本族成员，并攻击外敌。如今部落是也门边远省份的基层组织，受本省政府的直接管辖。近代以来的中央政府颁布的法令能否顺利贯彻，并不取决当地政府，而是有赖于部落首领对政府支持的程度。

第三，传统与现代并存的经济活动。长期以来，也门部落社会的经济是依托于土地的自给自足方式，土地是部落成员最重要的身份特征和收入来源。20 世纪 70 年代以来，除了传统的土地耕作，越来越多的部落成员选择外出打工、参军和进入政府工作，还有成员开始从事一直受部落社会歧视的商业和运输活动，如焊接工、卡车运输、租借挖掘机等。尽管部落成员从事个体经济，但他们仍与自己的土地和部落保持着紧密联系。为城市提供保护的部落一般都生活在城市以外的村庄中，部落成员可能生活贫困，但他们对需要保护的底层人群仍保持着优越感。在也门东部部落中，受到部落保护的底层群体一般只能生活在部落成员房屋附近的帐篷中。

第四，以勇敢尚武精神为代表的部落文化。早期游牧和劫掠征服活动赋予部落成员尚武、勇敢的性格特征，对英雄的崇拜在部落诗歌中比比皆是。此外，携带刀、枪是历史悠久的部落传统习俗。在部落中，武器不光是用来自卫、打猎和劫掠的工具，更是一种身份和个人荣誉的象征。人们可以公开携带、展示并使用枪支。受到部落文化影响，也门部落暴力事件经常发生，大到涉外的恐怖事件，小到部落之间的武装冲突，都严重地影响着也门的稳定和安全。

第三节　也门部落社会与国家构建

历史上，部落始终在也门各统治王朝的形成和解体中扮演着重要角色，甚至是王朝加强统治的主要威胁力量。从波斯人、奥斯曼土耳其人、英国人、伊玛目和苏丹到独立后的自由派军官们，都曾经尝试分化、合作或操纵部落力量。可以说，也门现代民族国家构建的核心是国家与部落关系的互动，其进程大致可以分为四个阶段：王朝更替时期；穆塔瓦基利亚王国时期；北、南也门共和国时期；萨利赫统治时期。自 1990 年北、南也门统一后至 2011 年底萨利赫交权下野，部落始终难以较好地融入也门现代政府体系中，国家无法将触角伸入部落社会内部，无力塑造社会秩序。本节主要从历史角度梳理也门部落与国家互动关系的演变过程。

一、王朝更替时期部落与国家的互动关系（1918 年以前）

在王朝更替时期，部落构成国家的基础。也门历史上出现过马因、盖太班、萨巴和哈达拉毛等王国，都属于以部落名命名的部落联盟国家。在一定程度上，王国只是部落联盟的扩大形式，是一个部落对其他部落的统治。随着时间的推移，王国与部落社会之间出现不同的职能划分。公元前 14 世纪的马因王国时期，其统治机构分为君主和部落联盟组成的部落委员会两部分，君主关于土地税和农业政策的决策都须咨询部落委员会。此时部落社会属于王国管理中的积极要素，政府可以派遣其成员在指定地区定居，组织经济活动，同时进一步提高国家控制各地区资源的能力。

公元 628 年伊斯兰阿拉伯时期，帖哈麦地区阿莎伊拉部落为反对波斯人的统治皈依伊斯兰教，此后，哈姆丹部落、希木叶尔部落相继改宗。阿拉伯帝国时期，中央政权派驻的也门统治者依靠当地部落酋长管理也门事务，部落获得了自主生存的条件。阿拔斯王朝后期，也门相继建立基亚德埃米尔国、宰德派伊玛目王国、哈提姆王国、拉苏勒王国和塔希尔王国等独立王国。这一时期政局动荡不息，部落在王国的频繁更替中不断壮大自身的力量，王国的统治者依靠对不同部落的分化和拉拢实现局势的稳定。在对外征服中，王国给予部落大量战利品以换取部落武装力量的支持。9—16 世纪，部落和国家的力量此消彼长，国家构建由松散的部落国家缓慢地向现代国家转变。1918 年，穆塔瓦基利亚王国实现了独立，奠定也门现代民族国家构建的基础。

1. 从卡塞姆王朝到穆塔瓦基利亚王国

宰德派是 8 世纪中叶形成的伊斯兰教什叶派的一个支派，由什叶派第三位伊玛目侯赛因的孙子宰德・伊本・阿里的拥护者组成。9 世纪初，阿里家族的后裔、神学家卡西姆・拉西确立了宰德派教义。[①] 公元 894 年，卡西姆・拉西的孙子、著名的穆斯林学者哈迪・叶海亚・伊本・侯赛因从他的家乡麦地那附近的拉斯山来到也门萨那以北的萨达地区宣传宰德派教义，但以失败告终。公元 898 年，也门萨达地区的凯赫兰部落之间纷争不断，哈迪受邀重返萨达成功完成调解，被上述地区部落拥戴为他们的领袖——伊玛目，随后获得奈季兰地区哈姆丹部落和哈里斯部落的支持，在萨达建立了政教合一的伊玛目王国。伊玛目哈迪时期，阿拔斯王朝在也门的统治名存实亡，帖哈麦地

① Charles Schmitz，Robert D. Burrowes，*Historical Dictionary of Yemen*（*third edition*），Rowman & Littlefield，2018，pp.523–533.

区被巴尼・宰亚德（Bani Ziyad）控制，雅法尔王朝控制着北部高原部分地区，西部和南部崛起了强大的法提米德（Fatimid）势力，也门北部和东部地区已经为部落势力所主导，巴基勒部落的都阿姆（Al al–Duam）家族和哈希德部落达哈克（Al al–Dahhak）家族的影响力在接下来的几年间不断增长。伊玛目努力以伊斯兰价值取代部落价值，以宰德派教义统一各部落思想，但根深蒂固的部落主义很难消除，曾经宣誓效忠伊玛目的萨达的乌凯勒部落、奈季兰的哈里斯部落、哈希德的塔赫卡部落赶走伊玛目派去的行政长官，使哈迪忙于调解部落纷争、镇压反叛部落，社会持续缺乏稳定。

公元 911 年，伊玛目哈迪病逝，其子穆尔台迪被立为伊玛目。之后，伊玛目王朝控制的地域时而扩大，时而缩小，兴衰交替，延续了 1000 多年，成为也门历史上存在时间最长的王朝。伊玛目哈迪在 13 年的统治尽力使伊斯兰教的最高价值[①]取代部落价值，尽管收效甚微，但他使部落首领形成了这样一种观念：一旦部落纷争失控，宰德派伊玛目就是公正的调解人。他的布道并未使部落民完全放弃抢劫、通奸、偷盗、饮酒和强盗行为，但使也门部落逐渐认可宰德派伊玛目的权力，也门民众应及时接受宰德派的宣教，权力应以真主的名义由宰德派掌握。

宰德派的伊玛目理论在许多方面动摇了国家（dawla[②]）的制度建设。首先，不允许领导权的直系继承。伊玛目获得了政治（和宗教）合法性，通过广泛的学术共识获取支持。宰德派的继承权理论要求伊玛目的儿子在父亲去世时正式要求宰德学者在候选人中确定伊玛目的人选。如果有不止一个候选人，学者们将对每个候选人进行评估，资格较差的候选人将服从较好的候选人。失利的候选人会选择在偏僻的地方建立小型伊玛目国家。其次，伊玛目

---

① 罗伯特（Robert W. Syookey）把政治价值分为两类：最高价值，指人们为了更抽象、更崇高的目标，如宣教、信仰某种政治或社会制度、现代化和工业化、民族尊严或民族利益等，而放弃现存世俗诱惑所追求的价值或目标；工具性价值，指统治者和被统治者通过政治过程所寻求的物质或精神的即时报酬。

② 伯纳德・海卡尔将阿拉伯语 dawla 译为召唤。意思是宰德伊玛目召唤追随者来帮助他建立一个国家（Bernard Haykel，*Revival and Reform in Islam*，New York：Cambridge University Press，2003，p.29）。

的权威取决于他拥有的一系列理想特征。道德上的失误或对政府财政的不当处理会破坏其权力的基础。第三，整个国家都围绕伊玛目建立。伊玛目拥有解释法律、执行刑罚和确保正义的特权。最后，伊玛目依靠其追随者在军事上的支持。在也门，这意味着伊玛目必须获得部落的效忠，否则必然会导致权力的丧失。①16 世纪奥斯曼帝国第一次占领也门期间受到伊玛目沙拉夫丁的顽强抵抗，但最终没能阻止奥斯曼帝国军队的扩张。在也门抗奥斗争处于低潮时，伊玛目哈迪·叶海亚的后裔卡塞姆·本·穆罕默德于 1597 年在沙拉夫山区的杰迪德山自称伊玛目，他是广受尊敬的学者，据称他写了 41 部著作，涉及诗歌、神学和法学主题。② 他获得各部落酋长的支持，成为也门抗奥斗争的领导核心。1636 年奥斯曼人撤离也门后，其子穆艾伊德成为独立也门的统治者，他基本延续了宰德派伊玛目政权的传统统治方式。1635 年，他们驱逐了奥斯曼人，首次建立了一个从北部高地到南部沿海港口哈达拉毛的横跨也门大部分地区的宰德派国家。宰德派的教义和教法是卡塞姆王朝的治国思想基础和行动规范，政治权力的分配主要在统治家族内部进行，政权家族化是卡塞姆王朝的重要特征。随后的一个世纪中，卡塞姆王朝继任的伊玛目们持续对也门较为富庶的中西部和南部地区展开征服。1645—1658 年，伊玛目穆塔瓦基勒·卡塞姆用武力征服了东部贝达、亚菲阿地区，并控制了东部边陲城市佐法尔，实现了统一也门的目标。1676 年穆塔瓦基勒去世后，卡塞姆家族内部争权夺利的斗争日趋加剧，行政管理逐渐分散化，亚菲阿地区的部落率先宣布脱离卡塞姆王朝，最终南方地区脱离伊玛目控制。19 世纪初，伊玛目相继丧失对阿西尔、亚丁、奈季兰，甚至帖哈麦地区的控制。卡塞姆王朝内乱不休，自称伊玛目的人越来越多，导致生产停顿、交通中断。1872 年，没有任何一个伊玛目能够维持当地的基本秩序，严重的内部冲突使萨那贵族选择派遣一个代表团，邀请已经占领荷台达的奥斯曼帝国将领统治北也门地区。

---

① Haider Najam. “Zaydism”, in *Handbook of Islamic Sects and Movements*, edited by Muhammad Afzal Upal and Carole M. Cusack, Brill, 2021, p.215.

② Haider Najam. “Zaydism”, in *Handbook of Islamic Sects and Movements*, edited by Muhammad Afzal Upal and Carole M.Cusack, Brill, 2021, p.216.

1872 年奥斯曼帝国第二次占领也门，自 1873 年起，也门的哈希德、奥尔哈卜部落相继掀起反奥斗争。1890 年，叶海亚 · 穆罕默德 · 哈米德丁在哈希德部落联盟支持下成为伊玛目，领导也门的反奥斗争。伊玛目王朝的统治权从此转入哈米德丁家族手中。1904 年伊玛目穆罕默德病逝，其子叶海亚成为新的伊玛目。1918 年 11 月，随着奥斯曼帝国土崩瓦解，伊玛目叶海亚入主萨那，宣布也门独立，建立了以其尊号命名的穆塔瓦基利亚王国。

2. 卡塞姆王朝时期王朝与部落的关系

卡塞姆王朝时期，王朝与部落之间仍延续着结盟与对抗交织的关系。主要表现有以下几个方面。

第一，部落是伊玛目抗奥斗争和实现统治的重要依靠力量。伊玛目的反奥斗争中“不断的征服依靠的是哈姆丹部落的支持和卡塞姆家族的领导”[①]。伊玛目政府主要被家族成员、赛义德和乌勒玛掌握，但军队领导人通常是各个部落联盟的首领，部落联盟的首领一般会在表示效忠伊玛目的书面协议中签字。部落对伊玛目的忠诚主要表现在：服从由国家法官执行的伊斯兰教法；相互合作以维持秩序；在行政管理和军事活动上支持伊玛目；按规定向伊玛目缴纳税金。其中，税收是国家与部落之间合作关系的体现。[②]部落通常在日常管理、习俗法律和武装力量上都支持王国税收体系。部落酋长们努力握有征税权以确保其提供源源不断的津贴以及增加与伊玛目谈判的筹码。很多部落首领如一个世纪前一样控制着其领地周边的战略堡垒，但他们处于伊玛目的掌控之下，并日益成为卡塞姆王朝维持统治的重要依靠力量。

第二，伊玛目致力于以伊斯兰教法取代部落习俗，但影响有限。伊玛目谴责部落习俗为“魔鬼”（taghut），甚至在宰德派文献中将许多反对伊玛目的部落首领（谢赫）描述为“魔鬼”。[③]伊玛目强调伊斯兰教法的公平性和平等

---

① Paul Dresch，*Tribes*，*Government and History in Yemen*，Cambridge University Press，1994，p.200.

② Shelagh Weir，*A Tribal Order：Politics and Law in the Mountains of Yemen*，Austin：University of Texas Press，2007，p.232.

③ Philp S. Khoury，Joseph Kostiner eds.，*Tribes and State Formation in the Middle East*，Oxford：University of California Press，1990，p306.

性，但在涉及部落认同最重要的标志的土地纠纷中的作用有限。部落争夺领地，在爆发冲突后切断穿过自己领地的道路，不仅是部落自治的表现，而且显示出伊玛目行政控制的有限性。伊玛目的强有力统治的最典型标志是可以保证统治下道路的通畅和安全。宰德派信众尊重领导者的魅力和赛义德的身份，承认他们在个人和部落纠纷中起着“调解人”的作用。在部落动乱频繁的社会中，伊玛目成功使同属哈姆丹后裔的两大部落联盟巴基勒和哈希德成为国家的“两翼”。尽管部落冲突是经常性的，但他们逐渐意识到他们拥有共同的信仰——宰德主义。

第三，结盟与对抗交织的互动过程。伊玛目王国依赖于一个正式的法院官僚机构管理国家，而不是前任伊玛目的直接统治。官僚结构包括中央集权的教育系统和由首席法官领导的司法机构。军队主体构成也从部落武装转变为以奴隶为主体。国家铸币采用了奥斯曼风格，以王朝继承的方式取代了传统上对伊玛目先知家族身份的强调。这些变化使卡塞姆王朝与巴格达的阿拔斯帝国和伊斯坦布尔的奥斯曼帝国在统治方式上保持一致。[①] 但随着伊玛目家族内部出现多个伊玛目的争权斗争，各大部落酋长成为伊玛目拉拢分化的对象。17 世纪，当代也门众多位高权重的部落谢赫家族首次出现在王国官方文件中，如哈希德部落联盟的艾哈迈尔家族、穆罕默德部落的杰扎伊兰（Juzaylan）家族和素夫言（Sufyan）部落的胡巴依斯（Hubaysh）家族等。比起自己的部落领地，他们与国家各地事务的联系要更紧密。例如，1698 年素夫言部落的首领萨利赫·胡贝什（Salih Hubaysh），以镇压萨那以西拉伊马赫（Raymah）和瓦沙卜（Wasab）的叛乱而首次被记载，随后还作为当时伊玛目侯赛因·本·卡塞姆的支持者，负责指挥了军队与东部部落之间的战斗。1727 年，伊玛目曼苏尔·侯赛因·卡塞姆果断镇压哈希德部落的艾哈迈尔大酋长、穆罕默德部落的本·杰扎伊兰酋长和素夫言部落的艾哈迈德·穆罕默德·胡巴依斯酋长联合反对伊玛目的叛乱，粉碎了他们试图脱离伊玛目控制的企图。

① Haider Najam. “Zaydism”, in *Handbook of Islamic Sects and Movements*, edited by Muhammad Afzal Upal and Carole M.Cusack, Brill, 2021, p.217.

伊玛目实力强大时，每年向部落领袖发放津贴以获取支持，如1770年起，伊玛目给哈桑·安西（Hasan al-Ansi）和巴拉特（Barat）部落领袖每年发放2万里亚尔的津贴，并且持续了数十年。[①]伊玛目力量衰微时，部落乘机劫掠、征服以壮大自身的力量。例如，1823年也门北部发生旱灾，部落在寻求伊玛目帮助未果的情况下，抢劫中西部地区并将亲信大量向西迁移定居。1800年以后，伊玛目仅算是国家机器名义上的统治者，也门内部实际是各自为政、争斗不休的部落社会，国家行政管理体系几乎崩溃，也门学者对这一时期的描述是“堕落的人比比皆是”。[②]穆罕默德部落和侯赛因部落的杰扎伊兰和巴尼·沙伊夫（Bani Shayif）的家族占有也门中西部的大部分地区，像阿布·拉斯、萨拉赫（al-Salah）、巴乎尔（Bahur）家族以及许多其他家族成为真正的“国王”。哈希德部落联盟中的贝亚特·艾哈迈尔家族，哈里夫（Kharif）和乌萨马特（al-Usaymat）部落占有哈贾和拉赫季的大部分地区。部落四处劫掠，也门当地更加混乱。

第四，卡塞姆王朝时期部落占有大量土地。部落长期以来就有在征服活动中将土地作为战利品分发的传统，历任伊玛目在中西部和东部地区的征服活动中也会给部落授予大量“封地”以换取支持。若伊玛目势弱或遇到灾荒，北部大部落也会劫掠和占有中西部地区的土地。哈希德部落联盟酋长阿里·艾哈迈尔（1727年被处死），占有从胡斯北部一直到迈赫维特的肥沃土地，宽120公里，几乎是萨那以西的所有地区，范围远远超出其在北部高原的部落领地。除了传统部落领地，侯赛因部落的沙伊夫（al-Shayif）在哈贾省拥有土地，素夫言部落的贝亚特·胡巴依斯（Bayt Hubaysh）在迈赫维特拥有数量可观的土地。18世纪，也门北部高原部落的大酋长在西部山区都拥有军事要塞。几个世纪以来，伊玛目对显赫的部落家族赠予封地，以哈希德部落联盟的贝亚特·艾哈迈尔家族为例：该部落联盟由四个非谢赫家族和贝亚特·艾哈迈尔等四个谢赫家族构成，前者的土地都集中在部落领地疆界之内，

---

① Paul Dresch, *Tribes, Government and History in Yemen*, Cambridge University Press, 1994, p.213.

② ‘Abdullāh al-Jnzaylān, al-Ta’ribh al-sirri li-l-thawrat al-yamaniyyah, Dār al-‘Awdah, 1997.

而贝亚特·艾哈迈尔家族在也门各地都拥有土地，在哈布尔（Habur）以及沙哈拉赫（Shaharah）东部的低地有不可转让的家族土地约 133 公顷，据推测可能是阿里·卡塞姆赠予所有支持他的贝亚特·艾哈迈尔家族分支的。这个家族每一个主要分支都拥有属于自己的土地，完全由家族管理，每个家族内部的独立家庭也拥有不可转让的地产，他们在也门西部的土地可以买卖和继承。资料显示，也门大酋长家族在部落领地之外拥有地产的历史从 18 世纪初一直延续至今。一般来说，部落领袖在领地以外的土地属于家族集体所有，而部落疆界内的领地则分属于各个家族所有。

也门近代的王国更替使得伊玛目和部落之间的权力此消彼长，很少有伊玛目能实现对各部落联盟的完全控制。尽管伊玛目是国家的统治者，但权力仍主要集中在北部传统部落手中。无论是卡塞姆王国时期还是奥斯曼帝国两次占领也门时期，也门人共同的历史记忆是“国家和部落的碎片化”[①]。卡塞姆王国与近代其他王国并无本质区别，仍是以家族和部落政治为基础的部落国家。但卡塞姆王朝在也门民族国家构建中的积极作用不容忽视——使原来处于一盘散沙的也门各部落第一次稳固地成为一个政治地理单元。卡塞姆王朝在抗击外敌和维护也门领土的完整方面也作出了重要贡献。

二、穆塔瓦基利亚王国时期部落与国家的互动关系（1918—1962 年）

穆塔瓦基利亚王国独立初期，也门至少兴起了上百个埃米尔国、谢赫国和苏丹政权，随时面临着分裂的危险。伊玛目叶海亚把也门的大部分统一起来，置于他的绝对统治之下，这是一个了不起的成就。1918 年 11 月的穆塔瓦基利亚王国，除了面对英国殖民者对也门南方的占领，最重要的政治对手是占有阿西尔地区的伊德里斯人。同卡塞姆王国时期一样，叶海亚依靠北方传统部落武装完成对南方的征服，“部落成员以圣战的名义在伊玛目的支持下从萨那以北进入低地的帖哈麦、伊卜、塔伊兹和贝达”[②]。面对伊玛目与伊德里斯

① Paul Dresch, *Tribes, Government and History in Yemen*, Cambridge University Press, 1994, p.224.

② Shelagh Weir, *A Tribal Order: Politics and Law in the Mountains of Yemen*, Austin: University of Texas Press, 2007, p.265.

人之间的竞争，也门部落势力再次成为双方争夺的重要筹码。1922年，伊玛目叶海亚作为调解者介入哈希德和巴基勒部落的争端之中，到1924年，叶海亚利用部落间的分化成功实现了对哈希德部落核心地区的控制，并打败了哈希德部落艾哈迈尔家族支持的伊德里斯人。20世纪20年代，伊玛目叶海亚及其后继者广泛介入北方和东部的部落事务中，担任的角色更像是一位仲裁者而不是统治者。但是自20世纪30年代开始，伊玛目叶海亚不断采取措施削弱部落势力，强化中央政府权力。也门部落完全置身于伊玛目政权之外的独立性开始丧失。主要表现在以下几个方面。

第一，伊玛目强化对部落的控制。1914年，伊玛目叶海亚利用金钱诱惑和武力威胁的方式，控制了整个贾巴尔·拉兹赫地区，随后在这一地区构筑堡垒，可以俯瞰整个南拉兹赫和凯赫兰部落。1918年之后，国家与部落关系通过"国家管辖条约"得以重构。大的部落酋长宣誓对"有学识的统治者"效忠，并表示将以合作态度缴纳税金、接受人质制度和王国法律，并在必要的时候进行圣战。[①] 在伊玛目叶海亚统治初期，这种部落管理方式非常有效。税收方面，北方部落处于政府直接管理之下，政府向其首领发放津贴，中南部的沙斐仪部落则处于政府官员与当地领袖协调管理之下。两个地区的税收都由当地领袖负责收取，部落领袖有权留下税收的一部分，在北部可以保留收缴总额的四分之一，而中南部可以保留总额的十分之一。伊玛目叶海亚基本按照部落边界划分各省的界线和管理，尽管部落酋长也须由伊玛目批准才能任职，但伊玛目尊重部落内部的选举方式，并继续依靠酋长、部落长老开展省内基层的地方管理工作。[②]

第二，伊玛目强化伊斯兰教法的地位，为政权提供合法性。规定伊斯兰教法是也门司法的唯一依据，只允许伊斯兰法庭存在，其他法庭一概废止。伊玛目是也门最高法官。长期以来，国王的合法性受到部落力量的掣肘，叶海亚借助宰德派教义为其集权统治辩护，宣扬王权神授。伊玛目用伊斯兰教

---

① Shelagh Weir, *A Tribal Order: Politics and Law in the Mountains of Yemen*, Austin: University of Texas Press, 2007, p.265.

② Shelagh Weir, *A Tribal Order: Politics and Law in the Mountains of Yemen*, Austin: University of Texas Press, 2007, p.270.

法反抗部落习俗。在叶海亚时期，人们仅因收藏记录部落习俗的书都会被处死，[①]伊玛目的官员要求政府警察进入部落领地，并要求部落将罪犯移交国家司法机构进行审判或监禁。为了自身的利益，部落酋长们会签署协议表达对伊玛目的忠诚，并承认遵守伊斯兰教法，根据部落和政府法律迅速处理其内部的违法者。越来越多的部落纠纷被移交国家法庭，而不再交给部落长老，部落的示威游行和冲突也得到有效遏制。法律实施过程也发生了变化：这一时期伊玛目主要采取“强制执行”方式，即要求违法者供养当地警察，支付他们的薪水、交通费并提供卡特，在必要时还要接受他们留宿。[②]这种方式与部落习惯法中某些做法类似，伊玛目通过这种方式用国家法律取代部落法中相似内容，以此巩固政府与部落长老的地位。尽管自卡塞姆王国开始历任伊玛目强调以宰德主义取代部落主义，但也门部落主义根深蒂固，至穆塔瓦基利亚王国时期，也仅是实现宰德主义和部落主义之间的脆弱平衡，即对于部落特有的风俗习惯和行为只进行有限干涉，接受部落习惯法的存在。

第三，以正规军瓦解部落首领的军事特权。王国独立前伊玛目只有少量的近卫军和雇佣军，没有正规的专业常备军。稍有规模的战争都需部落武装参加，由伊玛目亲自率领，或由其他赛义德成员及法官和宗教学者率领参加战斗。国家独立后，伊玛目叶海亚学习奥斯曼帝国的治军方法，建立职业军队，并由专业军官领导，同时开设了一所军事学院以培养后备军官。正规军的组建使伊玛目在一定程度上摆脱了对部落武装力量的依赖，从而削弱了传统部落的军事和经济特权，部落首领在军事领域的地位有所下降。

第四，以传统人质制度牵制部落。伊玛目派遣大量眼线监视地方和部落事务，并且利用部落内部纷争分化部落力量，严厉镇压部落大规模的反叛活动。扣留重要部落首领家族成员，也是牵制部落势力的主要手段。人质制度有着严谨的实施程序，根据部落构成选择并遵循部落传统习惯：如纳兹尔部落（al-Nazir）按照规定需要提供 4 名人质，其中 1 人必须来自长老或酋长家

---

① Paul Dresch, *Tribes, Government and History in Yemen*, Cambridge University Press, 1994, p.229.

② Shelagh Weir, *A Tribal Order: Politics and Law in the Mountains of Yemen*, Austin: University of Texas Press, 2007, p.276.

族，剩下的 3 人则分别来自该部落的上层、中层和下层的首领家族成员。小型部落只需要提供 2 名人质。每个人质的扣留时间都是固定的，期满后由家族另一位成员顶替。[①] 人质家庭每月都能获得一笔丰厚的津贴以弥补他们失去劳动力的损失，一半由国家提供，另一半由所在部落支付。如伊玛目艾哈迈德时期，哈希德部落大酋长侯赛因 · 艾哈迈尔住在塔伊兹住所，每周获得 50 银币或者 60 银币用于开支，此外每月还有数百银币的津贴，他和其他部落大酋长都处于伊玛目的监视之下。

伊玛目艾哈迈德与其父叶海亚的思想差别不大，统治方式基本相同，艾哈迈德统治时期就是叶海亚时代的延续。这一时期，部落游离于国家管理之外的情况消失。20 世纪 30 年代中期到 60 年代，支持和反对伊玛目的部落都处于伊玛目严格的控制之下。伊玛目对国家有效的控制体现在道路的畅通安全和收税方式上：此前从焦夫到马里卜的路程需要庞大的武装队伍保证安全，叶海亚时期走完这段旅程只需要一名同伴陪同；此前政府对强大部落地区收税需要派遣一支军队完成，如今派遣一名携枪的士兵，仅需要提到“我背后是伊玛目艾哈迈德”就能顺利完成任务。[②] 伊玛目叶海亚在形式上建立了国家统一的行政和司法体系，有效削弱了部落领袖的权力，第一次建立了中央集权的政治制度，奠定了现代也门民族国家的基础。伊玛目已不再是之前部落纷争的“仲裁者”，即与所有部落平等的成员之一，而是一位高高在上并拥有生杀予夺绝对权力的统治者。这种集权化过程并没有完全破坏部落体系，他们的传统需求依然存在：保留自治权、对金钱和武器的渴望、完成宗教义务等。也门部落组织完整地保留了下来，甚至在一定程度上，伊玛目仍依赖着部落力量完成对国家各个地区的管理。

三、北、南也门共和国时期的部落与国家的互动关系（1962—1990 年）

“9 · 26”革命的成功催生了北也门，现代也门在推翻伊玛目封建神权统

① Shelagh Weir，*A Tribal Order：Politics and Law in the Mountains of Yemen*，Austin：University of Texas Press，2007，p.273.

② A. S. Tritton，*The Rise of the Imams of Sanaa*，London：Oxford University Press，1925，p.29.

治的基础上开启现代国家构建。北也门共和国时期是部落与国家关系发展的新阶段，部落力量被进一步整合进国家政治制度构建之中，成为现代国家机体的组成部分。主要表现在以下几个方面。

第一，开明部落酋长对伊玛目的反对为“9·26”革命成功奠定了基础。1948 年革命虽然失败，但“自由人运动”制定的《神圣民族宪章》，首次提出了国家权力由“全体也门人民代表”赋予，政府必须经过协商组建的现代国家理念。继 1955 年政变失败后，萨那军政界一些自由派人士开始在哈希德、巴基勒、凯赫兰部落地区进行宣传，发动部落力量反对伊玛目艾哈迈德的统治。1957 年，来自穆罕默德部落的卡塞姆·阿布·拉斯大酋长、哈希德部落的侯赛因·艾哈迈尔大酋长，以及尼赫姆部落的阿里·阿布·拉呼姆酋长，秘密策划了刺杀伊玛目艾哈迈德的行动。1959 年，哈希德、巴基勒两大部落联盟率先起义，攻占当地政府机关，随后起义遭到伊玛目残酷镇压，哈希德部落大酋长侯赛因·艾哈迈尔及凯赫兰部落大酋长阿卜杜·拉提夫被杀。伊玛目巴德尔继位后，部落酋长在向新伊玛目宣誓效忠时，提出了开办学校、建立医院等改革要求，这些要求遭到伊玛目的严厉斥责，加剧了要求进行适当变革的部落酋长们对伊玛目政权的不满。

第二，内战中共和派依靠哈希德部落力量抗击君主派势力。共和国建立后，萨那以南的沙斐仪派地区和帖哈麦地区都表示接受新政府，而以巴德尔为首的君主派则获得了西部地区部落的支持，国家北部和东部划分成了不同的政治阵营。也门共和派和君主派的内战除了是地区大国沙特和埃及的较量，更是国家内部各部落之间的战争。据估计有接近 20 万人死于战争，并且他们中的大部分是部落成员。[①] 革命爆发仅十天，由哈希德、苏拉伊赫和亚兹德部落组成的军队进入穆赫巴赫、奥尔哈卜和素夫言部落地域，争取他们对共和国的支持。但军事或者政治并不是内战中部落选择立场的决定要素，获取利益和扩大势力才是部落首要考虑的要素。1986 年以后，由于王国无力再向追随君主派的部落提供必要的财政补贴，致使一些部落停止支持君主派，投奔

① Paul Dresch，*Tribes*，*Government and History in Yemen*，Cambridge University Press，1994，p.246.

共和派，君主派的外援锐减。共和派和君主派都以收买部落为己所用的方式扭转局面。“在战争的最后，部落拥有了大量金钱和武器，开始成长为经济独立的社会力量，足以在政治体系中造成影响。”[①]

第三，部落力量积极参与民族和解和国家构建过程。首先，分属不同阵营的部落之间并没有完全隔绝和对立。部落社会内部调解冲突的社会规范并没有失效，部落显示出较强的适应力。如尽管穆罕默德和侯赛因部落存在严重分歧，但也达成了一系列共同协定（前者倾向共和派，后者支持君主派），奥尔哈卜部落（支持君主派）和哈里夫部落（支持共和派）也一样。在达成共同协定的保证之下，奥赫努姆（Al-Ahnum）部落与高原地区的卡特贸易在整个战争中并没有停止。素夫言和哈希德许多部落也达成停战协定，包括保证素夫言（支持君主派）通往萨达和巴拉特（Barat）的道路畅通和安全，这种安全保证甚至适用于埃及军队。部落间的会谈和协定本身为实现和解、结束战争奠定了基础。其次，部落力量参与政治制度建设和政治和解过程。1963 年 4 月，共和派中的自由主义者、革命军官和自由派部落酋长起草了一部宪法，除了提出建立“行政委员会”监督政府，还提出建立一个谢赫委员会以表达主要部落的政治诉求。1963 年 9 月，哈希德部落大酋长艾哈迈尔和穆罕默德部落大酋长拉斯在阿姆兰召开会议，就共和国政治制度和如何结束内战进行讨论。会议通过了 28 项决定，其中包括：建立国家军队；组建旨在解决部落内部纠纷的谢赫委员会，并将名称定为“顾问委员会”；建立高级谢赫委员会，以军事措施终止外部势力对部落事务的干预；主张以和解方式结束内战。这些以部落为基础提出的国家问题解决方案受到了共和国左派的反对。1965 年 5 月，新总理努曼在哈希德部落大酋长艾哈迈尔的支持下召开和平大会，许多宗教学者和部落酋长参加，会议决定成立由五名酋长和四名宗教学者组成的部落和平常设委员会，主要任务是通过各种渠道、方式联系追随君主制的部落，达成谅解协议。大会重申了阿姆兰会议中关于政治制度的主张。但由于共和派阵营内部矛盾加剧，上述决定并没有实现。

---

① Elhamm Manea，“Yemen，the Tribe and the State”，International Colloquiun on Islam and Social Change，University of Lausanne，1996，p.3.

第四，部落酋长进入国家行政官员体系。在内战爆发之初，共和国将选择支持共和派的部落首领委任为政府官员。当时存在部落酋长和部落成员分别支持不同派别的现象，如尼赫姆部落酋长阿里·阿布·拉呼姆选择支持共和派，而尼赫姆部落成员大部分支持君主派。部落领袖被纳入国家行政体系在也门历史上尚属首次，这也是共和国不同于王国的重要特征。内战结束后的埃利亚尼执政时期，重要的部落酋长都进入以哈希德大酋长艾哈迈尔担任主席的国民大会（National Assembly，1969 年）和协商委员会（Consulatative council，1971 年）。其中艾哈迈尔、辛南·布·卢乎姆（Sinan Abu Lahum）和艾哈迈德·阿里·玛塔里（Ahmad Ali al-Matari）等人地位显赫，成为举足轻重的政治势力。穆罕默德部落的阿布·拉斯担任内阁部长直到 1978 年去世。共和国时期，省长通常由法官和部落中的领导人担任，还有一些重要职务属于来自部落的赛义德家族，省之下的各区、村行政官员则多由当地部落领袖担任。共和国政府要求各部落酋长监管地方税收，只要部落法不违背伊斯兰教法，政府便承认部落法在维持各部落秩序中的作用。

埃利亚尼执政期间，受强大的部落势力困扰和起伏不定的南北政治关系影响，政府更迭频繁，并数次引发政治危机。进入政治权力中心的大部落酋长为了巩固自己的政治、经济利益，竭力干涉国家政务，试图控制国家重大问题的决策权，甚至包括总理的任命权。从埃利亚尼政府频繁更迭内阁总理、阻挠南北统一进程，到哈姆迪、加什米政府努力清除政府中部落势力结果相继遇刺身亡，都可以看到部落势力对国家政治的干涉。部落势力对国家政治制度构建的干预使刚刚经历内战的共和国政局动荡，国家构建困难重重。

20 世纪 60 年代以来，建立民族国家的愿望和理想受到绝大多数也门人民的认同。民众不仅具有部落认同，还作为共和国公民产生了国家认同意识，“权利、统一和进步”等现代观念冲击着传统的部落政治文化。尽管政局动荡，北也门共和国时期基本实现了政治资源的纵向整合，也门开始在国家层面进行政治制度、司法和财税制度的构建。这一时期的也门国家构建也表现出“部落化”的特征：国家行政区域划分仍以部落边界为基础；哈希德等部落领导人进入政治权力中心，并且在官僚体制、军队、立法机构和行政机构，以及整个政治体系中占据优势。部落认同大于国家认同的现实凸显出社会发展的二元性特征：一方面是中央政府集权趋势；另一方面是部落社会的自治传统。部落利益与国家利益之间势必产生严重的对抗和脱节。

与此同时，传统宰德派政治力量被排除在政治权力核心之外。北部长期占据主导地位的宰德派文化受到冲击，一群具有宰德教派背景的学者（其中许多人继续自称为宰德）采纳了伊本 · 瓦齐尔（Ibn al-Wazīr，1436 年）和阿富汗尼的逊尼派传统立场。一位当代学者这样描述道：当时也门北部传统宰德派部落地区占主导的变成了逊尼派文化，宰德派在政治和文化上的衰落使当地部落更多地依附于当地的部落主义。[①] 与北也门部落拥有强大的政治影响力不同，南也门地区的部落社会在社会主义政权主导下遭到压制和削弱。南也门共和国时期，部落主义被视为封建主义的同义词，各届政府都利用国家武装力量解除农村和城市地区部落武装，通过严格规范的法律管理社会行为，对国家边缘地区实现有效的管理。受制于政治动荡、经济落后的现实，强大的国家力量并没有从根本上动摇部落社会，也无法以国家意识形态完全取代部落传统思想和信仰体系。1990 年北、南也门实现统一后，南也门农村地区部落主义出现复兴之势。

四、萨利赫执政时期国家与部落的互动关系（1978—2012 年）

出身于哈希德部落联盟中萨罕（Sanhan）小部落的塔伊兹军区司令阿里 · 阿卜杜拉 · 萨利赫 1978 年 7 月临危受命担任北也门共和国总统，1990 年北、南也门统一后担任总统委员会主席，后在总统制下担任总统，并在接下来的 21 年中连选连任，成为目前也门在位时间最长的总统。萨利赫时代是也门现代国家构建的重要阶段。萨利赫在部落势力强大、教派分化的也门能维持 34 年的统治实属不易，其优势之处在于善于拉拢和分化部落势力，通过加强与部落力量的合作，平衡国内各方势力。2011 年萨利赫黯然交权下台，原因也在于他与部落同盟关系的破裂。

1986 年萨利赫接受采访时被问及“也门从部落主义向国家过渡进行到了

---

① J. R. King，“Zaydī Revival in a Hostile Republic：Competing Identities，Loyalties and Visions of State in Republican Yemen”，*Arabica*，2012，p.406.

哪一阶段”，他的回答是：“国家是部落的一部分，我们的人民是部落的集合体”[①]。对部落的重视决定了萨利赫执政时期的部落政策。

第一，协调政府与部落关系，保障部落成员正常参政的途径。萨利赫政府延续了北也门共和国时期与部落合作的政策，除了萨利赫本人保持与哈希德部落大酋长艾哈迈尔家族的密切关系，赢得哈希德部落联盟的支持，政府还积极促进部落制度与现代国家政治制度融合。1982 年 8 月召开的全国人民大会第一次会议上通过的《民族宪章》，作为全国政治行动的指导方针，提出以宪政民主和社会法制为施政原则，以实现社会公正和平等为目标，这与部落制度在政治权力、权限和司法权等方面的传统存在冲突。为了弱化这种冲突带来的部落反抗行为，政府保障每位公民包括部落成员拥有参与政治的合法途径。例如，部落成员可以通过全国议会选举和地方选举参政，进入国家和地方议会。针对各地方部落传统内部自治与中央权力之间的冲突，萨利赫政府努力将部落纳入地方行政管理的范围内，即以部落领导人担任地方管理者，以部落疆界作为国家行政管理的基本单位。另外，政府还允许各地方部落首领自主制定适合地方部落特色的政策法规。2007 年，萨利赫政府根据“集中地中央计划和分散地地方管理”的原则，提出实行地方管理改革，主要内容是在财政和管理方面对地方政府放权，[②] 但这类改革实际上为地方权贵操纵当地选举提供了机会，并没有给当地民众以任何实质上的权利。

第二，以“恩惠”方式笼络和安抚部落。恩惠在中东国家处理与部落关系时并不鲜见，主要是通过给有影响力的部落领导人每月发放报酬、给予生意特权与官职等，以获取部落的政治支持。萨利赫时期为维持与部落的同盟关系，政府设立部落事务部，该部主要为四五千名部落领导人支付薪金，此外还有汽车、商业活动，甚至房产、土地等非现金收入。为了获得哈希德部落艾哈迈尔家族的支持，萨利赫将国家经济中获利最多的石油、金融和电信等企业交给其家族人员经营。如哈希德部落酋长的弟弟哈米德·艾哈迈尔自

① Paul Dresch, *Tribes, Government and History in Yemen*, Cambridge University Press, 1994, p.246.

② 杨鲁萍：《也门部落暴力问题初探》,《西亚非洲》2008 年第 10 期。

1993 年以来一直担任也门国会议员，他还是也门最大的移动通信运营商和萨巴伊斯兰银行等企业的所有者。[①] 除了利益拉拢，萨利赫鼓励部落领导人担任政府要职并参加议会选举活动。有数据显示，也门各级教育部门中高达 40% 的员工都是“幽灵”职员，即部落中有人担任职位，但从不工作，只领取薪水，[②] 而这只是恩惠中的一小部分。尽管很大程度上“恩惠”保证了萨利赫的统治，但由此产生的削弱政府管理职能、腐败犯罪活动、对国家正常司法活动的侵害等不良后果，也同样冲击着政府的统治。

第三，政府打击部落暴力活动，调解部落间的冲突。也门部落暴力活动频发，每年有数以百计的普通民众在各类部落冲突中受伤，部落冲突带来的复仇活动造成更多的伤亡和部落社会的动荡。如 2000 年 6 月，在沙特与也门边界附近的瓦拉赫部落与周边的部落发生冲突，就有超过 39 人死亡，200 多人受伤。[③] 为应对国内部落暴力活动频发，萨利赫政府除了通过法律手段制约，如曾试图在城市中实施禁枪举措，通常采用的方法是使用部落传统的“仲裁”方式解决冲突，即政府在处理部落冲突时“扮演仲裁者的角色”，用“部落的语言”来解决较大部落之间的冲突。

萨利赫执政时期是也门的一段现代史，也是也门民族国家构建的发展史。经历了北、南统一进程，1994 年内战，萨利赫成功保持了国家的统一，通过政治改革完成了多党制和议会制的国家制度建设。面对错综复杂的国内形势，萨利赫通过平衡国内各种政治和部落势力维持统治。然而，由于在政治治理上受到了传统部族文化、伊斯兰教信仰、阿拉伯民族主义，以及作为后发外源型国家的也门在发展初期对强权政治的需要和政治领袖的权力欲膨胀等因

---

① 党梓元:《萨利赫时代（1978—2011）也门部落研究》，硕士学位论文，北京外国语大学，2013 年，第 23 页。

② Daniel Egel，*Tribal Diversity：Political Patronage and the Yemeni Decentralization Experiment*，University of California，Berkeley，2010，p.8.

③ Fatimaabo Alasrar，*Democratic Governance in a Tribal System*，International Policy Fellowship Program，2006，p.13.

素影响，萨利赫时期形成了介于独裁与民主之间、由“克里斯玛”[①]式领袖大权独揽的威权政体，建立起的是强大的几乎不受限制的强权总统制。家族和部落统治一直是萨利赫维持强权统治的基础。因此，萨利赫时期的也门现代民族国家构建并不是建立在高度制度化和民主化的基础上的，而是建立在依靠传统部落力量的强人政治基础之上的。部落仍是也门政治和社会的基本单位，部落认同仍然高于国家认同，是也门民众最基本的政治认同。萨利赫政府并没有解决也门现代民族国家构建中的部落问题。

第四节　部落社会与也门民族国家的重构

萨利赫统治时期，也门失业率常年超过 35%，18—28 岁年轻人的失业率更是高达 50%，全国人口中有五分之二处于贫困状态。长期的威权统治和贫困的现实，终于使萨利赫看似坚若磐石的统治在民众的怒火中坍塌，2011 年爆发的也门乱局最终使萨利赫交权下台。

一、部落因素是萨利赫政府下台的重要影响因素

也门国内长期积存各种矛盾：经济濒于崩溃，民生惨淡；总统大权独揽，腐败严重，民怨沸腾；胡塞叛乱活动挑战着政府权威；南方分离主义者的不满与日俱增。矛盾积累最终爆发反政府示威活动。以上各种矛盾都受部落因素影响。

第一，经济方面，作为政府财政收入主要来源的石油收入大部分被萨利赫家族、政府高官和显赫部落酋长收入囊中，政府公共基金只能得到很少部分，其余部分依据与萨利赫及哈希德部落关系的亲疏分配到各地区和部落中。萨利

① 在韦伯看来，现代官僚体制作为支配整个社会生活的通常形式，在遭遇无法消解的复杂的生活内容（即出现社会危机）之时，社会中的“克里斯玛”人物便得以崭露头角（例如耶稣、摩西）。在这种情况下，具有这种人格的领袖一般需要证明自身的“超自然”禀赋。但“克里斯玛”领袖的神圣性并不是孤立存在的，而是在追随者和信仰者的承认与追随中得以稳固。被支配者对“克里斯玛”承认与否，是“克里斯玛”是否妥当的决定性因素。

赫将国家的主要收入分配倾斜于自己的家族和传统西北高原地区的部落势力，整个西北高原地区税收负担较轻而国家投入较多的特权，与此形成鲜明对比的是，作为石油主要产区的南部和东部地区，不仅要承担更多税收，而且政府的关注和投入较少。长期以来，原属于南方部落或地区所有的石油利益源源不断地流入萨利赫家族和哈希德部落权贵手中，当地民众的生活毫无起色，认为受到萨利赫政府“内部殖民”的南部和东部民众、部落酋长成为反政府的主要力量。

第二，政治方面，萨利赫依赖于其家族和部落渗透到军队和国家机构中。萨利赫格外注意军队中高级指挥官员的部落背景，例如，也门军队的士兵绝大多数都来自于萨利赫所在的萨罕部落和其他哈希德部落联盟中的部落。也门军队不再是一个国家机构，而成为部落权力的表现。国家机构的“部落化”使得国家行为像是一个部落。萨利赫的支持力量主要来自哈希德部落联盟。反政府势力也以部落或部落联盟为组织单位，如萨达地区的胡塞部落武装。作为历史上宰德派伊玛目的大本营，胡塞部落武装对传统宰德派在政治上的失势心存不满，极力反对萨利赫与美国进行反恐合作，最终在 2004 年掀起叛乱，成为萨利赫政府最主要的反对力量。此外，萨利赫政府任人唯亲，政府高官主要出在传统西北高原地区，对南部地区的党派特别是也门社会党极力排挤和打压。南部民众在政治和经济双重挤压下掀起了旨在要求南方独立的“南方运动”，其中不乏部落成员的身影。

第三，传统部落盟友的反对是萨利赫倒台的最直接原因。一直是萨利赫有力支持者的哈希德部落联盟大酋长艾哈迈尔家族，对萨利赫家族长期垄断政治权力开始不满。具有哈希德部落背景的伊斯兰改革集团自 1997 年起成为影响力最大的反对党，伊斯兰改革集团也是反对派联盟——联席会议党的核心成员。2011 年政局动荡以来，伊斯兰改革集团直接参与其中并迅速成为也门政治舞台中举足轻重的力量。也门反对党主要领导人、哈希德部落联盟首领萨迪克 · 艾哈迈尔明确表示，“如果萨利赫想让也门人站在他那边，反对独裁保卫国家团结，他自己就必须放弃独裁。”[①]2011 年 5 月 23 日，部落武装进

① Asharq Al-Awsat，“Asharq Al-Awsat talks to Sheikh Sadiq al-Ahmar”，June19，2011. https://eng-archive.aawsat.com/theaawsat /features/asharq-al-awsat-talks-to-sheikh-sadiq-al-ahmar.

攻多个政府部门，许多政府部门接近瘫痪状态。7 月 30 日，有 500—600 名部落首领在萨那出席会议，宣布成立旨在支持民众示威活动的“也门部落联盟”。8 月 7 日，也门部落联盟警告萨利赫政府停止对民众的抗议示威采取军事行动，并呼吁各部落成员采取任何必要手段与政府军对抗。[①] 最终，众叛亲离的萨利赫被迫签字交权。

萨利赫黯然下台，政治动荡使传统部落势力扩大，部落武装实力增强，这为也门接下来的国家重构埋下了重大隐患。部落势力的扩大和恶化的也门国内安全局势，强化了也门民众寻求部落保护的意识。如何正确对待部落因素，加强国家对社会的控制，是哈迪政府上台后所必须面对的难题。

二、2011 年后的部落与也门政治危机

2011 年 11 月 23 日，也门总统萨利赫签署了同意将权力移交给副总统哈迪的海合会倡议，标志着萨利赫主导的现代民族国家构建道路以失败告终。然而，继任的哈迪政府并没有实现也门的政治稳定，2015 年胡塞武装组织的夺权活动引发内战。政治动荡带来传统部落势力扩大，经过战争淬炼的部落力量成为也门现代民族国家重构中的重要影响要素。

1. 哈迪政府及当前政治危机中的部落因素

萨利赫交权后，原来的威权统治瓦解，民众骚乱和政治危机导致整个社会高度碎片化。胡塞武装组织迅速崛起严重冲击也门的传统政治生态和国家稳定，引发国内部落和教派矛盾，导致部落间冲突频发。

首先，哈迪政府尽力协调政府与部落关系，平衡部落利益，但收效甚微。在获得国内所有政治派别认可后，哈迪以“唯一候选人”身份当选总统，伊斯兰改革集团成为过渡政府的重要组成部分。哈迪政府 30 位内阁成员中，前执政党全国人民大会党和反对派联盟代表各占一半。全国人民大会党 5 位前部长留任，2 位履新；伊斯兰改革集团有 4 位成员任部长，其余部长席位属于也门社会党、纳赛尔主义党、阿拉伯复兴社会党、人民力量联盟和独立人士，

---

① 党梓元:《萨利赫时代（1978—2011）也门部落研究》，硕士学位论文，北京外国语大学，2013 年，第 26 页。

新政府中没有南方运动和胡塞武装组织的成员。除了党派的不同，新内阁成员与前萨利赫政府和重要部落有千丝万缕的关系。作为一位“弱势”总统，哈迪在个人威望与执政能力上都不及萨利赫，上台后没有很好地解决好完成政治过渡、起草新宪法、反腐败、打击恐怖主义、安抚北部胡塞武装组织和南方分离运动组织、改善民生等难题，最重要的是哈迪政府没有得到重要部落力量的支持，国法政令难出首都，不能有效掌控全国。领地横跨北方三省、拥有 10 万民兵的哈希德部落联盟不仅坐看支持哈迪的政府军与胡塞武装组织火拼，甚至暗中向胡塞武装组织提供武器。在亚丁，南方分离运动中的成员开始充当义务警察维持社会秩序。哈迪政府的软弱为极端主义组织的发展提供了可能。①

其次，胡塞武装组织崛起，引发部落间武装冲突。2011 年也门政局动荡以来，胡塞武装组织和哈希德部落联盟实际控制着北方各省。尽管两者同属什叶派，但政治利益矛盾尖锐。在哈贾省，胡塞武装组织和伊斯兰改革集团的部落之间已经爆发了多轮战斗，在焦夫省和萨那省的奥尔哈卜地区冲突也时有发生，不断造成人员伤亡。

最后，政治危机持续，部落间关系错综复杂，政治力量处于不断分化组合之中。2017 年也门主要政治力量包括哈迪政府的支持者和部落力量，支持萨利赫的部落与胡塞武装组织部落之间的联盟，南部支持分离主义运动的部落力量，在也门东部影响扩大的极端组织。部落之间由于支持者的不同而兵戎相见，部落冲突、各主要势力之间冲突不断。各派势力成为沙特、伊朗、阿联酋等国在也门的代理人，加剧地区动荡。2017 年 12 月 4 日，萨利赫在与胡塞武装组织的内讧中丧命，其支持势力占据的萨那及其周围据点全部易手，胡塞武装组织在北部独大。2018 年 1 月，南部分离运动组织南方过渡委员会表示与哈迪政府军发生军事冲突。国家政治派别冲突带来部落力量的碎片化，当前也门各派间的政治冲突可以说是其国内部落斗争的延续。北部部落在胡塞武装组织与“基地”组织之间选边站队。而南部部落则在哈迪政府与南方

① Ginny Hill，*Yemen Endures：Civil War，Saudi Adventurism and the Future of Arabia*，Oxford University Press，2017，p.277.

分离运动组织之间选择。在也门未来的局势中，部落因素仍至关重要。

2. 未来也门国家重构中的部落因素

当前也门国家重构进程停滞，结束冲突、以谈判取得社会稳定是也门重启国家构建的首要条件。当前的也门处于内忧外患之中：外部大国干预，国家出现安全真空，恐怖与政治暴力盛行，部落冲突频发，南方分离主义再度抬头。更重要的是，这个国家还未突破传统的部落认同形成一种统一的国家认同，部落社会并未与现代民族国家相融合。未来，部落社会对也门的政治重建、经济发展和社会进步仍将产生重要影响。

一方面，基于不同部落体系的地方主义仍是也门现代民族国家重构的最大挑战。与伊拉克、阿富汗、黎巴嫩等族群和教派分裂严重的国家相比，也门的族群具有很强的同质性，历史上很少发生严重的教派冲突。但与殖民经历和部族政治密切相关的地方主义，可能呈现愈演愈烈之势。当前存在的强大地方主义势力主要有 2007 年兴起的旨在要求南部地区独立的南方运动组织，中西部海岸地区兴起的本土“帖哈麦运动”（the Tehama Movement）——要求实现中西部地区自治，从要求北方地区自治到武力夺权的胡塞武装组织，以及不断蚕食南部地区重要城镇的“基地”组织分支。面对国家权力真空，各地方势力乘机扩大势力范围，甚至提出完全独立的要求。2015 年 2 月 9 日，来自马里卜、贝达和焦夫省的数百名部落成员聚集在马里卜市，就创建自治的萨巴地区开展讨论，并决定组建筹备委员会以面对胡塞武装组织的夺权，其目标是实现这三个省份的独立自治。[①] 萨利赫下台后，不同地区部落对国家权力的争夺进一步强化了部落意识，也使部落之间的矛盾尖锐化。由部落矛盾引发的社会骚乱和政局动荡贯穿哈迪政府政治重建的全过程。也门危机仍在持续，地方势力和部落势力还在借机不断扩大影响，对部落和解和政治重建产生消极影响。

另一方面，部落因素影响着也门联邦制的实施。也门部落社会的自治传统具有悠久历史。萨利赫极力拉拢传统西北高原地区哈希德和巴基勒部落联

① Ali Aboluhom，*Talks Underway for Independent Sheba*，9 February 2015，http://www.yementimes.com/en/1858/news/4875/Talks-underway-for-independent-Sheba-region.htm.

盟，而对中西部和南部地区进行政治上的排挤和经济上的盘剥，激起上述地区部落的不满。哈迪政府时期，面对地区自治要求，2014 年 2 月 10 日，根据全国对话会议最终文件，也门国家从共和制转为联邦制，原有的 22 个省份被划分为 6 个地区，其中 4 个在北方、2 个在南方。部分权力从中央政府移交到地区政府的手中。针对也门国内存在的强大地方主义政治势力，联邦制的实施是避免国家陷入分裂的现实选择。从建立现代民主国家的长期目标来看，给予地区、省级和市级自治权力将有助于也门的稳定和统一。虽然部落诉求促成了联邦制的实施，但是部落社会的强大使得民众的政治忠诚通常以本部落文化认同为基础，民众缺乏统一的国家认同，因此中央政府的弱势、有限的国家军队力量都不足以保证也门联邦制的顺利实施。目前，也门的联邦制仍只是一纸空谈，未来政府如何平衡各方势力、调和部落关系、增强国家意识，依然是也门国家构建的目标和意义。

本章首先分析也门的部落世系分布、部落社会结构和特征，进而分别论述了不同历史时期也门民族国家构建中的部落因素，并探究部落因素在也门未来民族国家重构中的影响。

从历史来看，部落社会在也门早期国家形成、抵抗外部势力入侵等方面发挥了积极作用。部落内部的团结以及对部落习惯法的认同不仅增强了部落的凝聚力，而且约束着部落成员的道德行为。至近代，部落始终是对抗外部势力占领也门的重要武装力量，对抗击外部入侵、保卫也门领土的统一发挥过重要作用。在当代历史发展中，部落社会与也门的现代民族国家构建矛盾重重，部落之间的对抗和冲突威胁着国家的团结统一，高度的部落认同下无法建立统一的国家认同，部落习惯法充斥着与现代法律制度的抵触。这些都不利于也门的现代民族国家构建。

也门历史上存在着长期的在政治与地理上的分裂，部落与部落联盟构成也门基本的政治和社会单元。也门现代民族国家构建正是在历史上长期分裂、部落认同占主导的背景下，利用伊斯兰教、阿拉伯民族主义、石油财富及被殖民经历，完成国家的统一和国家政治制度的构建。然而，从独立的穆塔瓦基利亚王国到北也门共和国的建立，再到萨利赫执政时期北、南也门的统一，虽然也门完成了国家制度的初步创设，一定程度上实现了国家与部落社会关系的重构，但其国家构建始终受到强大部落势力的影响，并且日益具有"部落化"的特征。萨利赫时期通过平衡国内政治、部落及教派各方势力以维持统治，但部落政治仍是其统治的基础。对也门而言，现代民族国家应该是在部落社会的基础上进行构建，现代民族国家构建的成败也取决于能否超越国家和社会（部落和家族）之间的矛盾。事实上，也门部落不只是一种社会组织，还具有深层心理结构和历史文化的特性。也门的现代民族国家构建应正视这种心理结构和历史文化特性，认识到部落对国家发展和社会稳定的作用与危害。也门的国家与社会这一矛盾的化解取决于也门能否建构一种包容和有效的制度文明，以实现权利相对公平的分配，逐步削弱部落的社会和政治职能。也门的国家和社会关系的协调仍将是一个长期的过程。

第四章　地方主义与也门现代民族国家构建

1990年国家实现统一之前，也门经历了长达数世纪的地区分裂。北、南也门截然不同的发展道路，统一后萨利赫政府加强集权统治的威权政治与地方分权的要求，以及对西北部高原地区与南部省份实行区别对待的政策，都使得地方主义成为解释也门现代民族国家构建道路曲折性和复杂性的关键因素之一。也门各地区的长期分裂既有地理地形和传统文化的影响，又有殖民历史和教派分化的原因。从历史上看，地方主义对也门现代民族国家构建产生了极大的制约影响。本章在分析也门地方主义的发展历程和表现形式的基础上，着重分析地方主义在也门现代民族国家构建中的角色与作用。

学者从不同的角度对“地方主义”一词作过界定，在汉语词汇中，“地方”是相对于“中央”而言的，主要指“中央以下各级行政区域的统称”[①]。英文也有regionalism、sectionalism等相关词语，国外学术界一般认为sectionalism主要指为了维护本地区的利益而反对国家利益，包含着分离主义和孤立主义的含义，核心是强调“对抗”，极端致力于地方利益，追求政治分离，是造成国家战乱和分裂的渊源；而regionalism努力的目标是试图通过协调本地区和国家利益的方式以维护地区利益，并非一种“破坏作用”的理论，[②]追求的是与国家利益一致的地区利益。鉴于此，本书使用的“地方主义”并不拘泥于词义本身，也门地方主义既包含具有sectionalism含义的南方分离运动，也包含具有regionalism含义的中西部地区的政治诉求。作为一种政治、社会和历史现象，也门地方主义始终处于动态的变化中，不仅包括中央政府集权与各地方政府要求分权的互动、政治权力被少数地区垄断滋生出的地方自治诉求，还

---

① 辞海编辑委员会编:《辞海》，上海辞书出版社1999年版，第1493页。

② ［英］戴维·米勒、［英］韦农·波格丹诺编:《布莱克维尔政治学百科全书》，邓正来主编，中国政法大学出版社1992年版，第640页。

涉及南部分离运动等地方分离主义问题，上述问题具有政治地方主义、经济地方主义和文化地方主义等不同的特征。

第一节　也门地方主义形成的基础

高原和山地构成了也门地形的底色，多山、多沙漠的地形特征致使也门各个地区在地理上相对隔绝，经济上联系较少，彼此之间具有较强的独立性。也门各地区间地理条件和气候相异所带来的人口文化差异是其地方主义形成的基础。

一、也门各地区地形与人口文化差异

也门的地区和人口表现出极大的多样性。社会学中人口的多样性通常因民族、文化和语言的差异产生，但在也门人口中，并不存在爱尔兰天主教徒与新教徒之间尖锐的民族对立，也不同于黎巴嫩、叙利亚和伊拉克等阿拉伯国家国内存在严重的教派对立。也门的人口多样性主要对应着不同的地区认同。也门人大多用地区差异区别自己和他人，他们通常将出生地作为自己的姓。例如，萨那北部地区常用的名字是哈姆达尼和奥尔哈卜，而塔伊兹省常用的名字是米哈菲（Mikhlafi）和沙尔加比（sharjabi）。前者使用西北高原地区来自宰德派的方言，而后者则使用来自沙斐仪派的西部方言。

现代也门分为西北部高原地区、西部沿海平原的帖哈麦地区、西部山麓与低高原地区、西南部低高原地区、中南部地区、中心地区和东部地区 7 个部分。上述地区的划分依据既不是民族、教派和文化的差异，也不是地区政治利益。7 个区域内松散的社会结构中，地域联系弱于部落和家族联系。唯一最强的地区关系存在于东部的哈达拉毛，当地民众与其他地区民众相比具有较强的地区认同。在每个区域中，对政治—经济因素和民族—文化因素的偏重各有不同。中南部地区的阿比扬省和沙布瓦省在南也门共和国时期的政治上被边缘化，尽管他们与相邻地区文化习俗并无太大差异，但其民众存在较强的地区认同意识。政治因素是划分西北高原地区的关键因素，毕竟政府中的政要几乎都来自这一地区。其余几个地区间的差异则主要表现在部族和文

化上，方言和服饰的差异是相互区分的重要依据。尽管如此，仍不能否认7个区域之间的文化交流和融合，文化差异也不能代表各地区的政治立场。1994年也门7个区域与首都人口分布如表5所示。

表5　1994年也门区域人口分布

地区	人口（单位：人）	百分比（单位：%）
西北部高原地区	3914929	24.9
西部沿海平原的帖哈麦地区	3038769	19.3
西部山麓与低高原地区	4329761	27.5
西南部低高原地区	1258742	8.0
中南部地区	682926	4.3
中心地区	631677	4.0
东部地区	1001707	6.4
首都萨那	954448	5.6

资料来源：Stephen W. Day，*Regionalism and Rebellion in Yemen：A Troubled National Union*，Cambridge University Press，2012，p.54.

如表5所示，西北部高原地区人口占总人数24.9%，这意味着属于宰德派的民众比例可能超过30%，因为大部分宰德派都生活在萨那地区，少数生活在高原以外地区。人口最多的地区是西部山麓与低高原地区，西部沿海平原的贴哈麦地区人口处于第三位。上述3个地区在20世纪90年代初构成了也门人口的大多数，如果加上萨那人口则可占到全国人口比例的78%。东部哈达拉毛和马赫兰地域宽广，占有也门土地的一半，但人口仅占总数的6.4%。[①] 也门各地区地理环境、人口文化、教派和政治影响差异是地方主义得以形成的基础。了解7个区域之间的互动关系，有助于分析1994年也门内战爆发的原因及影响，还有助于分析也门1993年、1997年选举期间选举模式的变化，并审视各个地区在萨利赫政府中的地位，最后揭示2011年地方主义全面爆发的原因。

① Stephen W. Day，*Regionalism and Rebellion in Yemen：A Troubled National Union*，Cambridge University Press，2012，p.54.

二、历史上长期分裂

由于战乱和地理环境的阻隔，也门国内各地区相对封闭，经济和文化交往活动有限，鲜有王朝能克服地理阻碍实现对也门全境的有效统治。

在前伊斯兰时代，位于阿拉伯半岛南部的也门就出现过 4 个各具特色又相对隔绝的文明中心，分别是：位于内陆沙漠西部边缘的马里卜、萨那和达哈玛（Dhamar）附近的西北部山区、西部沿海地区以及东部哈达拉毛河谷地带。

伊斯兰时代，也门文明中心主要有西北高原地区、中西部地区和东部哈达拉毛地区三部分。除了政治和地理上的隔绝，也门各地区之间还存在显著的教派分化：西北高原地区以什叶派分支宰德派为主，中西部地区多定居着逊尼派分支沙斐仪派，哈达拉毛地区追随苏菲阿拉维派。其中西北高原和中西部沿海地区之间的政治竞争中贯穿着宰德派与沙斐仪教派间的矛盾。

1990 年国家统一前，唯一真正实现也门土地从红海到哈达拉毛地区统一的，是 17 世纪开始统治北也门地区的宰德派卡塞姆伊玛目王朝。然而，宰德派伊玛目仅在也门的南部和东部维持了几十年统治。此外，具有严格血统和等级观念的部落制度在也门各个地区占支配地位，人们生活在相互隔绝的村镇中，部落认同和地区认同高于国家认同。也门民众对定居地使用的方言以及世代生活的土地有共同情感。例如哈达拉毛的姓名最易区别，通常以“本”（ben，意为“儿子”）开头，如本・沙姆兰，或以“巴”（ba）开头，如巴・马特拉夫。

三、殖民经历造就也门北、南分裂

1635 年，奥斯曼帝国在控制也门近一个世纪后被迫撤离。1872 年，奥斯曼帝国军队再次进入也门并占领萨那，也门被正式宣布为土耳其的“维拉亚特”（省份）。1839 年英国侵占亚丁后逐步扩张其殖民统治，分别建立“东亚丁保护地”和“西亚丁保护地”，也门遂被割裂为北、南两部分。1904 年，也门北部宰德派新任伊玛目叶海亚联合部分部落起兵反抗奥斯曼帝国的统治，1918 年也门宣布独立。尽管伊玛目叶海亚试图统一北、南也门，但独立后的也门实际上被分割为三部分：叶海亚统治下的穆塔瓦基利亚王国，隶属于沙特王国的阿西尔、吉赞和奈季兰，英国占领下的南部亚丁及保护地。

奥斯曼帝国统治时，北也门被划分为三个省份：高原地区的萨那、西部海岸的帖哈麦和中部的贾纳德。1918 年叶海亚掌握也门北部实际权力后，在宰德派的中心萨那建立了新的省份，并将萨那省的一部分划入西北部的哈贾省。高原地区不同区域的边界划分与哈希德和巴基勒部落联盟的领地范围一致。在高原之外，叶海亚实行了完全不同的政策：在也门北部的沙斐仪派居住地区，叶海亚将塔兹大片肥沃农业地区划出，并入萨马拉（Samara）山脉以北的宰德派区域，形成新的省份伊卜；将西部海岸山区肥沃农业地带如乌萨巴因（Wusabayn）和拉伊玛（Al-Rayma）划出，并入萨那省；[①] 在萨那东南部设立了贝达省。通过行政划分，原属于沙斐仪派的海岸和中部肥沃地区完全被划入宰德派占据的高原地区。20 世纪 40 年代叶海亚任命他的三个儿子管理缴纳高额税收的伊卜、塔兹和荷台达省。1962 年革命发生前的 50 年，众多部落和非部落的宰德派民众迁移到南边的伊卜、塔兹以及西面的帖哈麦的海岸地区，并在那里占有大片土地。

也门南部在英国分而治之殖民政策的影响下陷入完全的“碎片化”状况，仅英国统治核心地区的亚丁保护地就存在几十个分散的酋长和苏丹国，东部哈达拉毛地区有 2000 个独立的“政府”[②]。

第二节　当代也门地方主义的演变与表现形式

作为一种政治、社会和历史现象，也门的地方主义一直处于动态变化之中，涉及面十分广泛，主要表现为三种形式：①以合法手段争取自身利益；②垄断权力巩固自身利益；③以分离主义的方式谋取自身利益。统一前南方政府中的阿比扬省和阿布瓦省的地方主义、北方政府中中西部地区的地方

① Stephen W. Day, *Regionalism and Rebellion in Yemen: A Troubled National Union*, Cambridge University Press, 2012, p.10.

② Helen Lackner, *P.D.R., Yemen: Outpost of Socialist Development in Arabia*, London: Ithaca Press, 1985, pp.14–18.

主义属于第一种；统一后传统西北高原地区对国家权力的垄断属于第二种；2007 年兴起的南方分离运动则属于第三种。也门的地方主义在内容上不仅包括中央政府集权与各地方政府要求分权的互动、政治权力被少数地区垄断的政治问题，而且还涉及北方对南方资源垄断等的经济问题。

一、也门地方主义的出现和发展

第二次世界大战后，随着阿拉伯民族解放运动的不断深入开展，也门北、南方各自出现了反对封建主义和殖民统治的运动。1962 年和 1967 年，北、南也门相继建立共和国。北也门政府在石油财富积累中不断加强中央政府的权力，南也门则在内部冲突和资源匮乏中经历了从成立之初中央集权的一党执政到 20 世纪 80 年代的权力分散过程。对比也门政府不同的发展路径，有助于明晰北方和南方内部地方主义产生的根源。

（一）北也门时期的地方主义

1. 共和国前期地方主义的表现

北也门共和国成立后对前伊玛目王朝时期的省份边界总体变动很小，主要有：新成立的迈赫维特省是从萨那省西部划分出来的。达哈玛由原萨那省南部和贝达省北部组成，达哈玛的省会是古老的宰德宗教学习中心。需要指出的是，新生共和国的地方行政变动都发生在宰德派的高原地区，沙斐仪派聚居地区的行政区划没有变动。位于萨那西南的拉伊曼（Rayma）和达哈玛西南的乌萨巴音（Wusabayn）并没有并入地理上更为接近的荷台达和伊卜，而是继续留在宰德派高原地区。其中最有权势的高原部落酋长们控制着重要的省份：巴基勒部落联盟中的酋长尼赫姆·辛南·阿布·卢乎姆（Nihm Sina Abu Luhum）成为荷台达省的管理者；哈希德部落联盟中的酋长穆加希德·阿布·沙瓦里布（Mujahid Abu Shawarib）在哈贾省的管理中发挥着主导作用。[①] 北也门共和国内部，其他地区区划和省份仍保持着前伊玛目王朝时期的边界划分，任何试图削弱高原部落力量或者任何减少来自西北高原地区利益集团

① Stephen W. Day，*Regionalism and Rebellion in Yemen：A Troubled National Union*，Cambridge University Press，2012，p.14.

的政治控制的尝试都失败了。实际上，在整个北也门历史中，相比于中部和西部沿海地区（以下简称中西部地区），来自西北高原地区的权贵集团牢牢控制着政治权力。由此可见，由于历史和政治因素，北也门的地方主义表现为垄断政治权力的宰德派所处的西北高原地区和处于政治边缘化的沙斐仪派所属的中西部地区之间的矛盾。北也门共和国成立初期，西北高原地区宰德派支持的君主派和其他地区沙斐仪派支持的共和派的内战一直持续到 1970 年。与南也门人民团结起来反抗英国殖民者不同，北也门内部各个地区在不同外部势力的支持下相互敌对，君主派后有沙特阿拉伯及其盟友英、美的支持，而共和派则有来自埃及及其盟友苏联的援助。

内战结束后的国家建设时期，地方主义主要表现为宰德派所在的西北高原地区和沙斐仪派所在的中西部地区（主要是中部和西部低高原及沿海地区）对于政治利益的划分。1968 年 9 月北也门共和国第一届内阁中，西北高原地区与中西部地区的成员人数相当，但一年后平衡就被打破，西北高原地区人数（11 人）是中西部地区人数（5 人）的两倍多，同时中西部地区的官员都被安排在影响力较小的部门。[①]1987 年北也门最后一届内阁中，有 18 位来自萨那和西北高原地区的政府部长，中西部地区的部长只有 7 位。作为北也门人口最多的省份，塔伊兹地区的代表数十分有限。北也门共和国 1968—1980 年内阁部长职位的地区分配见表 6。

表 6　北也门共和国 1968—1980 年内阁职位的地区分配（单位：人）

时间	宰德派西北高原地区	沙斐仪派中西部地区
1968 年 9 月	9	8
1969 年 3 月	10	9
1969 年 9 月	11	5
1970 年 2 月	9	6
1971 年 5 月	10	5

① Robert W. Stookey，*Yemen：The Politics of the Yemen Arab Republic*，Boulder：Westview Press，1978，p.234.

续表

时间	宰德派西北高原地区	沙斐仪派中西部地区
1971 年 8 月	8	3
1974 年 3 月	10	9
1974 年 6 月	11	10
1975 年 1 月	13	8
1978 年 12 月	10	6
1980 年 1 月	13	7
1980 年 10 月	16	8

资料来源：J. E. Peterson，*Yemen: The Search for a Modern State*，Baltimore：The Johns Hopkins University Press，1982，p127.

长期以来，北也门内部中西部地区精英保持着对经济事务的支配权，而传统的高原部落精英则保持着对政治和军事权力的控制。凯伦·乔杜里在《财富的代价：中东的经济和制度》中认为，1970 年结束北也门内战的《吉达协定》带来国家和商人阶层互不干涉、各自发展的政策。[①]20 世纪 70 年代中期，北也门形成一条不成文的规则：国家总统来自西北高原地区，而负责部门事务的总理则来自中西部地区，通常是塔伊兹。1975 年后，阿布杜·阿齐兹·阿布杜·阿加尼（Abdul Aziz Abdul Al-Ghani）成为代表中西部经济利益的主要人物，他出生在与中西部地区的商界领袖关系亲密的塔伊兹，并担任北也门中央银行主席。1975—1990 年，除了其中两年半的时间，他一直是北也门的总理。[②]1978 年在两届总统被刺后上台的萨利赫也受到塔伊兹地区商人财团的支持。

2. 萨利赫执政后地方主义的深化（1978—1990 年）

萨利赫来自西北高原地区哈希德部落中一个名为萨罕的小部落，依靠中

① Chaudhry Kiren，*The Price of Wealth：Economies and Institutions in the Middle East*，Cornel University Press，1997，pp.125-136.

② Chaudhry Kiren，*The Price of Wealth：Economies and Institutions in the Middle East*，Cornel University Press，1997，p.127.

西部地区沙斐仪财团的支持上台执政，因此萨利赫成为西北高原地区和中西部地区普遍认可的领导人，他的当选短期内缓和了上述两个地区之间的政治权益之争。

北也门共和国时期面临着强大部落势力和起伏不定的北、南也门政治关系的困扰，中央政府机构缺乏相对稳定性，各地方政府拥有一定的自治权。哈姆迪任总统时允许合作的地方领导人自行增加税收，并同意将所有税收的50% 用于本地发展工程。[①] 萨利赫上台后通过平衡各方力量巩固统治，并利用颁布修改法案加强了中央政府的权力。1985 年萨利赫政府通过了一项新的法案，将也门民间发展合作机构（CYDA）改造为地方委员会。虽然规定地方委员会的领导人由当地投票产生，但实际上每个地方委员会的两位最高官员仍要由中央政府任命，绝大多数省长及副职最初都来自萨那和西北高原地区。[②] 新的法案同样废黜了每个地方委员保留当地税收的权力，要求全部税收都要上缴中央银行。

萨利赫政权有效地遏制了国家内部政治、经济权力分散的状况，使得1962 年革命以来强烈要求实施民主自治的呼声归于沉寂。与前宰德派伊玛目一样，萨利赫总统以萨那为大本营，对南部和西部地区设定高额税收，而高原地区税收数额很少，哈希德和巴基勒部落的酋长们则免于缴纳税收。根据北也门政府 1985 年和 1989 年的官方记录（见表 7），西部沿海、西部低高原地区的居民缴纳的税收是萨那周围高原地区的数倍。20 世纪 90 年代，萨那中央税收机构的一位高级官员表示，他的职员不敢向与政府军队有联系的高原部落所有的商业机构增加税收唯一的原因是害怕受到人身伤害，因为之前有办公人员试图向哈希德和巴基勒酋长收税后受到袭击和死亡威胁。[③]

---

① Lutz Eberhart,“The Local Development Associations and their Socio-Political Relevanca”, in Muhammad al-Saidi, *The Cooperative Movement of Yemen*, New York: Professors World Peace Academy, 1992, pp.45-46.

② Piepenburg Fritz,“The Cooperative Movement of Yemen”, in Muhammad al-Saidi, *The Cooperative Movement of Yemen*, New York: Professors World Peace Academy, 1992, p.58.

③ Stephen W. Day, *Regionalism and Rebellion in Yemen: A Troubled National Union*, Cambridge University Press, 2012, p.71.

表 7　北也门 1985 年和 1989 年地方政府（人均）税务收入（单位：十万美元）

年份	地区	个人所得税	消费税	服务费用	总收入（除去关税）
1985 年	高原	51.8	5.3	8.3	130.4
	西部低高原	58.3	20.1	14.6	187.1
	西部沿海	108.7	88.6	18.8	274.0
	中部	25.4	5.1	8.7	55.8
1989 年	高原	71.5	38.1	15.7	165.6
	西部低高原	119.7	43.4	25.8	349.6
	西部沿海	200.8	161.8	29.7	883.7
	中部	118.1	30.4	22.5	218.1

资料来源：Stephen W. Day，*Regionalism and Rebellion in Yemen：A Troubled National Union*，Cambridge University Press，2012，p.71.

北部高原地区对政治权力的主导体现见表 8。20 世纪 80 年代末，来自北部高原地区的官员占据着每个省份的 4 个最高职位（省长、副省长、公共和政治安全主管）的 50% 或更多，唯一例外是 1987 年中间沙漠地区的马里卜。萨那政府将高原地区出身的官员任命到边远地区的省份，而不是让当地人管理自己的省级事务。1985—1990 年，在至关重要的西部省份塔伊兹和伊卜以及中间沙漠地区的马里卜省内，75% 的高级职位都由来自高原地区的官员担任。北部各省省长和副省长绝大多数都来自萨那和高原地区。

表 8　北也门四个主要省级官职中来自高原地区的官员比例（单位：%）

地区	1985 年	1986 年	1987 年	1988 年	1989 年	1990 年
高原地区						
萨那城市	100	100	100	100	100	100
萨那省	100	100	100	100	100	100
哈贾省	100	100	75	100	100	100
玛赫维特省	75	75	100	100	100	100
萨达省	100	100	100	100	100	100

续表

地区	1985 年	1986 年	1987 年	1988 年	1989 年	1990 年
西部沿海地区						
荷台达省	75	50	50	50	50	50
西部低高原地区						
塔伊兹省	75	75	75	75	75	75
贝达省	50	50	50	50	50	50
伊卜省	75	75	75	75	75	75
中间沙漠地区						
马里卜省	75	75	25	75	75	75

资料来源：Stephen W. Day，*Regionalism and Rebellion in Yemen: A Troubled National Union*，Cambridge University Press，2012，p.64.

萨利赫统治期间多以一位部落成员的思维方式管理国家，对中西部地区的自治要求置若罔闻，给予哈希德和巴基勒部落联盟政治、经济特权以换取支持。20 世纪 80 年代，中西部沙斐仪地区原本在经济和商业活动中拥有的优势，日益被西北高原地区的哈希德和巴基勒部落联盟取代。尽管萨利赫的高原部落出身和获得的中西部地区支持，在一定程度上弥合了两大地区的政治矛盾，但其上台后十几年的现实证明，也门自 1970 年内战结束到 1990 年统一之间的历史，就是西北高原权力结构在“共和国”外衣下逐渐重建的过程，由于政治权力、经济权益分配不公造成的地区分化仍在继续。

（二）南也门时期的地方主义

1967 年 11 月 30 日，南也门人民共和国成立，民阵领袖盖哈坦 · 沙比担任国家总统。独立之初，南方政府面临巨大困难：此前这片土地上有超过 20 个各自为政的苏丹国、酋长国，新生共和国的首要任务是创建将各个独立地区整合在一起的法律体系。面对内部地区分化严重的情况，政府对省份和地方进行编号以区别，为消除传统地名所蕴含的地方主义含义，新政府重新划定了一些较大部落的疆界，如亚斐（Yafi）部落被分为第二省（后为拉赫季省）和第三省（后为阿比扬省）。[①] 南也门政府最早颁布的法律是禁止部落拥有军队，通过在国家法庭中裁决复仇杀戮而极大地削弱部落联盟的权力。[②] 这些重要措施很快确立，巩固了中央政府的权威。

1969 年 6 月 22 日，民阵中以伊斯梅尔、鲁巴佐为代表的激进派发动“纠偏运动”，推翻了沙比政权，成立了国家最高政权机构总统委员会，将国名改为也门民主人民共和国。1978 年 10 月 11 日，也门社会党成立，宣布目标是实现对社会进行革命改造，完成民族民主革命的各项任务，向社会主义建设过渡。也门社会党党内出现以阿里·纳赛尔为代表的温和派和以安塔尔为代表的强硬派之间的斗争，并在 1986 年爆发武装内战“1·13”事件，最终强硬派取得斗争胜利。南也门的地区政治平衡被打破，内部地方主义开始抬头。1986 年以前，南也门政府内阁中一直保持着亚丁、西南部拉赫季、中南部阿比扬和东部哈达拉毛代表人数的平衡。亚丁和哈达拉毛的居民与其他地区的居民相比受教育程度更高。还有来自北部，主要是塔伊兹地区接受过专业化学习的技术移民，他们常常担任部长之职。南也门与北也门完全不同，其政府中的代表是真正代表了南部各地区。1971 年和 1973 年南也门政府中来自北部的部长与代表拉赫季以及阿比扬的部长总数相同。来自亚丁的技术专家拥有最多的内阁职位，但是从未超过总数的三分之一。南也门 1986 年以前各地区产生部长数量如表 9 所示。

在南也门历史中，地方行政管理部门通常都由当地公务人员构成。例如 20 世纪 60 年代末“纠偏运动”后，沙布瓦省的管理职位仍由本省居民担任；1985 年，阿比扬和沙布瓦的 10 个管理职位（包括省长、副省长、公众和政治安全主管、首席检察官、财政主管，以及银行、税务、海关、审计和指挥部门的主任）都由当地人担任。1986 年“1·13”事件后，沙布瓦管理机构中的本地官员下降到 63%，省长来自哈达拉毛，两个安全部部长来自拉赫季。阿比扬省管理机构中的本地官员的比例从 1985 年的 100% 降低到 1986 年后的

---

① Stephen W. Day，*Regionalism and Rebellion in Yemen：A Troubled National Union*，Cambridge University Press，2012，p.59.

② Helen Lackner，*P.D.R.，Yemen：Outpost of Socialist Development in Arabia*，London：Ithaca Press，1985，pp.110–111.

50%，其公共安全主管来自哈达拉毛，政治安全主管则来自拉赫季，3 位财政和银行主管也来自其他省份。

表 9　南也门 1986 年前各地区产生的部长数量（单位：人）

日期	西南部地区		中南部地区		东部哈达拉毛	与北也门交界处
	亚丁	拉赫季	阿比扬	沙布瓦		
1969 年 4 月	2	4	2	1	3	1
1969 年 6 月	3	1	2	1	3	1
1971 年 8 月	4	1	2	1	1	3
1973 年 5 月	5	2	2	0	2	4
1985 年 2 月	6	6	4	1	7	3
1986 年 2 月	3	6	0	0	5	4

资料来源：Stephen W. Day，*Regionalism and Rebellion in Yemen：A Troubled National Union*，Cambridge University Press，2012，p.71.

1986 年后南也门地方管理职员结构的变化是史无前例的，此前中央政府很信任各省人民自己处理当地事务。“1 · 13”事件对立的两派中，阿里 · 纳赛尔主席来自阿比扬省，是南方势力的代表；安塔尔和伊斯梅尔都来自拉赫季省，是北方势力的代表。他们进入政府机构后，常推举本省、本地区代表人物参政，为本地利益争权夺势。1986 年 2 月，新的内阁中有 6 位部长来自拉赫季、5 位来自哈达拉毛、4 位来自北也门，没有来自阿比扬和沙布瓦的部长。表 10 清楚地反映出南方各地方间的政治权益平衡被打破，中南部地区的阿比扬和沙布瓦在政治上被日益边缘化，当地催生出政治地方主义的诉求。

表 10　南也门共和国十个主要省级岗位的各地区官员比例（单位：%）

地区	1985 年	1986 年	1987 年	1988 年	1989 年	1990 年
西南部地区						
亚丁	43	29	29	29	29	29
拉赫季	100	86	86	86	86	86

续表

地区	1985年	1986年	1987年	1988年	1989年	1990年
中南部地区						
阿比扬	100	50	50	50	50	50
沙布瓦	100	63	63	63	63	63
东部地区						
哈达拉毛	100	90	90	90	90	90
哈达拉毛河谷	100	100	100	100	100	100
马赫兰	43	43	43	43	43	43

资料来源：Stephen W. Day，*Regionalism and Rebellion in Yemen：A Troubled National Union*，Cambridge University Press，2012，p.78.

二、中央政府与地方关系的重组（1990—2000年）

20世纪60年代，北、南也门在各自的宪法中都明确宣称要实现统一。然而，自1970年下半年起，北、南政府走上了两条截然不同的道路。北也门选择了向资本主义发展的模式，奉行较为自由的经济政策；而南也门则确定了“社会主义”发展方向。北、南也门在政治制度和意识形态方面差异的不断扩大，成为北南统一的障碍，经过艰难、曲折的谈判，1990年5月22日，北、南也门正式宣布合并为也门共和国。

（一）统一初期地方主义的表现（1990—1994年）

1. 平衡表象下地方主义暗流涌动

统一之初，北、南也门双方确定了长达30个月的过渡时期，努力在权力分配上达成平衡。以萨利赫为首的原北也门全国人民大会党同以比德为首的原南也门社会党采取了“平分秋色”的分配方式，总理一职归南方，第一副总理归北方，各部正、副部长也按此原则进行“均势”搭配。在统一后的第一届政府内阁中，有20名部长来自北部、19位来自南部，每个部长的副职都按“均势”原则配备。北方全国人民大会党的20位部长中的13位（占65%）来自传统政治中心西北高原地区，剩下的7位（占35%）来自中西部低高原和沿海地区。南部 19 位也门社会党内阁部长中 7 位来自西南部的拉赫季和亚丁地区，6 位来自哈达拉毛，3 位来自生活在亚丁的北部移民，亚丁、阿比扬和沙布瓦省各 1 人。简言之，统一前的北、南也门内部的政治地方主义保留到了统一之后。

2.1993 年议会选举体现出严重的地方主义

1993 年 4 月 27—29 日，也门成功地进行了统一后的第一次议会选举，20 个政党的 4870 名候选人争夺国家议会的 301 个席位。全国人民大会党在选举中获得的议席最多，但并没有超过半数，最终萨利赫提议由 3 个主要政党组成联合政府，打破南北两党联合执政的局面，借此削弱也门社会党在国家政权中的地位。

也门 18 个省份中 3 个主要政党获胜的候选人表现出完全的地区分裂态势。绝大多数全国人民大会党候选人都是在前北也门的省份中获胜（122 个中有 119 个席位都是如此），其在南部省份中仅仅赢得 3 个席位，并且都集中在以前的南北交界地区。也门社会党的 56 个获胜议席中的 41 个都在前南也门各省中赢得，同时在北部地区取得较大成功（15 席位）。实际上，也门社会党在选举中失利的选举集中在前南也门的阿比扬和沙布瓦省。全国人民大会党表现出色的唯一地区仍是西北高原地区（在选举中赢得 63% 的席位），西部沿海的荷台达省（赢得 71% 的席位）。[①] 前北也门的其他地区特别是人口最稠密的中西部地区，全国人民大会党只赢得 31% 的席位。全国人民大会党在中西部的塔伊兹和贝达省惨败，这里 10 位获胜候选人中仅有 3 人获得超过半数选票；在萨那市和萨那省，全国人民大会党的当选者中只有不到一半赢得超过半数选票。在萨达、哈贾和玛赫维特，这一比例不到 40%。伊卜则不到 25%。在达哈玛，全国人民大会党 11 位获胜候选人中仅有 9 位获得半数以上选票。相反，也门社会党在议会中赢得所有南方省份席位的 75%，而且其候选人普遍在全国取得胜利。在亚丁、拉赫季和马赫兰，也门社会党候选人分别赢得了总投票数的 60%、80% 和 62%。也门社会党选举表现最差的省份在

---

① Stephen W. Day，*Regionalism and Rebellion in Yemen：A Troubled National Union*，Cambridge University Press，2012，p.120.

中南部省，阿比扬几乎一半的获胜候选人获得超过 50% 的多数票，但有 2 位则只有低于 33% 的选票，在沙布瓦获得的选票更低。尽管如此，也门社会党在南部取得的胜利远远大于在北部取得的。1993 年选举的结果暴露出国家内部的地区分化。一位观察家指出，选举证明“也门的政治分化是沿着地理而不是意识形态的界限”[①]，表明也门的地区分歧不仅仅是北、南也门双方长期分裂的结果，也是各地区之间政治权力不平衡的表现。

1993 年议会选举标志着过渡阶段结束，北、南也门统一正式完成。但由于双方社会开放程度不同与政治制度差异，双方领导集团始终没有建立起相互信任，导致 1994 年 5 月 4 日爆发战争。1994 年夏季内战是也门统一后一次极为严重的政治危机，历时两个多月后以北部的胜利宣告结束。内战暴露出北、南问题并没有彻底解决，南方在各种歧视性政策中日益产生分离主义情绪，并在之后持续影响着也门的民族国家构建。

（二）内战后北方与南方关系的重组（1994—2000 年）

内战结束后，北方逐渐在国家政治、经济、军事等各个领域中取得优势地位。萨利赫政府通过在南方各省任命北方官员管理事务以加强对南方的控制，在南方人中采取“分而治之”的策略巩固权力，同时北方传统的西北高原地区对政治的垄断仍在继续。总体上看，这一时期也门中央政府权力不断加强，各省、地区都被北方高原部落权贵组成的政治核心控制。但南方分离主义运动从未停止，北方中西部地区对高原地区的不满与日俱增，地方主义在低潮中暗流涌动、蓄势待发。

为了安抚南方民众的情绪，萨利赫政府表面上吸纳南方人进入政府，但实质上在 1994 年 9 月 28 日通过的宪法修正案中废除五人总统委员会，以进一步加强总统在国家政治生活中的主导地位和作用。131 条宪法条款中接近一半都被重新起草，最终彻底清除了前南也门政府的残留，全部采用了北部传统政治体系。

统一之初，北、南双方通过交换管理方式显示权力共享的决心，但南方

① Stephen W. Day, *Regionalism and Rebellion in Yemen: A Troubled National Union*, Cambridge University Press, 2012, p.118.

拒绝北方人掌握亚丁，而北方高原地区省份也拒绝南方人的管理，很快这些交换的省长都变得徒有其名、毫无实权。内战后南方省份的管理发生了彻底变化。虽然萨利赫为了显示其愿意与当地人合作的决心而任命了少数南方人担任高位，但同时他也任命了数十个北方人掌握最敏感的安全和财政职位。表 11 表明 1995 年之后，北部拥有西南部和东部地区各省行政管理职业的 50%~75%，因为这两个地区是也门社会党执政集团的基础，所以萨利赫尤其重视控制当地地方的管理。而在中南部地区和东部的马赫兰地区，萨利赫更愿意提升南部人员担任管理者和副职。在南部各省中，北方人直接控制着 4 个核心部门中的 2 个：国家安全和政治安全部门。除了哈达拉毛河谷和沙布瓦，其他南部省份的安全主管都来自高原地区。

表 11　1994—1996 年内战后南部行政管理岗位中北方官员的比例（单位：%）

<table>
<tr><th colspan="2" rowspan="2">地区</th><th colspan="3">四个最重要职位</th><th colspan="3">十个主要职位</th><th colspan="3">其他较小职位</th></tr>
<tr><th>1994</th><th>1995</th><th>1996</th><th>1994</th><th>1995</th><th>1996</th><th>1994</th><th>1995</th><th>1996</th></tr>
<tr><td rowspan="2">西南部地区</td><td>亚丁</td><td>50</td><td>50</td><td>50</td><td>50</td><td>60</td><td>70</td><td>48</td><td>45</td><td>45</td></tr>
<tr><td>拉赫季</td><td>75</td><td>75</td><td>75</td><td>62</td><td>75</td><td>75</td><td>13</td><td>12</td><td>12</td></tr>
<tr><td rowspan="2">中南部地区</td><td>阿比扬</td><td>50</td><td>50</td><td>50</td><td>43</td><td>43</td><td>43</td><td>5</td><td>5</td><td>5</td></tr>
<tr><td>沙布瓦</td><td>0</td><td>0</td><td>0</td><td>38</td><td>25</td><td>25</td><td>6</td><td>5</td><td>5</td></tr>
<tr><td rowspan="3">东部地区</td><td>哈达拉毛</td><td>75</td><td>75</td><td>50</td><td>40</td><td>50</td><td>50</td><td>0</td><td>0</td><td>0</td></tr>
<tr><td>哈达拉毛河谷</td><td>50</td><td>33</td><td>33</td><td>25</td><td>13</td><td>13</td><td>0</td><td>0</td><td>6</td></tr>
<tr><td>马赫兰</td><td>0</td><td>0</td><td>50</td><td>13</td><td>13</td><td>25</td><td>11</td><td>11</td><td>11</td></tr>
</table>

资料来源：Stephen W. Day，*Regionalism and Rebellion in Yemen：A Troubled National Union*，Cambridge University Press，2012，p.142.

表 11 显示内战后南部地区出现来自北部高原地区官员高度集中化的现象。在“四个最重要职位”（国家检察官、税收、关税和财政的南部省级办公室）中，萨利赫总统一贯任命来自北部高原地区的官员任职。在“十个主要职位”的财政职位和其他较小的管理岗位中，许多北方人来自非高原省份：塔伊兹、荷台达和贝达。经济较为发达的亚丁和哈达拉毛省的管理者大多数来自西北高原地区。许多南部本地官员在健康、劳动、教育等公共服务部门

工作，因为政府并不关注公共服务领域。

统一之前，南也门共和国具有允许地方管理者和官员在其家乡省份任职的传统。内战结束后，萨利赫政府在南方各省关键岗位上大肆任用北方高原官员，并且将南方要求“当地人管理当地人”的提议简单指责为“分离主义”。萨利赫总统及其盟友在一个以萨那为统治核心的狭义联合主义观点基础上，寻求建立对南部的霸权，这造就了对任何地区主义和地方主义表述的“零容忍”。上述做法被南方人认为严重违反了当地的传统，南方本地人被完全排斥在政治权力之外。再加上北方官员在南方大肆敛财，对南方各省课以重税，并对南方人表达不满的示威活动施以血腥镇压，使得民众日益产生北方在南部各省实行“内部殖民”的想法，最终迫使南方民众走上“分离主义”的道路。

值得一提的是，内战结束后，也门北部传统政治集团西北高原的权贵进一步加强了其对权力的掌控，而这一地区的政治支配权建立在也门其他地区政治权益受损的基础之上。1998 年萨利赫再次对内阁进行调整。南部部长的数量减少到 7 人，北部高原部长增加到 14 人。自 1990 年以来，一直占据占主导地位的高原集团在内阁中据有大多数职位，不仅控制着总统、国家军事和安全部队，还控制着总理办公室，也门北部的政治地方主义传统仍在继续。

第三节　地方主义的总爆发与也门现代民族国家构建的新起点（2001—2011 年）

一、新世纪中央政府与地方的互动

也门统一以来，地方政府特别是南方各省要求自治权的呼声从未停止。1998 年也门政府提出就地方政府管理机构起草法律，是使用“地方政府”（local government）还是“地方行政管理机构”（local administration）的名称之争，反映出中央政府集权和地方要求分权的矛盾。[①]1999 年达成妥协后，新法律将名称定为“地区政府”（local authority）。2000 年，也门政府颁布了第 4 号《地方管理法》（LAL），规范了国家的地方行政工作。《地方管理法》将国家划分为省和区两级行政单位。也门目前的行政区划由地方行政部（MoLA）管辖下的 22 个省和 333 个区构成。[②]根据新法律，总统保留了任命最高地方当局负责人的权力，特别是规定地方政府是中央行政机关的一部分，共和国总统和部长会议的决定对地方政府具有约束力，[③]同时给地方民众以选举地方协商委员会成员的有限权利，这与也门战后宪法要求选举所有地方领导人的条款相矛盾。许多南方议员投票反对新立法，表示这是“对中央集权的神圣化”[④]。2001 年 2 月也门举行历史上第一次地方政府选举，3 万候选人竞争超过 7000 个地方委员会席位，竞争处于白热化。选举期间暴力活动频繁发生，《也门时报》形容 2001 年 2 月的选举是“也门历史上最危险的选举”。选举结果显示执政党——全国人民大会党获得除哈达拉毛和马里卜省之外所有省级地方委员会的领导职位。2006 年举行了第二次地方政府选举。2011 年爆发民众骚乱，第三次选举地方政府选举未能如期进行。实际上，地方委员会缺乏实质权力和中央财政的支持，很快就失去了民众的信任。萨利赫政府仍依靠传统的高原部落政治集团进行威权统治，使用“分化、拉拢”策略管理南方事务，无视南方民众的政治要求、对地方政治权利的漠视最终使萨利赫付出了沉重代价。

---

① 也门地方当局的地方行政机关由行政单位负责人、地方议会和行政单位内的执行机关组成，依照宪法和地方法律构成行政单位。就其控制职能而言，司法机关、武装部队和中央控制和审计组织（中央审计组织）的分支机构不属于地方政府的组成部分，全国性的公用事业机构也不被纳入地方政府的范畴。

② Ahmed Mohamed Al-Mawari，*Local Governance In Yemen：Challenges And Opportunities*，Berlin：Berghof Foundation Operations GmbH，2018，p.3.

③ Ahmed Mohamed Al-Mawari，*Local Governance In Yemen：Challenges And Opportunities*，Berlin：Berghof Foundation Operations GmbH，2018，p.16.

④ Al-Mikhlafi，Othman Said Qasim，“The Law of Local Authority in Yemen”，*Al-Masar in Arabic*，Vol.1，No.2，Bethesda，MD，2000，pp.93–95.

二、强大的地区反对派的出现

（一）胡塞武装组织的崛起

1962年伊玛目统治被推翻、北也门共和国建立后，宰德主义失去了在意识形态领域内的主导地位，随着来自沙特的萨拉菲派在也门影响力的不断增大，宰德派复兴运动在萨达地区兴起。1992年“青年信仰者”组织建立后，以复兴宰德主义为目标开展了多种宗教文化活动，其政治实践经历了从地区武装力量转变为也门政治重建的积极参与者和内战中的主导力量的复杂历程。

1. 早期活动及与政府的合作关系

侯赛因·巴达尔丁·胡塞（Hussein Badr al-Din al-Houthi）在伊朗学习回国后，1992年在萨达省建立带有鲜明宗教和政治色彩的“青年信仰者”组织。该组织通过开办学校、组织夏令营吸引了大批支持者。这类活动还受到萨利赫政府的支持，允许在公办的学校中传播宰德派教义，并给予经济上的资助。侯赛因·胡塞通过真理党积极参与也门政治活动。1993年在也门统一后第一次议会选举中，真理党获得2个议席，侯赛因分别在1993年和1997年当选为议员。“青年信仰者”成立及其早期活动中，与政府在抵制萨拉菲派、复兴宰德派方面进行了有效的合作，也促使该组织在成立之初发展迅速。

2. 地区叛乱武装和萨达战争

20世纪90年代末，随着胡塞家族势力不断壮大和侯赛因·胡塞的思想日益激进，萨利赫政府开始有目的地利用镇压部落间暴力活动打击胡塞家族。两者矛盾愈演愈烈，由紧张对峙走向冲突。2004年6月政府派军队抓捕侯赛因，双方爆发冲突。侯赛因被政府杀害后，胡塞武装组织由其弟弟阿卜杜拉·马利克·胡塞（Abdul-Malik al-Houthi）领导。2004—2009年，双方共爆发6轮萨达战争，冲突导致萨达地区各个部落卷入战争，地区大国沙特更是直接介入第6轮萨达战争。这一阶段是胡塞武装组织崛起的关键时期，其身份从社会宗教力量转变为国内叛乱武装力量，通过战争不断发展壮大。

3. 全面夺权与强势崛起

2011年受“阿拉伯之春”影响，也门国内爆发要求萨利赫下台的游行示威活动。2011年2月，胡塞武装组织利用政府无暇顾及北方山区的时机，制定了“稳住北部，发展西部（指哈杰省）”的方针，完全控制萨达及周边地区，并且以其政治组织——安萨尔·安拉（Ansar Allah，意为“真主的辅士”）参加也门国际对话会议，成为参与也门政治重建的一支政治力量。2013 年 10 月后，胡塞武装组织逐渐向南部地区扩展其势力范围，并与政府军及逊尼派民兵展开激烈交火。双方的交战在 7 月初达到白热化，仅在 7 月 4—13 日的 10 天时间里，胡塞武装组织和政府军的交火就造成超过 350 人死亡。胡塞武装组织在也门各地扩张的同时，受到当地逊尼派部落和“基地”组织也门分支的强烈抵抗。2013 年 10 月 30 日，胡塞武装组织在也门北部达玛吉镇与萨拉菲派爆发激烈武装冲突，并造成严重伤亡。2014 年 9 月 16 日，胡塞武装组织与政府军和逊尼派民兵在首都萨那展开激烈交火，并控制了萨那和主要政府大楼。联合国也门问题特使贾迈勒·贝努马尔于 9 月 21 日促成也门政府与胡塞武装组织签署停火协议。停火协议关于安全事项的副本的内容要求胡赛武装组织向政府移交其占领的城市、从萨那撤出全部武装人员、停止游行示威活动和根据全国和解对话协议解除自身武装，胡赛武装组织拒绝签字。2014 年 9 月以来，胡塞武装组织占领首都萨那并夺取政权，引发以沙特阿拉伯为首的多国联军的军事干涉行动，使也门陷入持续至今已达 10 年之久的内战。在联合国斡旋下，受联军支持的也门合法政府与胡塞武装组织多次达成停火协议但又很快爆发冲突。

胡塞武装组织植根于萨达地区长期在政治和经济上被边缘化的社会现实中，出于复兴宰德派的需要，从地区宗教政治运动发展为当前影响也门局势的决定性政治力量。其迅速崛起既得益于也门国内局势动荡的契机，也凸显出也门现代国家与萨达部落社会对抗与妥协的互动关系。

（二）南方分离主义运动的产生与发展

1. 从“穆卡拉事件”到“公共论坛”的活动

1996 年的“穆卡拉事件”引发了南部在内战后第一次大规模的抗议活动。1996 年 3 月末，两位女性在穆卡拉被警察逮捕后遭到殴打，她们的亲属提出控告后被关进监狱。4 月末，在议会反对派议员介入调查的压力下，当地法官裁定两人无罪获释，但来自北部高原地区的当地检察官阿布杜·阿齐兹·达乌拉尼（Abd al-Aziz al-Dawraani）指责这一事件是南方为了反对北方而精心设计的阴谋。达乌拉尼在 6 月 6 日走出听证会时说："哈达拉毛的妇女毫无廉耻。"[①] 侮辱性言论激起了现场民众的愤怒，达乌拉尼命令其警卫部队开枪，造成 7 人受伤。此后，上千人聚集在省长办公室外，要求将达乌拉尼绳之以法。这次抗议造成超过 7 人受伤，其中 2 人伤势严重，超过 140 人被捕。南部各省充斥着愤怒和失望情绪。[②] 在第二次枪击事件之后，萨利赫总统派遣南部内务部长侯赛因·阿拉比、总检察长以及政治安全部的副主任（都来自西北高原地区）来到穆卡拉。当政府代表团与穆卡拉省执行委员会会面时，少数哈达拉毛执行委员会成员勇敢地提交了指责萨那政府政治文书。表示这次骚乱根源在于民众对在南方驻扎的北方军队以及北方官员和军人在南方各省胡作非为的愤怒。但萨利赫总统仍试图用惯用的"分化、拉拢"策略平息事件，1996 年 6 月 19 日在萨那的第二次会谈期间，萨利赫提出从哈达拉毛"传统"领袖中提名个人加入当地委员会，但最终被拥有强大地区凝聚力的哈达拉毛民众拒绝。哈达拉毛提出希望通过公众选举，而不是总统任命建立地方政府。但萨利赫根本不愿意下放中央政府的权力，不得以采取一些措施减少北部对哈达拉毛以及南部其他地区的军事占领。他命令东部地区军队指挥官穆罕默德·伊斯玛仪（Mohammed Ismail）从通往哈达拉毛省会的主要道路上撤离，萨利赫允许 1000 名哈达拉毛人进入当地警察部队。"穆卡拉事件"逐渐平息，但南方民众的不满并未平息。

1998 年，为了配合当时的经济改革计划，削减政府开支，也门开始在中层公务员中实施"强制退休"计划，北部和南部大量公务人员在没有足够补偿金的情况下被清退。南方官员指责萨利赫的"强制退休"是针对南部省份中的公务员，特别是 1994 年加入政府和军队的前南也门总统阿里·纳赛尔的支持者。"强制退休"计划使得原有的南部反对者开始组织代表南方利益的无党派团体。2001 年 12 月斋月期间，南部一些杰出反对派人物在萨那召开了夜间会议，这些人包括议会成员、前内阁部长、政治党派和组织中的活

① "Interior Minister Forms a Committee of Inquiry into the Charges of Slander against（Hadramaut' s）Women", *Al-Ayyam*, No.263, June 9, 1996, p.1.

② Imad Abdullan, "Protest in Support of Arrested Singer", *Yemen Times*, April 7, 2008.

跃分子，最重要的是这些人中包括总统在战后南部地区“分化、拉拢”的双方：阿里·纳赛尔的支持者和南部传统统治集团的代表。他们逐渐意识到政府在南方实施的“分而治之”策略，是为其自身利益服务而不是为了南部的利益，随即成立了“为了南部和东部省份后代的公共论坛”。[①]公共论坛（the Public Forum）是也门南部政府反对派的联合，代表着哈达拉毛西南部达利阿、拉赫季省以及东部马赫兰省民众的利益。公共论坛的主席是出生于中南部地区阿比扬省并曾经与萨利赫关系密切的阿里·穆罕默德·库法伊斯（Ali Muhammad al-Qufaysh）。2002 年 1 月斋月结束时，在公共论坛成员多次会谈后，库法伊斯向总统写了一封信件，其中提出政治变革的五点要求，包括扩大地方管理权力、民众间平等、就业问题、对私有土地的安全保护和资源管理。库法伊斯将信件以公共论坛领袖的身份寄出。在一个月毫无消息反馈的等待后，库法伊斯最终在一份发行量很大的报纸上公开发表信件内容。接下来几天，所有独立派和反对派报纸都刊载了信件的内容。萨利赫总统对此的反应迅速而严厉，通过控制媒体曝光库法伊斯曾经的贪污行为来限制公共论坛的活动和影响力，最终公共论坛被迫关闭。虽然公共论坛的活动以失败告终，但是所有的南部地区民众，不论是部落民众还是知识分子，前军官还是公务员，都感到公共论坛表达着他们的声音。萨利赫对公共论坛的严厉打压将所有可能保持也门统一的沟通渠道全部切断了。随着萨利赫将更多的盟友变为反对派，更多的反对派成员联合起来反对他，也门总统发现他可以操控的空间在急剧收缩。

2. 从和平静坐走向暴力化的南方分离运动

2006 年，西南部和中南部地区开启了和平抗议活动。2007 年 1 月 13 日，为纪念 1986 年发生的“1·13”事件，达利阿省举行了以“和解和宽容”为主题的集会，当时只有少数人参加。但在接下来两个月，亚丁及周围省份针对港口城市塔里克军事基地争端发起了一系列和平静坐活动。2007 年 5 月中期，为了支持新成立的“军事退休人员当地协会”（简称退休者协会），亚丁

① Stephen W. Day，*Regionalism and Rebellion in Yemen：A Troubled National Union*，Cambridge University Press，2012，p.191.

协调委员会宣布在5月22日也门统一纪念日前一天举行民众静坐活动，数百名前南方军官开始组织每周静坐，要求工作机会和赔偿金。南部军退休者协会的领导人纳赛尔·阿里·努巴强调以和平静坐而不是武力对抗的方式进行活动。但萨利赫命令逮捕努巴和南方反对派的其他成员，萨利赫的暴力应对方式使得越来越多的民众加入每日静坐和集会活动中，活动从数十人发展为上千人。

2007年10月13日晚，萨利赫总统的安全部队与哈比拉伊筹备“10·14”纪念日活动的民众发生冲突，4个青年被杀。这一死亡事件具有强烈的政治象征意义，因为此次年轻人被杀害的地点正是当年英国人开枪杀死7位也门青年的地点，这激起了民众反对政府的怒火。哈比拉伊事件为南方运动赢得大量民众支持。2008年初，各类抗议活动正式使用“南方分离运动”（Hirak）代替之前“退休者协会”的名字。2007—2008年的秋季和冬季，在南部和东部地区的城市和小镇中，每天都有和平静坐和集会，抗议政府的腐败和地区歧视。他们号召实现国民的平等，给南部民众提供更多的就业机会，并且释放被囚禁的退休者协会领导人。与此同时，北部的塔伊兹、伊卜等城市也爆发了支持南部的和平抗议活动。直至2009年，南方分离运动还是一个松散的政治反对派组织。反对党派组织和退休者协会的领导人一直坚持和平抗议，要求民众避免与政府军爆发冲突，拒绝给萨利赫政府派遣军队进行镇压的借口。

对于南部持续进行的和平抗议活动，萨利赫政府施以“镇压与怀柔”的双重策略。一方面采取关闭独立媒体、抓捕抗议活动领导人和武力对抗和平抗议活动等强硬手段，另一方面在2008年5月举行全国第一次省长选举以平息南方的不满，但事实证明这次省长选举只是萨利赫的又一场“政治游戏”，其根本不愿意下放中央政府的权力。与此同时，南方分离运动的抗议活动从未停止。根据2008年也门人权观察机构（YOHR）的报告显示：2008年1月到11月中旬南方分离运动的623次和平抗议活动中，大约每天有2次，政府部队镇压抗议者85次，抗议者死亡7人，受伤75人，被捕860人。这些数字意味着每一次安全部队进行干预平均每逮捕10名抗议者，其中就有1人受伤。2008年死亡的7个抗议者中，4个在达利阿，3个在拉赫季。亚丁是被捕抗议者比例最高的地区，总数402人，占860人中的46.7%；拉赫季共有230

人，占抗议者的 26.7%，排在第二位；达利阿有 124 人，占抗议者的 14.4%，排在第三位。报告显示还有其他上百起侵害人权的行为，如通过法院的合法外衣肆意剥夺居民财产。

2009 年，反对萨利赫的政治暴力活动开始席卷全国，这一年成为 1994 年之后也门发生暴力事件最多的年份。同年 4 月，南方著名政治人物、与萨利赫合作了 20 多年的南部传统部落领导人——塔里克 · 法德里宣布参加南方分离运动，并很快成为南部分离运动最有力的倡导者。4 月 27 日法德里在津巴吉尔中心进行了一场户外演说，阐明了他对关键政治问题的立场。他提出实现“南部之子”的政治独立，号召全部南方人团结起来反抗政府的压迫，同时呼吁外国领导人支持南方人民，并要求联合国安理会全面落实其第 924 号和 931 号关于 1994 年也门内战的决议。一周后他宣布支持比德作为新的南部国家总统。这意味着 20 世纪 60 年代以来社会主义者与当地传统部落领袖意识形态的长期对立正在因为共同的诉求而消失，南部各个势力开始走向联合。南方分离运动与政府军的武装冲突不断发生，6 月 15 日，9 人在穆卡拉因为阻塞道路而被捕。6 月 17 日，拉赫季省会哈乌塔（Hawta）上百名抗议者阻塞了通往亚丁的主要道路，数十人受伤和被捕。6 月 24 日，达利阿省会的 5 名抗议者被杀，数十人受伤。7 月 7 日，警察逮捕了南方分离运动的领导人，再次激起了压抑 15 年之久的民众不满与愤怒，冲突对象甚至扩大到一些在南方生活的北方人。2009 年，也门国内安全形势不断恶化，南部日益严重的分离主义不仅对萨利赫政府构成严重威胁，还给“基地”组织在也门南部发展提供了可乘之机。2011 年也门政局动荡以来，南方分离运动谋求独立的活动更加频繁。2014 年 10 月 21 日，该组织在亚丁广场举行了要求南方独立的抗议活动。2015 年，负责南部的亚丁、阿比扬、拉赫季和达利阿省军事和安全事务的委员会明确宣布，该委员会不再接受来自萨那的任何军事指令。

（三）也门其他地区反对派的出现

2009 年，据《也门时报》报道，沙布瓦、帖哈麦和塔伊兹各自成立了三个新的地区反对派，分别是 2009 年 5 月在沙布瓦省成立的“沙漠联盟”（Desert Alliance）组织、荷台达省组建的“帖哈麦海岸”（Tihama Coastal）组织和9月在塔伊赫成立的“中部高原”(Midland Plateau)组织。

沙漠联盟是由包括马里卜、焦夫和沙布瓦以及哈达拉毛沙漠地带组建的组织，上述省份横跨旧的南北分界线。两位领导人是谢里夫·阿布杜·拉比·萨利赫·本·苏德(Sharif Abdul Rabi Salihbin Sud)和沙布瓦发展委员会主席萨利赫·法德里·苏拉玛(Shaykh Salih Fareed al-Suraima)。沙布瓦发展委员会会聚着“知识分子和社会领导人”的代表，与马里卜平民利益相近。马里卜平民抱怨萨那政府开发当地的石油资源但并没有提供充足的地方发展基金，[①]“我们给国家贡献着石油和天然气，而我们无法获得公平、有尊严的生活”[②]。因此，沙漠联盟要求建立联邦制国家以扩大地方权力，要求政府允许内陆沙漠居民将当地炼油收入的50%留下来用于地方发展。

来自塔伊兹地区的议会成员组建了“中部高原”组织，获得贝达、拉玛(Rayma)和伊卜省部分支持者的支持，这些地区覆盖着也门的整个中部高原地区，组织的领导人萨米在2009年举行了多次筹备会议，包括与“帖哈麦沿岸”组织的成员进行合作。2010年6月，萨米在达利阿省和南方分离主义运动的成员共同领导了团结运动。在萨米看来，地区反对派运动的主要原因是公众对政治的极度失望，“议会只是一个装点门面的摆设，作为议员，我们甚至无法要求自己的权利，更何况我们所代表的人民的权利，这就是为什么民众运动作为另一种表达人们权利的活动获得成功的原因”。当记者询问萨米他的组织是否准备好面对来自萨利赫政府的暴力打压时，他回答道：“我们不能再失去更多了，我们已经失去了今天，我们所有人希望被当作平等的公民

---

① 随着萨利赫总统集中了从高地山脉以外地区获得的收入，并开始从马里卜的石油销售中获得大量硬通货，萨那经历了第二次建设热潮。20世纪80年代末，萨那当地城市街道变得拥挤不堪。几条主干道被改造成熙熙攘攘的商业区。它不再是排在亚丁、塔伊兹和荷台达之后的第三或第四的城市中心。到20世纪，萨那的人口已超过亚丁，接近100万。相比之下，在南部首都日益减少的资源与愈渐激烈的权力斗争中，亚丁已然不复昔日。Stephen W. Day，*Regionalism and Rebellion in Yemen*：*A Troubled National Union*，Cambridge University Press，2012，p.73.

② Nadia al-Sakkaf，“Popular Movement Demands Rights for Central Yemen”，*Yemen Times*，September 7，2009.

看待并且享受自己祖国的财富。”[①]《也门时报》记者采访的一位来自哈达拉毛的外来支持者表示：“塔伊兹勇敢的人们是时候从沉睡中醒来了，并且联合其他人在革命中努力推翻腐败的政府。塔伊兹是 1962 年革命的发生地，是时候发起一场新的革命了。”[②] 在突尼斯发生骚乱前几个月，也门的革命气候已经形成。

地区反对派日益增加的主要原因还有也门西北部高原部落的政治和经济主导权势。塔伊兹大学的一位教授表示：“我们开办公司并且在大学教书，我们是工程师、医生和专业人员，然而我们在决策职位上没有一席之地，因为事实是品质和技能并不是合格的标准，而是你来自哪个部落。”塔伊兹的一位女教授说：“我们的目标是将国家从腐败的部落占有者的控制下解放出来，将是一个伊斯兰的、左翼的革命并以文明的方式传播和平与公正。”[③] 但当时革命的时机并不成熟，因为反对萨利赫和其他高原实权人物的地区反对派还处于分裂之中。

2009 年 11 月的第一个星期，一位叙利亚作者为一份报纸写了一篇悲伤的随笔，标题为“也门还是一个国家吗”。这一时期也门正在一个分裂国家的边缘摇摇欲坠，中西部和西部海岸地区还没有加入反对派，但每个地区都失去了稳定，从西北部的萨达到中央沙漠地带的马里卜和焦夫，从西南部的拉赫季、达利阿再到中南部地区的阿比扬和沙布瓦，甚至更远的哈达拉毛。而所有力量都在 2011 年爆发了出来，萨利赫政府的强硬态度驱使所有反对派联合了起来，民众示威抗议活动席卷全国，最终迫使萨利赫政府下台，也门迎来民族国家构建的新起点。

---

① Mohamed Bin Sallam,“Taiz Peace Convoy Moves to Break Blockade on Al-Dali”, *Yemen Times*, June 17, 2010.

② Nadia al-Sakkaf,“Popular Movement Demands Rights for Central Yemen,” *Yemen Times*, September 7, 2009.

③ Stephen W. Day, *Regionalism and Rebellion in Yemen: A Troubled National Union*, Cambridge University Press, 2012, p.268.

第四节　地方主义对也门现代民族国家构建的影响

通过对地区主义和也门现代民族国家构建演变关系的长时段分析，可以看出，自 20 世纪 60 年代以来，也门现代民族国家构建基本完成了国家政治结构、制度、法律的建设，包括对行政资源的整合和集中，联合部落力量实现了对国家领土的行政控制。同时也存在严重问题，即国家权力长期集中在西北高原的传统权贵手中，导致也门各地区产生严重的政治地方主义，特别是统一后的南部地区的地方分离主义情绪，权力过度集中和地方缺乏自主权的矛盾导致国家的崩溃。强大的地方反对派不仅终结了萨利赫的统治，而且至今仍是也门政治重建的一大障碍。那么，在也门历史上长期存在的地方主义为何爆发出如此惊人的力量？也门国家构建的出路又在何处？在此有必要先分析地方主义对也门现代民族国家构建的影响。

一、平衡性力量

当前国内学术界关于也门地方主义对也门现代民族国家构建的影响多是消极评价，认为强大的地方分离势力严重威胁着也门统一，事实也确实如此。但笔者认为地方主义作为国家各地区表达政治、经济诉求的一种表现方式，对国家政治力量的多样化和政治进程的民主化发挥了重要的平衡作用，有其积极的一面。

1. 平衡监督功能

自 1990 年也门实现统一、国家构建取得重大进展以来，也门核心政治权力虽然一直集中在也门北部以萨那为中心的西北高原部落权贵手中，但中西部地区和南部地区在政治中起到了监督执政者、牵制西北高原权贵势力的作用。为了政局的稳定，高原权贵不得不增加政府中其他地区代表的人数：1968 年北也门第一届内阁中，西北高原地区和中西部地区的成员数相当（分别是 9 人和 8 人）；20 世纪 70 年代，北也门总统通常来自西北高原地区，而总理来自中部的塔伊兹地区。1978 年资历尚浅的萨利赫能成为总统，除了其西北高原部落的出身，更重要的是获得了中西部地区财团的支持。也门统一后，南部政治人物和势力更多地充当了平衡监督的角色。他们团结民众不断抗议来自北部高原地区官员在南部地区任职高度集中化的现象，使得萨利赫政府在南部有所顾忌，时时予以怀柔和安抚政策，从而起到平衡监督作用。

2. 一定程度上刺激和提升地方自治的功能

在西北高原部落势力的观念中，只有他们代表着盖哈坦子孙的力量和品质，这种信念在哈希德部落大酋长艾哈迈尔家族、萨利赫及其家族成员中尤其强烈。他们认为只有高原地区的人最有能力统治也门，并且保持完整的国家联盟。来自其他地区的民众被认为是虚弱的、不值得信任的。萨那和高原地区对权力的垄断和滥用，迫使国家其他地区产生要求更多地方自治权的呼声。

1962 年北也门发生革命推翻伊玛目统治时，中西部地区的沙斐仪领导人就开始计划市政自治，最初在塔伊兹实施，随后在帖哈麦，这是追求民主自治的大胆尝试。通过留下当地原本上缴给伊玛目的税收，中西部和海岸地区的许多城镇和乡村有能力建设迫切需要的公共工程，如修路、挖井、组织市场和开办新的学校。也门南部在统一前就存在本地区由本地人管理的传统，在拥有丰富资源的哈达拉毛、马里卜、沙布瓦和亚丁，当地人对萨那统治集团充满敌意，这也不奇怪他们会寻求更多的地方自治，包括要求管理自己资源的权利。在南部地区长期要求地方自治权的压力下，2001 年萨利赫政府举行也门历史上第一次地方政府选举。

二、制约性力量

现代民族国家建构必然是一个政治、经济、文化一体化的过程，内在的社会凝聚力正是国家存在的基础，但是也门长期存在严重地方主义的社会现实，使得国家内部各地区的政治、经济发展要求无法得到满足，因此引发的国家认同危机是对也门民族国家权力合法性的严重挑战。当国家无法满足地区的各种诉求，难免会导致地方分离主义的产生。

1. 地方分离主义对统一的国家造成严重冲击

基于历史上北、南也门长达 23 年完全不同的发展道路，南方地区的分离主义在1994年夏季内战后因为萨利赫政府的不平衡政策而日渐严重，也门的南方人高呼受到北方人的“内部殖民”，走上了暴力活动和武装抗议的道路。南方分离运动组织对国家认同问题提出了根本挑战，表现出要求分离的政治特性。1990年也门的统一是建立在国家存在严重地区分裂的脆弱基础之上，统一后北、南方两大政治势力始终缺乏相互信任，在权力再分配问题上矛盾重重，最终于1994年爆发的内战虽然以国家保持统一而告终，但南方分离主义势力从未停止活动，始终对也门国家的统一构成威胁。2009年南部地区就爆发了大量反对萨利赫政府的暴力活动，更一度演变为对在南部生活的北方人的人身攻击和伤害。尽管在2011年也门爆发骚乱后，南方分离运动组织参加了全国对话会议，但在参与国家权力和资源再分配的利益得不到实质保障的情形下，他们仍会坚持南方独立。

2. 地方分离主义对也门国家政治行为体的影响

地方分离主义对也门国家政治的影响，早在宰德派卡塞姆王朝时期就存在。但直到20世纪60年代，北、南也门开始现代国家构建后，地方分离主义对国家政治的影响开始加深，主要体现在政党、军队和政府内部存在严重的地区派别之争。

最明显的是1990年也门统一后代表西北高原传统势力的执政党全国人民大会党与前南也门执政党也门社会党的权力之争演变为北、南也门的地区之争，也门社会党在联合政府中不断受到排挤，最终由于1994年内战失败而被排除出权力核心，导致西北高原地区大权独揽，南部政治力量被长期边缘化。

也门军队建设并没有严谨的制度约束，军事大权仍集中在西北高原大部落权贵和萨利赫家族亲贵的手中。不仅如此，1994年内战结束后，为了加强对南方的控制，1996年以前政府禁止南方各省为当地警察配枪，所有的重型武器仍掌握在北部安全部队手中，并强制南方大量军官和公务员提前退休。2010年9月1日，两名士兵在争论国家中的地区差别时发生枪击。[①]死亡的士兵来自西北高原的达哈玛省，而开火的士兵来自西南部的拉赫季省。报道

① Stephen W. Day，*Regionalism and Rebellion in Yemen：A Troubled National Union*，Cambridge University Press，2012，p.272.

称来自拉赫季的士兵被来自达哈玛的士兵表现出的对南方人的偏见激怒，因此开枪击杀了对方。9 月 8 日的一则报道称，南部拉赫季省内一些部落酋长呼吁所有来自拉凡德和达利阿的士兵都退役返乡。

在也门，各地方势力为了谋求政治、经济和社会权益，往往先在政党和军队中推动地方化，由此也有也门各级政府官员地方化的倾向。除了南部地区持续的分离主义活动，北方政治势力内部也面临着塔伊兹、伊卜等中西部地区要求更多政治权益的呼声，错综复杂的地区势力深刻地影响着也门的政治行为体，并加剧了也门的政治动荡。

本章分析了也门地方主义长期存在的历史基础，并梳理现代也门地方主义的演变，从北、南也门内部政治经济权力地区分配不公到统一后也门北部垄断政治权力、南部地区长期被边缘化，地方主义已经成为也门现代国家构建的重要阻碍因素。2011 年政局动荡是也门国家统一以来各个地区对政治权力和经济资源特别是石油资源争夺矛盾的总爆发，以萨那为中心的西北高原传统权贵对政治和经济权力的垄断最终导致国家处于崩溃的边缘。萨利赫政府长期以狭义的地方主义和部落思维构建现代民族国家的方式注定是失败的。当前也门陷入各方势力的武装冲突中，加上沙特阿拉伯等国发动的以打击胡塞武装组织为主的空袭行动，持续不断的战争使国家处于分裂和崩溃的边缘。

地方主义的核心是中央与地方之间的关系，如何在中央政府与地方政府之间进行合理化的权力分配，如何将地方利益与国家利益分配纳入法治化的轨道之中，是也门未来能否顺利进行国家政治重建、实施联邦制的关键所在。据此，也门各政治派别和武装组织必须以和谈代替冲突，同时也门还需要有一个强有力的中央政府从国家整体利益出发，有效地整合地区利益，也需要一位有才能的国家领导人协商谈判，处理地区反对派提出的尖锐意见，努力消除地方主义情绪，构建统一的国家认同，从而为避免国家分裂和实现国家稳定发展开启新的道路。

第五章　伊斯兰主义运动与也门现代民族国家构建

作为一种传统文化和精神信仰，伊斯兰教在也门历史发展和政治变革中始终发挥着重要作用。在也门现代民族国家构建中，伊斯兰教的地位及作用是一个值得深入探讨的问题。从历史上看，伊斯兰教宰德主义构成了近代也门国家的主流意识形态根基，促进了也门社会宗教和文化的初步整合和认同；也门独立后，面对阿拉伯民族主义的冲击和国家世俗化的发展方向，伊斯兰复兴运动兴起，为也门现代国家政权的合法性提供传统的依据和神圣的象征；至现代，伊斯兰主义运动在 2011 年也门政局动荡中成为一股新生的政治力量。本章在阐述也门伊斯兰教传统结构和宰德主义政治思想的基础上，着重分析现代也门伊斯兰主义运动的特征和动因，最终探析伊斯兰主义运动对也门现代民族国家构建的影响。

第一节　也门伊斯兰教的传统结构

作为也门社会重要组成部分的伊斯兰教，其构成非常复杂。从教派分布上看，也门 99% 的人口信仰伊斯兰教，其中什叶派穆斯林占穆斯林总数的 45%，逊尼派穆斯林约占 55%。也门的什叶派穆斯林以其重要分支宰德派为主，约占居民的 44%，主要集中在萨那、哈贾、萨达等高原省区。此外还有少量的伊斯玛仪派信徒，约占总人口的 1%，主要分布在哈拉兹、布尼・穆戈提勒和萨阿瓦山一带的村庄。由于遵循的教法学派差异，也门逊尼派穆斯林分属不同的派别，但主要流行的是沙斐仪教法学派，北方沿海平原地区、塔伊兹省和南方省区的绝大部分居民及萨那的部分居民属于该派。在也门与沙特阿拉伯交界的北方地区有少量哈乃斐派和罕百里派信徒。此外，在北部边境地带还有极少数的穆斯林尊崇瓦哈比派。近年来，具有全球化活动属性的萨拉菲派在也门发展迅速，其政治影响力未来将有所提升。[①] 从社会结构上看，宗教人士的社会构成非常复杂，农村部落社会中的赛义德与城市中的赛义德存在着很大的差别。

一、部落社会中的伊斯兰教阶层

也门部落社会中存在两种权力结构：一为家族和部落首领权力，二为宗教人士权力。在部落社会中，清真寺是所有宗教活动和仪式的中心，也是村民聚集商谈和解决村庄事务的公共场所。在部落社会中，宗教人士作为知识分子阶层地位通常高于普通部落成员，其标志是腰刀佩戴在右侧。这类宗教阶层主要分为两类：卡迪和赛义德。卡迪和赛义德的服饰与部落成员不同，一般部落谢赫及成员上身穿对襟衣服，下身围裙子，脚穿凉鞋，头部常缠着方头巾。宗教人士则穿着长达膝盖的长袍（qamis），佩戴名为卡维克（qawiq）[②] 的头巾。

在也门，卡迪又被称为哈基姆，主要指非赛义德出身但接受过传统伊斯兰教育的人。理论上任何部落成员都可以通过学习伊斯兰法律而成为卡迪，但实际上这一地位大部分是世袭的，某些显赫的卡迪家族在长达几个世纪的时间里都占据着显著的地位。1962 年革命后，他们中许多人位列共和国政府高层，如内战后第一任总统阿卜杜·拉赫曼·埃利亚尼（Abdnl Rahman al-Eryani）。卡迪家族的核心特征是保持着受教育的传统，但在农村地区也有拥有卡迪头衔的文盲。

赛义德意为圣裔，他们与卡迪家族一样处于部落的保护之下。也门宰德派卡塞姆王朝的伊玛目必须来自赛义德家族。历史上，赛义德与伊玛目神权统治休戚相关、显赫一时，每个赛义德家族都与特定的部落和地区关系密切，如贝亚特·穆塔瓦基勒（Bayt al-Mutawakkil）、贝亚特·穆阿亚德（Bayt al-Muayyad）和贝亚特·穆塔赫尔（Bayt al-Mutahhar），三个家族都是卡塞姆王朝

---

① 苏瑛：《也门萨拉菲运动的发展演变、特点及政治影响探究》，《西亚非洲》2015 年第 1 期。

② 《现代阿拉伯语词典》解释其为一种用毛毡制成的高耸头饰，Hans Wehr，*A Dictionary of Modern Written Arabic*（*Fourth Edition*），Harrassowitz Verlag，1979，p.864.

伊玛目的后裔，长期居住于沙哈拉赫（Shaharah）地区。赛义德群体的认同以血统世系为基础，他们都保存着详细的谱系，通常还可以背诵出宗谱。与卡迪相同，他们享受的特权范围因个人的能力而存在差异。穆塔瓦基利亚王国时期，具有赛义德身份和富有学识的赛义德都在伊玛目政府部门中任职，各地方或部落中的赛义德们则是国家与部落之间至关重要的联结纽带：一般而言，部落酋长的任命必须先得到当地出身赛义德的官员的支持，然后再得到该省省长的同意才能生效。

部落社会中的宗教学者和赛义德一般都生活在村庄里，但他们并不属于村庄，也不是部落成员，通常他们属于当地部落的"被保护者"，即他们有着荣誉和利益的头衔与显赫的地位，不仅受到当地部落的保护，而且能够向部落成员提供保护。赛义德的权力来源于对自身土地的控制、调解部落冲突的能力和在道义和宗教上的威望。卡迪和赛义德的土地一般通过继承、馈赠和购买的方式获得。土地继承按照伊斯兰教法的原则进行，而非部落习惯法。土地在儿子之间平均分配，远亲没有继承权。一般而言，赛义德成功调解村庄的纠纷和冲突后，冲突双方会将一部分相互毗邻的土地赠与赛义德。所以，赛义德的土地一般会成为各方的缓冲地带。卡迪家族和赛义德家族拥有一定数量的土地后成为地主，一些农民依附其上，他们不用缴纳部落的集体税收，拥有独立的经济地位。卡迪家族和赛义德家族借此可以发挥更大的社会和政治影响力。例如，贝特·哈纳西（Bayt Hanash）是卡迪家族，其土地不仅在哈米尔地区，家族的其他分支在萨那的胡本（Dhubin）地区和素夫言的沙提卜（Shatib）地区都是大地主。[①] 卡迪和赛义德对于部落社会的意义主要在于调解社会矛盾，并且可以给前来求助的部落成员提供避难和庇护。一份部落文件展示出一个卡迪家族在部落社会的地位和作用——"以真主之名，这是肯定乌卡姆（Al al-Ukam）卡迪家族神圣地位的法律：他是一位光荣的、受尊敬的保护者，保护自身并且有能力给别人提供保护。任何人来到他们的住所，或想要追随他，或在这里避难，都应该得到真主庇护下的安全，因害怕和恐

---

① Paul Dresch, *Tribes*, *Government and History in Yemen*, Cambridge University Press, 1994, p.137.

惧求助于他，那些受害者和凶手，那些受到羞辱和羞辱别人的人，都可以在这里寻求庇护。"[①]作为保护者的卡迪家族在部落中享有受人尊敬的地位，同时还可以在部落争端中进行调解、草拟协定等。赛义德在调解部落争端中也发挥着重要作用，一般而言，部落冲突中处于弱势的一方会主动找赛义德进行和解。赛义德选取特定的日期（通常是吉日或宗教节日）将冲突双方召集到一起，进行和解的谈判。赛义德一般的依据是伊斯兰教法（主要与过往的判例进行类比）。然而，得出双方都满意的决断并不容易，同时赛义德的判决也没有强制力，无法强制执行。冲突双方能否遵守取决于赛义德判决的合理与否以及赛义德本人的威望。赛义德通过处理社会矛盾积累政治威望，从而扩大政治影响。有时，赛义德家族还会与部落首领通婚，以便与部落社会建立更加广泛的联系。但并不是所有的赛义德都可以在部落中获得特权地位，例如，哈米尔地区有一个村庄中几乎所有的居民都是赛义德，尽管其身份毋庸置疑，但并没有获得被保护的地位，他们仅仅是当地部落的一部分。

随着也门社会发展变迁，卡迪和赛义德的地位也处于不断地变动之中。20世纪60年代，也门宰德伊玛目统治终结是对赛义德特权地位的沉重打击。共和国建立后，卡迪已经取代赛义德曾经的显赫地位，形势的变化迫使许多赛义德放弃被保护者的地位，转而成为部落的"兄弟"，即成为部落成员。

二、城市中的伊斯兰教阶层

自10世纪宰德派建立王朝到17世纪的宰德派卡塞姆王朝，再到1918年独立的穆塔瓦基利亚王国，宰德派伊玛目成为也门国家宗教阶层的领袖，伊斯兰宗教学者和赛义德成为城市中宗教阶层的主体。根据宰德派教义，伊玛目的职务是选举产生的。选举分两个阶段，先由赛义德们选出伊玛目候选人，然后召开由部落的著名教法学家和谢赫组成的专门会议，确定这些候选人，最后从中选出伊玛目，被选举的伊玛目得到"阿里·穆塔瓦基利·比·安拉"（即真主信任的或全权代表）的称号。由此可见，宰德派伊玛目自身是一位赛

① Paul Dresch, "The Several Peaces of Yemeni Tribes [comment on 'Father and Fathers-in-law', by R. Just]", *Journal of the Anthropological Society of Oxford*, Vol.12, No.2, 1981, pp.73–86.

义德。他必须身体力行，具有领导圣战的能力，并且还应该具有根据经文推断和创制新法律的能力。实际上，在与部落结盟时，伊玛目通常被认为是受尊敬的“乌勒玛”。简言之，也门城市中的伊斯兰宗教阶层以乌勒玛和赛义德贵族为主体。从阿拔斯王朝时期开始，乌勒玛逐渐成为正统伊斯兰教的代表，在宗教和教育方面享有独占的地位。这一时期，乌勒玛包括神学家、法官（卡迪）、法典说明官（穆夫提）等。乌勒玛和赛义德是也门少数受过教育的群体，这使他们成为政府高官的主要来源。在国家保护下，乌勒玛成为新的上层阶级，掌握了司法、教育大权，并通过国家赠予获得大量土地和资金，参与地方的税收、水利、安全和慈善事务等。除此之外，还存在民间性质的乌勒玛，以各自的清真寺为中心，不属于政府。他们的职责在于解释沙里亚法，监督法律的实行、负责清真寺的日常运营、在宗教学校中授课等。

随着 20 世纪 60 年代现代国家制度的建立，也门国家宗教与政府的传统关系发生了根本性变化，国家世俗化的发展方向使得乌勒玛和赛义德地位下降，其宗教活动也受到国家法律和政治目标的支配，但历史上长期政教合一的政治传统仍然深刻影响着也门现代政治国家的构建。

第二节　也门伊斯兰教与政治关系的变迁

伊斯兰教传入后的也门政治史，无论是作为阿拔斯王朝的行省，还是 9 世纪后一批实现独立的封建王国，包括雅法尔埃米尔国和宰德派伊玛目王国等，政教合一是其共同的特征。自近代开启现代化进程以来，阿拉伯民族主义、纳赛尔主义等取代伊斯兰文化成为社会中的主导思潮，政教分离逐渐成为阿拉伯国家政治现代化的主流。尽管现代也门国家的宪法仍有伊斯兰教的影子，如规定伊斯兰教为国教、国家元首必须由穆斯林担任、伊斯兰教是立法源泉等，但国家的意识形态、政治制度等具有世俗化趋势。本节将从也门政治关系变迁的视角整体梳理也门现代民族国家构建过程中的政教关系，以期更为全面和深入地理解伊斯兰教对于也门现代民族国家构建的意义。

一、政教合一体制和宰德派伊玛目的政治实践

严格地说，也门现代民族国家构建始于1918年穆塔瓦基利亚王国伊玛目叶海亚统治时期，宰德派伊玛目建立政教合一的神权专制统治。实际上自公元901年起，叶海亚·本·侯赛因在也门建立宰德派伊玛目国家，虽经内部争权和外部入侵不断，几经朝代更迭，但近代以来大部分时间由叶海亚家族担任伊玛目职务，从此确立了宰德派在也门的长期统治地位。宰德派王朝从10世纪到20世纪历经了1000多年，共51位伊玛目，宰德派政治思想及其实践活动对也门政治影响巨大。

1. 宰德派教义

宰德派是什叶派的一个分支，是什叶派中较为温和的派别。8世纪初，什叶派内部在第五代伊玛目问题上发生了分歧，一部分人拥护侯赛因的孙子宰德·本·阿里为第五代伊玛目，从而形成宰德派，又被称为五伊玛目派。9世纪初，卡西姆·拉西制定了五伊玛目派的教义。主要教义思想包括：第一，关于哈里发问题。该派承认伊斯兰早期的三位哈里发艾布·伯克尔、欧麦尔及奥斯曼，同阿里一样，经穆斯林推选产生，是先知穆罕默德的合法继承人。阿里是学识渊博、德行高尚、武功卓著、最优秀、最称职的哈里发，而其他几位，特别是奥斯曼在德行上较之阿里稍为“逊色”。第二，关于伊玛目教义。该派认为伊玛目是最虔诚信仰安拉、严格尊奉《古兰经》和教法、传播和保卫伊斯兰教、继承先知穆罕默德之遗训、引导穆斯林尊奉“安拉之道”的“正确的导师”和“精神领袖”。否认伊玛目隐遁说，反对神化宗教领袖。主张成为伊玛目的条件是：凡阿里和法蒂玛的直系后裔，不论其世系、是否优秀者都有继任伊玛目的权利，伊玛目必须信仰虔诚、品行高尚，具有渊博的宗教知识和独立判断的能力，勇敢善战，能驾驭军事上的进攻和防御。允许没有伊玛目或有几个伊玛目同时存在。事实上，在宰德派建立的国家中，伊玛目基本上都是世袭的。[①] 第三，关于信仰。宰德派吸取哈瓦利吉派的宗教观点，认为信仰必须具有相应的宗教实践，同时履行法定的宗教功课和善行。

① 李维建：《也门伊斯兰教宰德派历史研究》，硕士学位论文，西北大学，2001年，第21页。

该派反对苏菲神秘主义，崇拜卧里（圣徒）及圣墓，不赞同穆斯林在受迫害时隐瞒自己的宗教信仰和主张。第四，关于教法问题。该派主张在经、训为立法原则的前提下，运用类比推理创制教法律例的大门是敞开的，不仅伊玛目有创制之权，凡具备一定条件的教法学者也可创制。不允许临时婚姻（即穆塔尔）。在教法的细则上，宰德派接近逊尼派的哈乃斐学派，但各地学者之间存在着分歧。[①]

2. 宰德派政治思想和穆塔瓦基利亚王国的政教合一体制

宰德派政治思想是在9世纪作为部落冲突调解人来到也门的叶海亚·侯赛因·卡西姆·拉西在实践活动中逐渐形成的。叶海亚是当时颇负盛名的阿里家族后裔，作为调解人进入也门后，他继承了宰德派早期的教义和实践方面的特征，并对此有新的发展和突破，特别是明确了宰德派在政治方面的理论原则。叶海亚利用真主赋予他的独一无二的伊玛目品格，根据自己是引导穆斯林尊奉“安拉之道”的“正确的导师”和“精神领袖”等宰德教义思想，确立其统治的合法性。叶海亚还明确表明了他与臣民之间的相互责任与义务。他向也门人保证为了维护正义、为了大家一起抑恶从善而战斗，他将根据经训而治；臣民优先原则，不为自己谋私利，在战斗中冲锋在前；给予也门人一定的财产。而臣民对叶海亚的责任包括：其一，不得在公共场合或私人场合对真主和伊玛目进行诋毁。其二，只要叶海亚遵循真主的旨意处理事务，也门人就要服从；如若偏离真主旨意行事，则可不听；如果叶海亚改变或歪曲经典，则无权对臣民发号施令。此外，叶海亚严格遵循宗教法律征税。叶海亚时期，也门地区间相对隔绝，部落势力强大并且纷争不断。叶海亚尽力使伊斯兰教的最高价值取代部落价值和他们的物质欲望，并使部落首领形成这样一种观念：一旦部落纷争失控，宰德派伊玛目就是公正的调解人。在他去世后，与他有亲属关系的这些赛义德分散在也门各地，在个人和部落纠纷中起着调解人的作用。在部落动乱频繁的社会中，以宰德派为中心的赛义德对宰德派政治思想的缓慢发展具有决定性的影响。宰德派政治思想开始渗透到也门社会之中：在宗教事务上，伊玛目权威的合法性超越地方首领的合法

① 王怀德、郭宝华：《伊斯兰教史》，宁夏人民出版社1992年版，第252页。

性；征集宗教税时，伊玛目有权采用威胁手段或动用武力；作为部落成员，人们要在伊玛目的领导下与非宰德派战斗。伊玛目虽然尽力推行伊斯兰教法，但部落团结的原则和根深蒂固的部落习惯仍然主宰着大多数人的生活。

穆塔瓦基利亚王国建立后，伊玛目叶海亚基本没有承袭奥斯曼帝国推行的政治制度，在宰德派赛义德、法官和部落酋长的支持下，将他在北部山区实施的宰德派传统统治模式扩大到全也门。穆塔瓦基利亚王国是一个典型的政教合一国家，伊玛目叶海亚既是宗教领袖，也是国家政治元首，国家没有议会和宪法，伊斯兰教法被认为是也门司法的唯一根据，只允许伊斯兰法庭存在，伊玛目是最高法官。伊玛目政权结构中仅次于伊玛目本人的是其儿子们和家族亲信，接下来是广受尊敬的赛义德家族和社会地位稍逊一筹的卡迪家族。[①]除了中央的重要职位，省长、法官和伊玛目顾问等职位基本都由叶海亚所属的哈米德丁家族成员和宰德派赛义德担任。以乌勒玛、赛义德为主体的宗教阶层都在伊玛目的控制之下，并且为伊玛目的统治提供合法性基础。穆塔瓦基利亚王国以宰德派思想作为国家意识形态基础，伊斯兰教阶层构成了王国的统治阶层。1939 年，伊玛目政府 32 个重要职位（包括各部部长和各省省长）中 7 个被哈米德丁家族成员掌握，11 个被传统赛义德家族占据，卡迪家族占有包括总理和外交部长在内的 6 个主要职位[②]。宰德派王朝长期政教合一的伊玛目政体使得伊斯兰教逐渐国家化、制度化，并成为国家合法性和扩张的有力工具。从本质上看，穆塔瓦基利亚王国仍承袭了宰德派传统伊玛目的治国理念，以宰德主义强调伊玛目统治的合法性，并进一步控制传统伊斯兰教阶层和部落，以开启现代国家的构建之路。但是，穆塔瓦基利亚王国时期的国家构建阻碍现代工业、交通业和教育的发展，并且以保持信仰的纯正为理由，使国家完全与外界隔离。将宰德派和沙斐仪派别区别对待的宗派主义政策加剧了国家内部地区和教派分裂，沙里亚法的强制推行并不能取代部落内部根深蒂固的部落习惯法。因此，尽管穆塔瓦基利亚王国时期实现了

---

① J. E. Peterson, *Yemen: The Search for a Modern State*, Baltimore: The Johns Hopkins University Press, 1982, p.47.

② J. E. Peterson, *Yemen: The Search for a Modern State*, Baltimore: The Johns Hopkins University Press, 1982, p.42.

也门北部的独立和统一，但只是削弱了部落反抗的能力，并没有真正打破也门部落社会的权力格局。面对王国的世俗化和伊斯兰复兴运动的兴起，宰德派政治思想受到了强大冲击，伊玛目赖以统治的政治合法性岌岌可危。1962年革命以后，即使是比较保守的宰德派精英人士，也不得不面对现实，开始讨论议会、改革、民主化等西方的政治观念了。

二、国家与宗教的平衡——缓慢发展的世俗化道路

20世纪60年代，北、南也门先后在阿拉伯民族主义和民族解放运动的推动下建立共和国。北也门共和国结束了历史上长期政教合一的政治体制，确立了民主共和政体。宪法确定国家政治发展的方向是世俗化和民主化，同时强调伊斯兰教在国家政治生活中的重要地位。这一时期北也门现代国家与宗教关系在平衡中发展。南也门自1969年确立了社会主义发展道路，并逐步建立了党政合一的国家政治制度后，实行了较为彻底的世俗化政策。1990年，北、南也门统一后积极推动政治民主化进程，进一步确定了国家世俗化和民主化的发展方向。

1. 现代也门国家政治合法性的二重性

从1962年阿拉伯也门共和国诞生，到1990年统一的也门共和国成立，也门现代民族国家构建的目标是彻底消灭独裁和专制、建立现代意义的政府机构、扩大民众的政治参与，实现政治民主化和经济发展。纵观20世纪60年代以来也门的历史，特别是北也门共和国时期：一方面，国家先后通过多部宪法确定了国家世俗化、政治民主化的发展方向，随后开展政治制度化建设，国家政府机构、议会、司法和党派活动等保障了民众的政治参与。另一方面，宪法中多次强调伊斯兰教的地位。其中1970年宪法特别强调了伊斯兰教法是所有法律的来源（这是保守派包括部落一直所坚持的要求）；乌勒玛的特殊地位被承认和接受；规定法官必须从伊斯兰教学者中选出来。1974年宪法中也强调了北也门作为伊斯兰国家的特性和伊斯兰教法的地位。

也门统一后的政治民主化改革是在保障公民政治自由平等权利的基础上实现多党制、宪政选举和议会制，1994年宪法修正案中明确写着“伊斯兰法为立法的源泉”。2001年宪法第二、三条款明确规定了“伊斯兰教为国家主要

宗教”与“伊斯兰教是国家立法的主要源泉”，第六条款有关国家经济发展的主要原则之一是“在生产和社会关系中实现伊斯兰社会公正”。因此，尽管也门现代民族国家构建以来，国家意识形态经历了阿拉伯民族主义、社会主义、国家民族主义的发展历程，但国家合法性的基础始终表现为现代性和伊斯兰属性的两重性。

2. 传统伊斯兰贵族阶层在国家政治生活中地位的变化

随着伊玛目神权专制王朝成为历史，以王室成员、宰德派赛义德和卡迪家族为主体的传统伊斯兰贵族阶层遭受重创。“9 · 26”革命后首先受到冲击的是哈米德丁王室家族，他们以巴德尔为首，包括保守乌勒玛、赛义德等残余势力在沙特阿拉伯帮助下形成了一个反对也门共和政权的联盟，从而构成了君主派与共和派两个政权对峙的局面。内战和解谈判中，君主派提出北也门过渡时期以伊斯兰国为政体形式的主张遭到坚决抵制。最终共和派同意接纳一部分原王室军政人员参政，但哈米德丁王室家族被彻底排除出国家政权的核心，伊玛目神权统治消失，处于特权地位的赛义德阶层整体地位一落千丈。大多数赛义德家族成员被共和国政府监禁、处决，或逃往国外，仅有极少数赛义德在共和国政府中任职。如在伊玛目叶海亚和艾哈迈德时期曾被监禁的艾哈迈德 · 马瓦尼（Ahmad al-Marwani），在北也门共和国第一届政府中担任国家指导委员会的部长。[①] 赛义德在国家政治生活中地位下降主要表现在中央政府中，在边远地区，他们仍作为法官和调解者发挥着重要作用。

与赛义德作为一个阶层被整体打击不同，卡迪家族的冲击则主要针对个人或者家族。尽管作为伊玛目艾哈迈德亲信的侯赛因 · 哈拉里（Husayn al-Halali）家族被处决，但大多数卡迪家族，特别是曾反对过伊玛目统治的家族都保留了下来，取代传统赛义德家族成为中央政府中的政治精英，共和国总统埃利亚尼就出身于卡迪家族。大多数卡迪家族成为北也门共和国政府成员的主体，共和国将其形容为国家运行的“润滑剂”：他们看起来就像社会中的

① J. E. Peterson, *Yemen: The Search for a Modern State*, Baltimore: The Johns Hopkins University Press, 1982, p.99.

法学家，接受公众的想法然后在共和国赋予他们的机会中加以实施。[①]20世纪60年代末到整个70年代，北也门共和国内阁成员中赛义德的人数基本都是1人左右，人数最多的是在1971年哈桑内阁12个成员中占4个；与之相反，卡迪家族在内阁人数中为3~6人。1980年内阁26名成员中，赛义德家族只有1人，卡迪家族2人。[②]也门统一后仍延续了赛义德家族地位降低，卡迪家族地位稳固的状态。

3. 法律的缓慢世俗化

穆塔瓦基利亚王国时期，伊玛目叶海亚曾试图以伊斯兰教法取代部落习俗和习惯法，但收效甚微。北也门共和国继承了这种二元制的法律体系，建立了宗教法庭与世俗法庭（即行政法庭，Administrative Court）并行的制度。前者主要负责家庭法、继承法、财产法、合同法和刑法等问题；后者集中在税收、商贸、行政管理等领域。两者在很大程度上相互独立，但都隶属于司法部。上述变迁主要限于城市及周边地区，部落和边远地区仍然以伊斯兰教法和非正式的部落习惯法为基础。相较而言，受到英国殖民统治时期亚丁现代司法体系构建和南也门独立后按照社会主义原则推行司法改革的影响，南也门地区法律世俗化要更为彻底，然而在农村地区仍存在以伊斯兰教法和部落习惯法为主体的现象。

也门统一后颁布的宪法进一步强化了世俗成文法的地位，沙里亚法的地位低于世俗成文法，在世俗立法空白之处，沙里亚法起补充作用。从形式上看，法律实践基本以世俗法为基础。在现实中，沙里亚法和部落习惯法仍然在有效运作。伴随着法律世俗化，也门现代教育的世俗化进一步发展，从20世纪60年代之前的以宗教学校为主，到如今现代教育体系的建立，世俗政治精英开始主导国家政治：从北也门共和国1968年17个内阁成员中只有3个接受世俗高等教育的技术专家，发展到1980年26个内阁成员中17位都是技

① J. E. Peterson, *Yemen: The Search for a Modern State*, Baltimore: The Johns Hopkins University Press, 1982, p.134.

② J. E. Peterson, *Yemen: The Search for a Modern State*, Baltimore: The Johns Hopkins University Press, 1982, p.127.

术专家数据中可见一斑。[①]

第三节 现代也门伊斯兰主义运动兴起[②]

20 世纪中后期，伊斯兰主义作为与社会主义相对立的思潮和运动而显现于世，对现代也门的历史发展产生影响。伊斯兰主义运动的兴起在很大程度上是 20 世纪 70 年代中东地区兴起的伊斯兰复兴运动和也门社会变迁的结果。

20 世纪 70 年代，伊斯兰世界出现了宗教复兴的浪潮，宗教的意识形态化不断增强，伊斯兰教与社会政治生活的关系呈现增强之势。目前，在对伊斯兰复兴运动中这种政治化的倾向进行描述时，西方和我国学术界都存在几个词语互用的问题，本书所使用的“伊斯兰主义”这一词语主要指在政治、经济、文化和社会多个领域实现伊斯兰秩序，以伊斯兰教取代世俗民族主义，并建立起一个政教合一的伊斯兰国家。[③]伊斯兰主义的“伊斯兰国家”理论在穆斯林世界中多是以宗教色彩浓重的“政治运动”或“政治党派”的形式表现出来，构成了伊斯兰政治反对派反对现行世俗政权的指导思想，进而对当代伊斯兰复兴运动产生了重要影响。20 世纪后半期，也门兴起的“伊斯兰主义”显然不仅是社会宗教思潮，更重要的特征还在于这是具有政治性的社会运动，因此用“伊斯兰主义”或“伊斯兰主义运动”进行表述更贴合实际。“伊斯兰主义”是一种具有多元性而非完全一致的运动，当代也门的伊斯兰主义运动组织从类型上分为极端派和温和派。极端型的运动和组织常常以“净化宗教”为名，用反叛甚至恐怖主义暴力手段实现自身建立伊斯兰国的政治目标，在也门主要有胡塞武装组织、萨拉菲中的圣战派和“基地”组织阿拉伯半岛分支。温和派则主张在现代政治制度框架内通过国家政治层面的改革

---

① J. E. Peterson, *Yemen*: *The Search for a Modern State*, Baltimore: The Johns Hopkins University Press, 1982, p.127.

② 本节内容以《中东剧变视角下政治伊斯兰主义运动与也门民族国家重构》为题发表在《阿拉伯世界研究》2016 年第 3 期，原文有删减。

③ 刘中民：《伊斯兰主义的“伊斯兰国家”思想》，《西亚非洲》2011 年第 4 期。

来实现伊斯兰式的国家复兴，让传统的伊斯兰价值和国家现代化发展模式相互包容共存，也门的伊斯兰改革集团就是伊斯兰主义中温和派的主要代表。鉴于也门伊斯兰主义运动的复杂性和动态性，本书主要从整体上考察伊斯兰主义运动与也门现代民族国家构建的互动关系，而不局限于某个伊斯兰主义运动党派或组织本身。

一、也门伊斯兰主义运动的发展历程

20 世纪 60 年代以来，伊斯兰主义运动在也门经历了不同的发展阶段。

（一）作为“异见者”的伊斯兰主义运动

20 世纪 30 年代末，也门的一些宗教人士受到境外以阿富汗尼为代表的伊斯兰现代主义改革运动的影响，代表人物有瓦里斯、穆塔阿等。瓦里斯开始在其任教的扎马尔的一所学校实施改革和宣传思想，并且创办了《也门智慧》杂志，其思想包括在穆斯林国家实行符合早期穆斯林社会实行的协商制度精神的宪政和自由等。20 世纪 40 年代开始，也门的伊斯兰主义运动主要集中在知识分子阶层，多为公立学校的教师和学生（或毕业生），并非传统的宗教阶层。也门范围内伊斯兰主义活动的兴起受到穆斯林兄弟会的直接影响。1939—1940 年，也门第一批学生前往埃及，在爱兹哈尔大学和达尔·欧鲁姆（Dar al-Ulum）师范学院学习，这批人中包括也门早期改革主义者穆罕默德·艾哈迈德·努曼和穆罕默德·马哈茂德·祖贝里（Muhammad Mahmoud Al-Zubairi），埃及穆斯林兄弟会的导师哈桑·班纳成功地使部分学生接受了他的思想。20 世纪 40 年代，大多数是穆兄会成员的埃及人进入也门担任教师并传播思想主张。埃及穆兄会指派两位领导人在开罗招募也门学生：这两人分别是训导局领导成员阿尔及利亚人法迪勒·瓦尔台拉尼和艾哈迈德·法赫里博士。在开罗学习的学生之一穆罕默德·马哈茂德·祖贝里回国后积极为穆兄会在开罗发起的“扬善戒恶”运动进行宣传。[①]1946 年，法德利来到也门并在传播穆兄会思想方面发挥了重要作用，其中一项杰出的工作就是在对

① Mughlis Abdulmuli, *The Islamic Movement in Yemen*, Cario: Dar Al-Fikr Al-Islamiyyah Publications, 1991, p.78.

待“神圣国民协定”与“自由人运动”的合作事宜上缩小了不同反对组织之间的观点。也门穆兄会参与了瓦尔台拉尼发挥重要作用的也门1948年革命，并直接导致伊玛目艾哈迈德对穆兄会运动的打击和迫害。1952年纳赛尔通过“自由军官组织”运动成为埃及领导人，也门穆兄会与埃及穆兄会的联系受挫。1962年后也门穆兄会活动陷入低潮。

1948年革命失败后，也门现代民族主义运动兴起。伊斯兰现代主义改革运动受到阿拉伯民族主义和纳赛尔主义的影响，也门的伊斯兰主义运动从文化领域向政治领域过渡，开启了伊斯兰主义运动的先河。也门穆兄会运动沉寂后，著名改革人士易卜拉欣·本·阿里·瓦齐尔于1962年7月创建人民力量联盟（the Union of Popular Forces），这一组织的前身被认为是之前“真理和正义联盟”和1956年10月在亚丁成立的协商会议党。人民力量联盟是一个伊斯兰组织，属于国际伊斯兰主义运动的一部分。其成员仅限于忠诚《古兰经》和伊斯兰教规的人，目标是实行“协商”的伊斯兰原则与“协商”的《古兰经》教义，以及遵循伊斯兰教法。人民力量联盟的五条原则代表了其伊斯兰观点：以两句誓言代表权利；以礼拜代表善功；以天课代表正义；通过斋戒掌握人们的命运代表和平；选择统治者并监督他代表协商会议原则。[①]人民力量联盟相信政党制度，并不反对在一个伊斯兰国家框架内存在左派政党。作为一个宗教党派，人民力量联盟并没有排斥其他伊斯兰派别，也承认个人及公众的所有权，并反对垄断。人民力量联盟的秘密活动一直延续到1990年也门统一。也门早期的伊斯兰主义运动作为“异见者”兴起于穆塔瓦基利亚王国伊玛目的神权专制统治时期，正是在这一时期受到外部世界变革影响的也门人民发出变革的呼声，虽然伊玛目实施残酷镇压，但自由派的革命活动从未停止。然而，作为“异见者”的伊斯兰主义运动仅是对于政府和社会不满的发泄，以知识分子、学生为主，在组织上和目标上并不成熟。

---

① Sa'id Abdul-Kharim, *Muslim Brethren and Fundamentalist Movement*, Cairo: Madbully Bookshop, 1995, p.73.

（二）作为政治参与者的伊斯兰主义

伴随着也门现代民族国家构建的发展，伊斯兰主义运动在统一初期的政治民主化改革中表现活跃，其活动方式从“异见者”转为积极的政治参与者。统一后，也门伊斯兰主义运动在萨利赫政府的打压和拉拢双重政策下，分化为以伊斯兰改革集团为代表的体制内组织，以及以胡塞武装组织和“基地”组织半岛分支为代表的体制外的运动。代表性组织的主要立场和观点见表 12。

表 12　当代也门主要伊斯兰主义运动和组织

代表性组织名称	主要领导人或组织	直接或完全参与政党政治	对共和国自发的忠诚	与国家直接对抗	参与教派内部暴力活动
穆斯林兄弟会	伊斯兰改革集团	是	否	否	是
极端主义“基地”组织	“基地”组织半岛分支	否	否	是	是
萨拉菲运动	瓦依迪（2001 年去世）	否	是	否	是
苏菲派	穆斯塔法家园	否	是	否	否
宰德复兴主义活动	胡塞武装组织（前身是“青年信仰者”组织）	是	否	是	是

资料来源：Laurent Bonnefoy，“Varieties of Islamism in Yemen：The Logic of Integration under Pressure”，*Middle East Review of International Affairs*，Vol.13，No.1，2009，p.27.

也门主要的伊斯兰主义势力或组织可分为两种类型。

1. 国家政治体制内的伊斯兰主义党派或组织

这类组织主张在法律允许的限度内开展各种社会、文化、政治活动，希望通过政治参与影响政府的决策，以渐进的方式使政治进程朝着有利于其政治目标的方向演进。[①] 这些组织包括：伊斯兰改革集团、萨拉菲运动、苏菲派和较小的党派，如也门人民联盟（RAY）、人民力量联盟（UPF）、伊斯兰革

① 刘中民、李志强：《中东变局与伊斯兰政党的新发展》，《阿拉伯世界研究》2013 年第 6 期。

命力量联盟、伊斯兰工党、真理党等。[1]

（1）伊斯兰改革集团

20 世纪 70 年代，随着阿拉伯世界出现伊斯兰复兴运动的高潮，也门穆斯林兄弟会从低潮迎来迅速发展时期。1978 年赞达尼（Abdul Majeed al-Zindani）领导的“伊斯兰阵线”作为也门穆兄会的政治派别成立，1982 年“伊斯兰阵线”参与了全国人民大会起草的《民族宪章》。这一时期穆兄会思想意识被知识分子阶层接受。1967—1987 年，宗教机构的数量高达 755 所，拥有 100315 名学生与 3930 位教师。1991 年海湾战争后，也门穆兄会为加速实现建立纯洁伊斯兰社会的目标，其主要领导人卡赫坦（Mohammad Qahtan）、赞达尼转而同部落首领合作，并在 1990 年 9 月 13 日组建了伊斯兰改革集团。该党是以北方为基地、具有原教旨主义倾向的传统性质的伊斯兰政党，其成员主要为来自穆斯林兄弟会、也门最大的哈希德部落和大批保守的穆斯林工商业者，还包括一部分萨拉菲成员。

伊斯兰改革集团成立后注重加强自身政党建设，在萨那警察学院附近建立政党总部。同时建立八个独立机构，分别负责经济、政治、社会、教育、信息、宗教、司法和妇女事务。[2] 短短几年中，其在也门各地的地方办公机构从几个增加到几十个，包括在一些大城市设立办事处。与也门其他党派相比，伊斯兰改革集团拥有完善的组织机构，特别是在各省都设有复杂的机构。除了中央执行委员会划分为九部，伊斯兰改革集团还有规划决策、政策研究中心。伊斯兰改革集团每年召开规划会议，每四年召开一次全国代表大会。党内各级领导者都由全国代表大会和地方大会逐级选举产生，议席分配根据每

---

① 也门人民联盟成立于 20 世纪 50 年代早期，其前身是南阿拉伯联盟。人民力量联盟也是反对党成员，参加 1993 年议会选举，并抵制了 1997 年议会选举。1986 年成立的伊斯兰革命力量联盟是也门统一前旨在反对北也门政府的政治组织，认为自身是所有愿意为也门人民和伊斯兰国家服务的革命者的联盟。联盟信仰伊斯兰教及其教义、司法公正和平等，与其他伊斯兰政党不同之处在于其采取的是亲伊朗、疏远沙特的立场。伊斯兰工党成立于 20 世纪 90 年代认为自身是世界伊斯兰活动的领导者，强调也门虽是伊斯兰国家，但人民并没有正确地理解伊斯兰，其主张通常被认为是社会主义和资本主义的混合体。

② Jillian Schwedler，*Faith in Moderation：Islamist Parties in Jordan and Yemen*，Cambridge University Press，2006，p.90.

个地区注册党员的数量确定。纪律管理方面，党内设有由纪律和制裁部部长负责的司法机构，其职责是处理道德违规、对领导层的投诉和实施纪律程序。最严厉的处罚是开除出党。省级也有法律部门，处理地方事宜并可上诉到中央机构。第一任总书记是阿卜杜·瓦哈布·亚辛，党主席由哈希德部落联盟领导人阿卜杜拉·艾哈迈尔大酋长担任。

伊斯兰改革集团积极参与政治活动。1993 年议会选举中，伊斯兰改革集团获得 301 个总席位中的 62 个，仅次于获得 123 席的全国人民大会党。伊斯兰改革集团主席艾哈迈尔大酋长以 223 票当选议长。在随后由全国人民大会党、伊斯兰改革集团、也门社会党组成的联合政府中，伊斯兰改革集团党员分别担任司法、地方管理、卫生、宗教事务、贸易等部的部长和副总理职位。① 同年 10 月成立的五人总统委员会中，伊斯兰改革集团领导人之一赞达尼位列其中。1994 年夏季内战结束后，来自南部的也门社会党沦为在野党，伊斯兰改革集团与全国人民大会党两党联合执政。加尼（Abdul Aziz Abdul Ghani）政府中，伊斯兰改革集团成员继续担任着贸易、司法、教育、宗教事务、水电和渔业等部的部长之职，其中亚辛成为第一副总理。1997 年，由于受到执政党的排挤，该集团作为反对党抵制了当年的议会选举，并成为也门最大的反对党和第二大政党。到 2000 年，伊斯兰改革集团成为也门唯一有能力质疑执政党的反对党派。2009 年 4 月，伊斯兰改革集团联合其他反对党一致抵制议会选举，迫使萨利赫政府将议会选举推迟至 2011 年。自 2011 年也门政局动荡后，伊斯兰改革集团审时度势，与萨利赫决裂，成为反对派阵营强大的中坚力量，通过加强与各党派联盟、引导过渡期政治安排等措施巩固其在政治格局中的重要地位。但随着胡塞武装组织的崛起，也门内战陷入胶着状态，伊斯兰改革集团政治议程尚不明确，如何协调党内分歧、统一策略以在各方政治势力博弈中获益，在未来也门政治生态中发挥更重要的作用是伊斯兰改革集团所面临的主要任务。

---

① Jillian Schwedler, *Faith in Moderation: Islamist Parties in Jordan and Yemen*, Cambridge University Press, 2006, p.103.

（2）萨拉菲运动

也门的萨拉菲运动在20世纪80年代由穆格比勒·瓦依迪创立，其本人深受沙特阿拉伯萨拉菲思想的影响。在也门，萨拉菲运动最初表现为规范人们的衣着和言行，其思想主张包括：反对任何活动的制度化，禁止参加选举；在其学说框架中，民主被认为是完全消极的，瓦依迪认为民主意味着是人们的统治而不是真主的统治；禁止其自身运动的制度化，认为任何人为创造的机构都不是对真主的完全忠诚，会降低人们的信仰忠诚度；萨拉菲运动认为信仰是第一位的，无论何时何地，都必须实施经、训的规则；主张对统治者只能提供秘密的建议，而不能发动革命反对他，反对对统治者使用暴力。根据上述主张，20世纪90年代以前，也门萨拉菲运动最显著的特征就是反对政党政治，远离政治活动。但20世纪90年代之后，萨拉菲运动逐渐表现出参与政党政治的倾向。对参与政治活动的不同立场使萨拉菲运动内部分化为寂静派（Quietist Salafis）和活跃派（Activist Salafis）。寂静派继续遵循瓦依迪的思想，主张保持忠诚和反对政党政治，在2011年也门骚乱爆发后是萨利赫政权最后的支持者，这一立场使其被彻底孤立。也门骚乱使得活跃派参与政治进程的速度加快，在埃及萨拉菲派光明党获得成功的直接刺激下，2012年6月17日，也门萨拉菲活跃派成立了第一个政党——也门拉沙德联盟（The Yemeni Rashad Union），这意味着萨拉菲运动将成为也门政治舞台上的重要角色。可以说，也门骚乱一定程度上使萨拉菲运动更趋于成熟，他们通过建立自己的政党来表达其政治纲领、实现政治诉求。①

（3）苏菲派（Sufis）

与萨拉菲组织相似，苏菲派倡导远离政治，但实际上一直在也门政治中发挥重要作用。这一派别主要集中在也门南部和东部省份哈达拉毛地区。他们在南也门社会主义国家时期受到严酷镇压，许多教长在这一时期逃亡到沙特或北也门。1994年内战期间，苏菲派获得政府支持，破坏南方的独立活动，战争结束后他们则受到萨拉菲派和穆斯林兄弟会中激进派的挤压。20世纪90

① 关于也门萨拉菲运动可参见苏瑛：《也门萨拉菲运动的发展演变、特点和政治影响探究》，《西亚非洲》2005年第1期。

年代以来，以塔里姆（Tarim）地区穆斯塔法家园组建为标志，苏菲派经历了一次重要的复兴，这个宗教教育中心获得了政府的支持，回报是当地执政党的候选人在1993年议会选举中获得支持。有分析家认为苏菲派对政府政策和其他伊斯兰组织都构成威胁。2003年，穆斯塔法家园的领袖哈比卜·乌马尔（al-Habib Umar）被任命为国家电视台宗教项目的主持人。同时期萨利赫总统多次造访穆斯塔法家园。苏菲派运用一种包容、和平和温和的伊斯兰观点，在其他伊斯兰主义运动的支持下削弱了政府的威权统治。实际上，苏菲派教义更集中于个人的精神和发展，而且与自由经济、企业并不冲突，因此获得也门社会中上阶层的支持。

（4）真理党（Hizb al-Haqq）

真理党1990年成立，属于什叶派中的宰德派。许多宰德派教长和法官参与组建真理党，其重要领导人之一是艾哈迈德·沙米（Ahmad al-Shami）法官。真理党成员以知识分子和宗教人士为主，其运用清晰的政治和宗教演说将真理党描述为一个在伊斯兰框架内的也门伊斯兰政党，实践中主张以完全符合伊斯兰教法的规则来实现目标。真理党认为政治是宗教的一部分，其部分目标如下：根据伊斯兰教法实现司法公正，在所有法律和规章中应用伊斯兰教教法规则。尽管缺乏经验和财政来源，真理党仍在也门各省中拥有广泛的群众基础。真理党是也门统一后建立的最大、最狂热的伊斯兰政党，真理党的流行是因为其对也门穆兄会提出了坦率和明确的批评，艾哈迈德·沙米法官谴责也门穆兄会抵制国家的统一，宣称这一行为违反了伊斯兰教教义。真理党是反对党阵营的重要组成部分，1993年其以65位候选人参与了议会选举，共获得18650张选票及在议会中获得2个席位。真理党也参加了1997年4月27日的第二次议会选举，共有26位候选人，获得5389票，但并没有赢得议会席位。在1997年选举失利后，真理党成为反对党成员，2005年加入反对党联盟联席会议党。

2. 国家政治体制之外的伊斯兰主义运动

可归类于国家政治体制之外的伊斯兰主义运动这一范畴的大致有两种情况：一是原属于在现存政治体制下运作的组织，后因被政府取缔而发生分化，因不承认国家政府，自然处于体制之外。二是从一开始就游离于国家政府即现行政治体制之外、热衷于暴力恐怖活动的极端主义组织。[①] 也门胡塞武装组织无疑属于前者，而“基地”组织阿拉伯半岛分支等发动恐怖袭击的极端组织则属于后者。胡塞武装组织在之前的章节已经作过详细论述，这里重点论述也门恐怖势力——“基地”组织阿拉伯半岛分支。

与伊斯兰主义运动相比，“基地”组织阿拉伯半岛分支规模较小，人数也较少。2009 年 1 月，“基地”组织乘隙渗入也门，成立分支。与“基地”组织相关的亚丁—阿比扬伊斯兰军队和其他组织参与了包括 1998 年游客人质事件和 2000 年科尔号军舰袭击事件等。“基地”组织在其控制的南部阿比扬省实行伊斯兰教教法，帮助当地居民修复电站、开垦农田，因此赢得了部分民心。同时“基地”组织还设立伊斯兰教教法法庭，解决当地民事纠纷，由于办事效率要高过原政府部门，不少也门民众在遇到纠纷时都会选择求助于“基地”组织。此外“基地”组织还与也门的地方部落合作，逐步发展壮大。2011 年也门动荡发生后，政府忙于应对反对派的政治压力与武装攻势而几乎无力顾及反恐行动，“基地”组织除了拓展活动空间，在阿比扬建立“伊斯兰酋长国”，还开始袭击政府目标，特别是 2014 年 5 月 5 日、9 日和 11 日，“基地”组织阿拉伯半岛分支连续在首都实施袭击。

作为国际性恐怖组织，也门的“基地”组织活动与其他国家和地区的恐怖活动逐渐形成呼应的态势，在事实上形成了也门、伊拉克、叙利亚连为一体的恐怖活动高发地带。在也门的恐怖组织中，还有不少非洲索马里籍、阿尔及利亚籍的武装分子表现活跃。[②] 面对“基地”组织的壮大，在打击“基地”组织问题上，也门政府可谓有心无力，尽管哈迪就任也门总统后多次表示要坚决打击恐怖主义，但是一年多来的武装冲突令也门国内四分五裂，“基地”组织则趁乱扩大实力，与政府军展开长期交战和对峙。

二、现代也门伊斯兰主义运动的特征

早期作为“异见者”出现的也门伊斯兰主义运动规模较小，成员数量有

---

① 曲红：《中东政治伊斯兰发展走向》，《西亚非洲》2001 年第 3 期。

② 张金平：《也门动荡转型中的恐怖活动与反恐策略》，《阿拉伯世界研究》2014 年第 4 期。

限，缺乏明确的纲领和目标，通常受到伊玛目的打击和迫害，其政治和社会影响力有限。20 世纪 60 年代后经过阿拉伯民族主义和社会主义等思潮洗礼的现代也门伊斯兰主义运动，声势浩大，具有鲜明的特征。

（一）伊斯兰教构成的多元化

早期伊斯兰主义运动只是对社会不满的被动回应，随着 20 世纪 60 年代也门现代民族国家构建具有实质内容，伊斯兰主义运动也具有了明确的政治纲领、目标和组织。20 世纪 90 年代政治民主化改革的实施使得伊斯兰主义运动具有了更广泛的社会参与，社会和政治动员也使国内的宗教阶层参与到抵抗运动中，这便导致伊斯兰主义活动的参与者不囿于原先的宗教精英，而具有更广泛的社会参与性。伊斯兰主义运动在构成上表现出多元化和复杂化特征。从教派归属看，有逊尼派和什叶派伊斯兰主义之分，甚至逊尼派和什叶派内部也各自存在萨拉菲派与沙斐仪派以及宰德派与十二伊玛目派等教派之分。从各派构成看，又可分为现代伊斯兰主义者、宰德派和萨拉菲主义者。这些不同的派别在组织形式和意识形态上有着非常大的差异。例如伊斯兰改革集团更像是现代政党，组织也更完善，并且在 1997 年后成为最大的反对党和全国第二大党。而以宰德派乌勒玛、赛义德为基础的真理党以及萨拉菲运动组建的拉沙德联盟，仍以传统的个人效忠和师生情谊为纽带，组织非常松散，政治影响力有限。

自也门统一后，大量政治党派层出不穷，其中伊斯兰各党派和运动的基本纲领、终极目标不同，它们之间存在着极端与温和、保守与开放的派别分野，经常互相指责，甚至爆发武装冲突。随着 2011 年也门政局动荡，国内安全局势持续恶化，早期伊斯兰主义运动所具有的以伊斯兰教改造社会、构建国家的理想主义思想消退了，取而代之的是派系斗争和对现实权力的追逐。事实上，也门伊斯兰主义运动多元化的演变反映了伊斯兰阶层固有的分裂性和多元性传统。伊斯兰主义运动使得传统宗教阶层政治化，却不可能实现宗教力量的整合。

（二）伊斯兰主义与部落力量的联合

早期伊斯兰主义运动主要表现为宗教学者、学生等知识分子的宣传及社会革命活动。20 世纪 90 年代也门统一后，在政治制度化框架下，伊斯兰政党转而与部落力量联合，致力于增强政治竞争力，以期在议会选举中获得较多席位。其中最成功的就是也门穆斯林兄弟会骨干和也门最大部落联盟哈希德部落之间合作组建的伊斯兰改革集团，逐渐成为也门政治中举足轻重的政治力量，在与全国人民大会党联合执政时确立国家伊斯兰属性，在加强国家宗教教育等方面发挥实质作用。真理党的大本营在萨达省与当地部落有着千丝万缕的联系。而近年来，萨拉菲运动和"基地"组织阿拉伯半岛分支在也门的迅速发展也与其获得当地部落的支持密切相关。伊斯兰主义运动赋予部落神圣的属性和政治资源，而部落力量又提供给伊斯兰政党经济和军事后盾，两者由理想和价值共同体转变为利益共同体。

（三）从温和走向激进的也门伊斯兰主义运动

自20世纪90年代以来，大多数伊斯兰主义运动采取较为温和的方式，以合法参与的方式进入政治活动，例如作为伊斯兰主义温和派的也门穆斯林兄弟会在也门统一后两度参与联合政府，寻求在国家议会体制中表达政治意愿和诉求。即使像萨拉菲派这样保守的伊斯兰激进势力也逐渐放弃极端观点而趋于温和，也门拉沙德联盟的成立反映了他们追求以合法方式表达政治诉求。但2011年以来，随着也门安全局势的持续恶化，也门伊斯兰主义运动出现暴力化、激进化的趋势。也门穆斯林兄弟会思想来源于伊斯兰主义理论的奠基者哈桑·班纳，与其一脉相承但更加激进的当代伊斯兰主义激进主义的先驱者萨义德·库特卜思想则深深影响着萨拉菲运动，库特卜主张一个真正的穆斯林不仅必须信仰安拉的最高绝对统治权，而且必须"为主道而战"去实现它，对非伊斯兰的政府不能用改良的手段，必须彻底加以推翻。[①] 受这种理论影响的伊斯兰主义组织倾向于采取比较激烈的暴力斗争手段，从2015年2月以来，也门内战持续了9年多，也门各伊斯兰主义运动组织都卷入其中并趁机扩大势力范围。胡塞武装组织2015年2月全面夺权使得也门陷入战乱自不多言，在混乱局势下，萨拉菲派和"基地"组织阿拉伯半岛分支之间的武装冲突持续不断。

---

① 陈嘉厚:《现代伊斯兰主义》，经济日报出版社1998年版，第128页。

三、伊斯兰主义运动对也门政治的影响

自也门统一后，伊斯兰主义运动广泛参与国家政治生活，从伊斯兰改革集团 1993 年参与组建联合政府，到 1997 年后成为国内最大的反对党派，从宰德派真理党积极参与议会选举，到胡塞武装组织与政府的合作与决裂，无不反映出伊斯兰主义运动对也门国内的政治影响日益显著。此外，伊斯兰教法仍为国家立法主要来源的宪法条款，伊斯兰法庭至今仍保持与世俗法庭同等重要地位，萨拉菲运动创办的慈善组织等也揭示出伊斯兰主义运动渗透到也门的社会生活之中。2011 年政局变动之后，也门国内的伊斯兰主义运动表现活跃，其中胡塞武装组织、萨拉菲运动等所倡导的在全社会建立伊斯兰价值观，建立以沙里亚法为基础的伊斯兰政教合一的国家的目标，必然带来也门政治中世俗主义和伊斯兰主义的对抗，在一定程度上对世俗主义政治构成挑战。伴随着胡塞武装强势夺权，其对国家重构的影响力与日俱增，既改变了也门逊尼派主导政治权力的格局，还进一步削弱了合法政府的控制力。长期碎片化的社会结构和冲突型的政治文化必将加剧政治和解中的社会冲突，目前其影响表现在以下几个方面。

（一）伊斯兰主义运动使也门政治危机进一步复杂化

随着 20 世纪 90 年代伊斯兰主义运动崛起，也门政治局势受其影响，其中对萨利赫政府构成严重威胁的就是胡塞武装组织，政府军与胡塞武装组织的战斗造成萨达地区大量平民伤亡。2011 年也门骚乱中也不乏伊斯兰主义运动的身影活跃其中。也门开启政治重建以来，胡塞武装组织违反 2014 年 9 月 21 日签订的《民族和平伙伴协议》（*Peace and National Partnership Agreement*），以武力方式迫使总统哈迪和内阁辞职，全面接管政府机构的行为遭到多个政治党派和组织的反对。目前胡塞武装组织最大的政治对手是由也门最大部落联盟——哈希德（Hashid）的大酋长艾哈迈尔及其家族所控制的伊斯兰改革集团。2014 年，胡塞武装组织与忠于伊斯兰改革集团的部落在阿姆兰省奥萨马特（Osaimat）地区爆发战争和流血冲突，导致哈希德部落大酋长阿卜杜拉·本·侯赛因·艾哈迈尔的住所被炸毁，其家族迁出阿姆兰省。随着 2014 年 7 月 8 日胡塞武装组织完全占领阿姆兰省，第 310 装甲旅的前指

挥官、忠于伊斯兰改革集团的哈米德·库沙伊比（Haneed Al–Qushaibi）阵亡。什叶派的胡塞武装组织与也门国内逊尼派萨拉菲运动和“基地”组织阿拉伯半岛分支之间也不时爆发冲突，也门正陷入多种政治势力混战的困境，伊斯兰主义运动的崛起使得也门政治危机进一步复杂化。

（二）伊斯兰主义运动的兴起激化了也门内部的教派矛盾，并且加剧了沙特和伊朗在也门教派问题上的对抗

这一点在萨拉菲运动的发展中表现得最为明显，早在 20 世纪 80 年代瓦依迪在达玛吉传播萨拉菲思想初期，面对的最强大反对力量就是也门的什叶派分支宰德派。在也门宰德派学者出版的著作中，萨拉菲运动通常被描述为沙特向也门输出意识形态的产物，是来自沙特的“瓦哈比主义”。易卜拉欣·瓦齐尔—— 一位前伊玛目王朝的宰德派知识分子说：“为了渗透到我国，沙特有不同的策略……也门的瓦哈比成员们，特别是他们的乌勒玛，成为企图利用分裂和冲突破坏也门国家和伊斯兰教统一的力量。”[①] 属于宰德派的胡塞家族领导人建立的“青年信仰者”组织，除了反对美国和以色列，其初衷是对抗在萨达周围影响力与日俱增的萨拉菲运动。

面对宰德派的反对，2004 年胡塞叛乱的爆发为萨拉菲运动提供了与政府合作进一步打击宰德派的机会。2004 年战争爆发前几周，阿布·哈桑·马里比出版了名为《萨达事件的合法观点》的小册子，他将胡塞叛乱行为定义为伊斯兰内部战争（菲特纳），并将政府军与胡塞叛军的战争视为逊尼派与什叶派的冲突。胡塞武装组织指责达玛吉（Dammaj）的哈迪斯中心已经成为训练宗教极端主义和圣战分子的中心，而萨拉菲强调哈迪斯中心仅仅是教育机构。2015 年 1 月，胡塞武装组织命令将伊卜省店铺以及萨那老城中的许多清真寺都漆成绿色，此举无疑将加剧也门什叶派和逊尼派之间的紧张关系。

2015 年 3 月，沙特政府开始越境打击胡塞武装组织，直接军事干涉的行为使得本属于也门国内的教派冲突被打上了大国政治的烙印。宰德派胡塞武

---

① Laurent Bonnefoy，*Salafism in Yemen：Transnationalism and Religious Identity*，London：Hurst & Company，2011，p.11.

装组织和萨拉菲运动在也门的发展，无疑加剧了以沙特和伊朗为首的地区大国对也门政治影响力的争夺。

（三）伊斯兰主义运动一定程度上助长了也门国内宗教极端主义势力和恐怖主义势力的抬头

也门宗教极端主义势力主要受20世纪90年代从阿富汗战场返乡军人的影响。据也门政府一位官员估计，1993年，也门国内这类军人至少有2.9万人。[①]这些人有些加入全国人民大会党或伊斯兰改革集团，还有一些与当地部落合作成立激进地下武装组织，如亚丁—阿比扬伊斯兰军队（AAIA），除了1998年8月参与去美国驻肯尼亚和坦桑尼亚大使馆，对也门南部地区发起多次恐怖袭击活动；伊斯兰圣战运动（IJM）组织领导人是塔里克·法德利（Tariq al-Fadli）自1993年进入全国人民大会党并进入议会。[②]这两个组织都与2009年以来表现活跃的"基地"组织阿拉伯半岛分支有联系。也门国内分析家普遍认为，也门萨拉菲极端主义组织安萨尔·沙里亚是"基地"组织在也门改头换面开展暴力恐怖活动的新工具。2011年以来，"阿拉伯半岛基地组织"借也门国内政局动荡，掀起了新一轮恐怖主义活动的浪潮，在南部地区掀起自杀式炸弹袭击，仅2012年就暗杀了40多名政府安全部门官员。[③]2015年起，"伊斯兰国"组织以哈达拉毛省西部地区为据点招募新成员，其恐怖袭击活动在规模和程度上都远超"基地"组织。2013年12月28日，也门拉沙德联盟党主席、全国对话会议成员阿卜杜勒·瓦哈卜·哈米高尼被美国财政部列入所谓的"恐怖主义支持者"名单。

---

① Abu al-Miqdad，"Who leads the Islamic Jihad Movement in Marib"，*Yemen Times*，April 2，2001.http://www.yementimes.com/en/1860/news/4894/Marib-tribesmen-protect-military-camp-from-AQAP-assault.htm.

② Jillian Schwedler，*Faith in Moderation*：*Islamist Parties in Jordan and Yemen*，Cambridge University Press，2006，p.210.

③ 张金平：《全国对话会议与也门政治过渡》，《西亚非洲》2013年第2期。

第四节 伊斯兰主义运动与也门现代民族国家构建的思考

伊斯兰教对也门国家政治有巨大影响力。阿拉伯帝国时代，政教合一的哈里发制度成为也门国家政治文化的核心。此后也门诸多独立王朝延续着政教合一的国家制度，政治领袖首先是宗教首领，世俗的事务往往被宗教束缚，政治决策受宗教信条的影响。至近代，中东的阿拉伯民族主义成功地构建了民族国家体系，也门完成了由伊斯兰体系国家向现代国家的转变，但世俗化改革（国家与宗教的分离、司法与宗教的分离、教育与宗教的分离）[①] 无疑造成了国家政权与伊斯兰教的对抗，引发伊斯兰主义运动的崛起。这一情况在当前的也门政治乱局中表现明显，纯粹的世俗政治未能解决也门政治发展之困。因此，在梳理也门伊斯兰主义运动嬗变的基础上，有必要重新审视伊斯兰主义运动与也门现代民族国家构建的关系。

一、伊斯兰主义运动与国家政治民主化的关系

20 世纪 90 年代国家政治民主化改革时期，也门伊斯兰主义运动力量迅速增长，连同其中的激进和极端主义一道积极参与国家政治秩序的变革或塑造。2011 年也门骚乱爆发之前，“融入—温和化”（inclusion–moderation）模式可以概括伊斯兰主义运动与也门国家政治民主的关系。

（一）政治民主化改革与伊斯兰主义运动复兴

国家统一前，北、南也门共和国尽管开始了现代政治制度的构建，但由于政局动荡而进展缓慢。其中，北也门国家协商委员会成员多由政府首脑任命和间接选举的方式产生，南也门则只进行过几次非正规的选举。1990 年根据北、南领导人达成的统一协定，统一的也门共和国开启以多党制、宪政

① 参见杨灏城、朱克柔主编：《当代中东热点问题的历史探索——宗教与世俗》，人民出版社 2000 年版，第 22 页。

选举和议会制为主要内容的政治民主化与自由化改革。这一时期“安全、政治、财政、法律控制放松，修订宪法保证人身、言论和政治自由，出版、组织和举行公共辩论等都是空前的”[①]。伴随着政治民主化、自由化的发展，也门国内伊斯兰主义运动呈现复兴之势。一方面，也门统一之初实行的政治民主化、自由化改革促使部分伊斯兰主义运动组织，如伊斯兰革新党（Islamic Gathering for Reform）、真理党等组建合法政党，积极参与国家政治活动，甚至参与组建联合政府；另一方面，民主化和自由化改革给激进伊斯兰主义的政治崛起提供了便捷道路，它们组成政党参加选举，挑战政府权威。尽管结果迥异，萨拉菲运动主要派别选择合法参与政治活动，而胡塞武装组织则选择与政府对立，但 20 世纪 90 年代也门民主化改革与伊斯兰主义运动崛起之间确实存在相辅相成的关系。

（二）融入—温和化模式下的伊斯兰主义运动与国家政治民主

融入—温和化模式是当前研究中东宗教政党与国家政治关系的一种全新理论，主要指伊斯兰主义运动被纳入政治进程后，受到现实政治的约束以及军队等世俗力量的制衡，变得务实、温和，成为与世俗政党相似的政治力量。[②]尽管 2004 年以来，胡塞武装组织和“基地”组织阿拉伯半岛分支所代表的伊斯兰主义激进派之间的冲突愈演愈烈，但纵观整个现代也门历史进程，政府对伊斯兰主义运动采取包容整合策略，而伊斯兰主义运动的温和派也积极融入国家政治体制之中，一定程度上促进了国家政治民主化的发展。

1.“融入”策略下政府与伊斯兰主义运动的良性互动

也门现代历史虽然充满政局动荡、强权统治、国家统一和内战，但既不同于萨达姆·侯赛因时期在伊拉克实行的残酷统治，又没有发生 20 世纪 90 年代阿尔及利亚出现的大规模流血冲突，总体而言，也门自实现统一后国家政治稳定，萨利赫总统更善于利用拉拢怀柔各方势力的方式维持国内政治平衡，特别是在处理政府与伊斯兰主义运动的关系上。在也门，各种伊斯兰势

---

① Jillian Schwedler, *Faith in Moderation: Islamist Parties in Jordan and Yemen*, Cambridge University Press, 2006, p.60.

② Jillian Schwedler, *Faith in Moderation: Islamist Parties in Jordan and Yemen*, Cambridge University Press, 2006, p.23.

力和组织被纳入国家体制之中，被认为是一种保证国家稳定的因素，意味着也门通过社会和政治整合而不是镇压促使暴力活动最小化。早在北也门 1962 年建立共和国之初，政府就开始与伊斯兰主义者对话以获得支持。1967 年共和国与君主派实现和解结束内战后，许多宰德派教长进入共和国政府中并进入德高望重的穆夫提行列。穆斯林兄弟会也成功参与政治活动，致力于改革国家教育系统。1967 年也门穆兄会领导人之一阿卜杜·马利克·塔伊卜（Abd al-Malik al-Tayyib）被任命为北也门共和国教育部部长，20 世纪 70 年代由属于穆兄会激进派的赞达尼负责共和国宗教教育，与穆兄会关系亲密的一些人还掌握着科学研究机构的管理。20 世纪 90 年代也门实现统一后，原北也门全国人民大会党为了对抗原南也门的也门社会党进一步拉拢伊斯兰改革集团，1993—1997 年伊斯兰改革集团直接参与组建联合政府。1993 年在第一次议会选举后，赞达尼成为五人总统委员会成员之一，伊斯兰改革集团主席艾哈迈尔成为议会议长，1994 年后伊斯兰改革集团成员占据着司法、教育、贸易和宗教事务部长之职。尽管伊斯兰改革集团与全国人民大会党的联盟在 1997 年破裂，但各种伊斯兰组织仍以正式或非正式方式进入国家政府机构，军队和安全部队的重要职位仍被来自伊斯兰组织的成员掌握。因此，政府极少对伊斯兰组织进行镇压活动，萨拉菲运动、苏菲派、胡塞武装组织和穆斯林兄弟会甚至其他认同“圣战”思想的人都能轻易进入政治和部落高层。2004 年政府军与什叶派胡塞武装组织的数次战争，使得大量平民伤亡和流离失所则是一个例外，也意味着政府与伊斯兰主义组织之间合作的关系面临转折。

2. 温和化——体制内伊斯兰主义运动的发展趋势

“融入—温和化”最重要的部分是融入可能会减少激进主义，把革命变为改革，而不是将温和变为保守。这一结论对中东问题研究有重要意义。在中东，大多数伊斯兰组织的工作是从现有的政治体制中寻找突破，所以他们不是真正的激进派。根据研究分析，大多数伊斯兰组织寻求的是政治上的逐渐改变（而不是革命）。例如，早期也门穆斯林兄弟会的活动是从当时的体制中寻求改良，大部分从教育改革和扫盲计划开始行动，同时起到了平衡伊斯兰政治观念与西方民主之间关系的作用。1979 年，领导也门穆斯林兄弟会长达

10年的赞达尼在一次内部政变后离开也门前往沙特，被普遍认为是也门穆斯林兄弟会温和派的胜利。[①]现代也门伊斯兰主义运动代表组织——伊斯兰改革集团也是“融入—温和化”模式的典型例子，他们并没有试图通过暴力手段推翻原有的政治制度。即使是宰德派胡塞武装组织，在早期组建真理党时也曾参与其政党活动。在也门有限的民主制度之下，国家政治体制内伊斯兰政党温和派的运作是和平和安全的，他们有参加选举、发行报纸、进入议会和各级地方委员会的权利。而在实践中，由于相应的体制和条件还不成熟，激进派伊斯兰力量分享权利的要求和尝试，要么引发无休止的争议甚至引发内战，要么招致政府高压措施，使民主化陷入停顿乃至发生逆转。

综上所述，也门伊斯兰主义运动的出现得益于国家的政治自由化、民主化改革，而伊斯兰主义运动的崛起又进一步推动、扩展了也门政治民主化的范畴。在也门，大多数伊斯兰政党出于增加政治话语权、扩大政治影响力的需要，在政府拉拢、合作策略之下选择融入国家政治体制，在国家政治制度约束下，其政治目标、斗争方式出现温和化发展趋势。当然，在看到融入的同时，不能忽视伊斯兰激进主义对也门政治稳定的威胁。未来，伊斯兰主义运动与也门国家政治民主化之间的关系仍取决于其如何克服内部派别分化，如何对建立政教合一国家激进观点进行改造，如何积极融入世俗化、民主化、现代化等符合时代发展潮流的内容。尽管当前也门政治危机持续，以胡塞武装组织为代表的激进伊斯兰势力呈现爆发之势，但在也门现代历史中成功维持国家政局稳定的“融入—温和化”模式，对也门未来政治重建和转型仍具有现实借鉴意义。

二、伊斯兰主义运动与也门国家构建

传统的伊斯兰思想具有独树一帜的政治观和国家观。历史上伊斯兰教最初的国家形态便是“乌玛”，即穆斯林共同体或伊斯兰社团。乌玛在一定意义上即是当时的阿拉伯民族国家。[②]乌玛的观念是传统伊斯兰教国家观的重要组

---

① Jillian Schwedler, *Faith in Moderation*: *Islamist Parties in Jordan and Yemen*, Cambridge University Press, 2006, p.70.

② 吴云贵、周燮藩：《近现代伊斯兰教思潮与运动》，社会科学文献出版社 2000 年版，第 312 页。

成部分，同时也是近代以来泛伊斯兰主义思想的主要来源。此后政教合一的哈里发制度构成伊斯兰教早期国家观的主体。近代至现代，伊斯兰复兴运动思想家拉希德 · 里达、哈桑 · 班纳、霍梅尼等都对伊斯兰国家观作出了新的阐释，他们的思想成为现代伊斯兰主义国家观的主要来源。其基本内涵是反对建立以国家主权为基础的现代民族国家，主张重建政教合一、贯彻沙里亚法、体现“真主主权”的国家。[①] 伊斯兰主义的政治追求之一就是以伊斯兰教取代世俗民族主义，建立政教合一的伊斯兰国家，即“伊斯兰国家是国家统治必须与沙里亚法保持一致的国家”，是“行政和立法的功能和权威必须服从并辅助沙里亚法的国家”。[②] 可见，这种国家观念与兴起于西方的民族国家原则存在诸多的矛盾之处。

（一）伊斯兰主义运动与现代国家构建的理念冲突

1990 年也门国家统一以来，以阿拉伯民族主义催生的现代民族国家在政治合法性、国家权力、民主化程度和政教关系上与伊斯兰主义运动所推崇的伊斯兰主义完全不同。也门主要的伊斯兰主义运动尽管存在温和与激进之别，但其关于国家构建的基本理念分歧不大。

第一，在国家政治合法性方面，现代民族国家是基于民主政治基础上的人民主权。自 20 世纪 60 年代开始，北、南也门共和国就将“人民主权”写入宪法，而也门统一后颁布的宪法中也开宗明义地规定“人民是国家一切权力的来源”（宪法第四款）。在伊斯兰教思想中，主权毫无疑问属于真主，世俗的统治者只是真主的代治者，依据的是真主的法度，人没有立法权。理论上，“真主主权”是对“人民主权”的根本否定。

第二，在政教关系方面，现代民族国家的重要特征就是世俗化，强调宗教在国家政治中的从属地位。而在伊斯兰教的传统中，国家是为了保卫宗教、增进穆斯林的团结和利益而存在的，也是宗教生活的一部分，政教关系密不可分。伊斯兰教“‘认主独一’和‘政教一体’的特点，构成了中东社会独

① 刘中民：《伊斯兰主义的“伊斯兰国家”思想》，《西亚非洲》2011 年第 4 期。

② Hugh Roberts，“Radical Islamism and the Dilemma of Algerian Nationalism：The Embattled Arians of Algeris”，*Third World Quarterly*，Vol.10，No.2，1988，p.557.

特而持久的宗教政治文化体系”[①]。2012年7月2日，拉沙德联盟秘书长阿布杜·瓦哈卜·胡麦卡尼（Abdulwahab Al-Homaiqani）在接受《也门时报》记者的采访时明确提出：萨拉菲不反对政治活动，而是反对政教分离的世俗主义，认为这是对伊斯兰教义的背离。

第三，在民主问题上，与现代国家倡导政治民主化不同，伊斯兰主义者反对专制独裁和西方式的民主，主张建立以“协商”原则为基础的伊斯兰民主。2012年，拉沙德联盟领袖穆罕默德·穆萨·阿米里（Mohammed Mossa Al-Ameri）提出，伊斯兰历史上的“协商”原则就具有民主含义，所以萨拉菲政党的目标是以公正和“舒拉”（协商）的方式实现也门复兴，保卫也门的主权与利益。[②]

伊斯兰教与现代民族国家存在的这些矛盾，不仅困扰着也门的现代民族国家构建，而且也是制约其他伊斯兰国家进行构建的深层因素。

（二）也门政府与民众在对待伊斯兰主义运动问题上的矛盾性

这种矛盾性可以更好地解释现代民族国家构建与伊斯兰主义运动之间的互动关系。一方面是也门政府与美国合作开展反恐活动，另一方面是民众甚至是政府工作人员对伊斯兰激进组织的支持和默许。

2005年春天，在也门南部一个偏僻的地区，一辆卡车的挡风玻璃上贴着两张看起来完全对立的照片，第一张是成为美国反恐盟友的也门总统萨利赫，另一张则是“基地”组织头目本·拉登。这种现象在也门南部偏远地区普遍存在，同时揭示出也门政治中充满矛盾的一面：一方面是政府受到美国援助开启反恐战争，另一方面则显示出极端伊斯兰组织对政府的渗透和政府及民众对其恐怖活动的宽容态度。2001年“9·11”事件对也门政府与伊斯兰主义运动组织间的合作关系造成巨大冲击，但并没有威胁到伊斯兰主义运动组织的继续存在和活跃。萨利赫总统选择与美国结盟在国内进行反恐活动，同时获得美国巨额援助。2002年，美国中央情报局在也门利用无人机发射导弹，

---

① 王铁铮：《伊斯兰教与中东国家现代化的基本特点》，《西亚非洲》2008年第12期。

② Mohammed Al-Samei，“Dr. Mohammed Mossa Al-Ameri Speaks to the *Yemen Times*”，*Yemen Times*，December 17，2012.

炸毁一辆载有恐怖分子的汽车，车上6人全部死亡，包括“基地”组织在也门的头目哈里提。这一做法被美国称为“也门模式”，即经所在国允许，利用军事力量打击该国境内的恐怖分子。但实际上萨利赫政府在打击恐怖主义问题上实施双重战略：一方面，哈姆德·赫塔尔（Hamoud Al-Hitar）法官负责实施与恐怖主义极端分支之间的和解和谈判，他在2007年被任命为宗教捐赠部部长。[①]2006年多名“基地”组织成员逃离萨那一所戒备森严的监狱，美国认定他们得到了政府内部人士的帮助。这些人越狱后，组建“基地”组织阿拉伯半岛分支，总部就设在也门。此后发生的多起恐怖主义事件均与这个组织有关，包括2009年圣诞节美国底特律劫机未遂事件、2010年在英国和迪拜截获的邮包炸弹等。另一方面，在国际社会的压力下，2004年萨利赫政府开始通过逮捕、关闭宗教机构（包括伊斯兰改革集团控制的机构）、军队突袭、刑讯和监禁行动等打击伊斯兰宗教激进势力，激进势力也通过炸毁石油设施、袭击军队等手段展开报复。萨利赫政府基本上将恐怖势力压缩在南部山区，使其难以在城市特别是北部政治中心地区发动袭击。但政局动荡后，也门恐怖势力乘机控制了南部的大片区域。

伊斯兰激进势力通常利用政府对偏远地区管理不善、民众贫苦不堪的现状开展慈善活动，通过给当地民众提供法律、安全、民生项目等方式获得民众的同情和支持。基于此，提高现代政府行政能力、促进国家经济发展、关心民生才是根本消灭激进主义的有效举措，而这些措施只能在现代国家强有力的行政手段下付诸实施，鉴于目前也门政治动荡的现状，还有很长的路要走。

（三）伊斯兰主义赋予也门现代国家以伊斯兰属性

伊斯兰主义与现代民族国家理念的不同，尽管阻碍着也门现代民族国家构建，但并没有彻底阻滞其进程，而是表现为现代伊斯兰主义对也门现代民族国家构建的深远影响。伊斯兰主义运动的兴起无疑是现代国家政治世俗化措施引发的伊斯兰主义的强有力回应，而现代国家政治制度也以容纳伊斯兰

---

① Robert D. Burrowes，Catherine M. Kasper，“The Salih Regime and the Need for a Credible Opposition”，*Middle East Journal*，Vol.61，No.2，2007.

传统的方式来减轻对立状态的出现。也门宪法规定国家政体为民主共和制，同时规定国家首脑必须是穆斯林；规定建立人民主权之上的政治制度和法律体系，同时承认“伊斯兰教法是国家法律的来源”，世俗法庭和伊斯兰法庭并存；现代国家推行世俗化现代教育改革，同时宗教学校仍广泛存在。事实上，在承认国家的伊斯兰属性的基础上，将宗教力量纳入政治体系在中东历史上存在多种制度模式先例。在当代中东，土耳其将伊斯兰主义纳入民主政治的范畴。也门萨拉菲拉沙德联盟政党在积极参与民主政治选举中就表示：“民主”具有立法与哲学以及程序化的双重含义，而拉沙德联盟可以实施参加选举、提名候选人等民主程序。[①] 胡塞武装组织也是在2011年也门骚乱爆发后通过参与政治选举活动发挥影响力，当然其依靠武力造成也门当前政治危机是后话。因此，伊斯兰教之于国家构建的关键在于如何因地制宜地将伊斯兰因素融入现代国家，从而使民族国家体现伊斯兰的属性，而非将伊斯兰因素排除在外。

本章考察了也门伊斯兰教的基本社会结构及变迁，梳理政教合一的政治体制到国家与宗教平衡发展的转型过程，并重点阐释了现代伊斯兰主义运动的表现、特征及政治影响。在也门，传统宰德派伊玛目领导的反奥斗争推动了现代民族国家的形成。宗教力量在塑造国家体制上发挥了十分重要的作用。北、南共和国时期，也门从传统伊斯兰国家和殖民地决定性地演变为现代民族国家，政治合法性基础也从伊斯兰教支持下的传统君主制向民主制转变。20世纪90年代也门实现统一后，推行的民主化改革从整体上促进了国家政体的世俗化发展，但萨利赫主导的威权政体也滋生了各种反体制的伊斯兰思潮

① Ahmed Dawood，“Secretary-General of the Yemeni Rashad Union to the *Yemen Times*”，*Yemen Times*，July 2，2012.

和运动。国家体制的伊斯兰力量经历从传统宗教建制力量到新兴社会力量的转变，在也门表现为现代伊斯兰主义运动与也门现代民族国家构建的互动关系。这种关系既表现为伊斯兰主义运动对国家政治民主化的冲击，也体现出“融入—温和化”模式对伊斯兰主义运动自身和扩展政治民主化范围的影响。伊斯兰文明已历经上千年的传承，具有极强的适应能力。虽说伊斯兰教规定了真主主权，但“代治”的理论使其允许世俗统治。从宏观上看，中东现代民族国家构建的关键在于将伊斯兰政治传统与现代政治制度相调和，在强势打击宗教激进主义的前提下，“融入—温和化”模式或可以为也门未来伊斯兰主义运动与现代民族国家构建的关系提供借鉴。

第六章　外部因素与也门现代民族国家构建

在当代也门民族国家构建的过程中，外部因素主要起到了建构（积极）和解构（消极）的双重作用。奥斯曼帝国解体以来，也门历经了宰德派伊玛目专制王朝统治时期，英国时期的殖民统治，北、南也门独立发展，国家统一，内战冲击，萨利赫威权统治，“阿拉伯之春”，哈迪执政时期、也门总统领导委员会时期等阶段。在不同的阶段，外部因素建构和解构的作用呈现出程度上的不同。当前，持续近十年的也门内战仍然前景不明，地区大国势力的介入使其冲突进一步复杂化。也门内战长期化和复杂化的深层次原因是也门国家构建存在的诸多遗留问题未解决，以及外部因素对也门国家构建的重大影响。也门扼守曼德海峡的优越地理位置，使其在近代以来一直成为西方殖民者、当前沙特和伊朗等世界和地区大国极力争夺的国家，这在很大程度上影响到了也门的现代民族国家构建。研究外部因素对也门的影响，有助于更好地理解当代也门政治发展中的国家构建和社会构建等重要议题。

第一节　影响也门现代民族国家构建的外部因素

近代以来，也门作为民族国家的起步是伴随着奥斯曼帝国的衰落和解体、英国等西方殖民国家对也门的殖民等重大历史事件展开的，具有非常强的外源性特征。也就是说，如果没有外部因素的推动，也门作为一个民族国家可能还要到更晚的时候才会出现。从历史来看，外部因素对也门民族国家的构建主要体现在国家构建层面（即纵向的构建）。本节从全球性因素和地区性因素两个角度，研究近代以来影响也门民族国家构建的外部因素。

一、全球性因素

全球性因素直接推动了也门的独立，也是后来北也门和南也门建立的直接因素。在北、南也门独立发展过程中，外部因素又造成了也门国家长期的分裂局面。北、南也门的分立以及后来又分别选择了资本主义和社会主义制度的历史，造成了也门国家构建的大幅度迟滞乃至倒退。20 世纪 80 年代末和 90 年代初，美国、苏联等大国积极支持北、南也门统一，促成了也门国家统一和也门民族国家在形式上的构建。2014 年 9 月以来的也门内战，即便导致也门国家陷入解构危机，在事实上分裂了也门。但在国际社会支持下，也门主要政治力量仍坚持国家统一的目标（其分歧体现在也门统一的主导力量以及统一的方式是单一制还是联邦制）。

（一）西方殖民入侵与也门现代民族国家构建

近代，包括也门在内的中东阿拉伯国家被迫卷入了西方殖民体系，同时开启了现代民族国家构建的历史进程。

也门在历史上曾经先后被阿比西尼亚人、波斯人等统治过。奥斯曼帝国的衰落和解体是近代中东地区的重大事件，不仅标志着延续千年、作为伊斯兰世界传统国家形式的哈里发式的宗教国家的终结，还开启了世俗的、现代的中东民族国家的构建。奥斯曼帝国末期对各个行省残暴和腐败的统治，导致各地反抗帝国中央的斗争日益激烈，加上英国、法国、德国、俄国等西方殖民者对奥斯曼帝国的渗透、入侵和殖民等行动，加剧了奥斯曼帝国地方主义的形成与壮大，这也是包括也门在内的中东大多数民族国家开启构建进程的基础条件。

奥斯曼帝国作为第一次世界大战的战败国，是战胜国协约国的重点处置对象。根据第一次世界大战后的一系列条约，奥斯曼帝国被肢解为 20 多个“民族国家”被英法等西方国家以“委任统治”的方式占领。其中，穆塔瓦基利亚王国不仅实现了对当时也门北部地区的实际统治，还开启了也门现代民族国家构建的序幕。

奥斯曼帝国时期，也门地区民众对帝国管理的反抗斗争，最终确定了当代也门的大致领土范围。领土范围的确定，确定了也门在自然地理和行政上的边界，以及作为现代民族国家应当拥有独立主权的合法性。穆塔瓦基里利亚王国时期，英国殖民当局对也门的领土进行了重新划分，将也门南部以亚丁为中心划分为东、西亚丁保护地，这确立了也门作为民族国家所能行使权力的大致外部边界。

穆塔瓦基里利亚王国是近代第一个独立的阿拉伯国家。伊玛目叶海亚在1934年与英国签订了《萨那条约》，与沙特签订《塔伊夫条约》。根据这些条约，也门在事实上被分成了三个部分，即叶海亚统治下的穆塔瓦基利亚王国，隶属于沙特王国的阿西尔、吉赞和奈季兰，以及英国占领下的亚丁及其保护地，确定了也门作为独立国家，可以获得国际承认、建立独立的民族国家的事实。王国建立后，伊玛目多次尝试夺回被沙特和英国占领的领土，虽未获得成功，但在这个过程中，穆塔瓦基利亚王国实际统治了从西北部的萨达地区到中西部帖哈麦地区的也门领土。穆塔瓦基利亚王国的政权组织形式并非现代意义上的政府组织形式，而是恢复了阿拉伯民族传统的部落体制与王权结合的政权组织形式。虽然也引入了现代的军队模式、新式的武器等现代化因素，其本质仍然是将国家视为是国王的私产，这种状况一直持续到1962年的“9·26”革命推翻王室。这表明，全球性因素只是开启了也门的国家建构，现代意义上的国家制度化建设与社会层面的整合仍前路漫漫。

英国殖民者对也门南部的殖民统治在某些方面促进了也门国家构建。一方面，殖民当局仿照英国体制建立的行政、立法和司法机构，建立的现代化的邮政系统、交通运输系统等，不仅逐渐改变了也门传统伊斯兰社会的治理结构，而且增强了当地民众的社会参与程度以及各部落之间的日常联系，在某种程度上打破了部落之间的隔阂，促进不同部落之间民众的交往，将国家认同嵌入了部落民众的部落认同之中。另一方面，殖民当局对南也门的统治及对起义的镇压，激发了也门民众民族意识的觉醒与民族的构建。英国统治期间，民众多次反抗英国殖民统治起义的失败，促使民众改变了过去“亚丁人的亚丁”与“哈德拉米人的哈达拉毛”等地方观念而走向联合，“也门人”的意识不断增强。20世纪50年代开始以纳赛尔为代表的阿拉伯民族主义的广泛传播，民众的反英起义，促进了也门南部民众的国家认同构建。如1951年成立的南阿拉伯人民联盟、1956年成立的民族统一阵线、1959年阿拉伯民族主义者运动（亚丁支部）、1963 年成立的“被占领的南也门民族解放阵线”等，以民族主义的旗帜，号召也门民众起来摆脱殖民主义统治，实现政治独立，并主张也门统一。这些政党和组织的成立，印证了也门民众对国家的基本认同。

（二）冷战时期美国和苏联对也门国家构建的作用

冷战时期，美国和苏联对也门民族国家构建的作用是双重的。20 世纪 80 年代前，美国和苏联各自支持北也门和南也门，一定程度上阻碍了也门的统一国家构建。20 世纪 80 年代后，美国和苏联默许甚至是支持北、南也门的统一进程，世界大国的支持推动了也门的现代民族国家构建。北、南也门共和国建立后，分别选择了不同的国家发展道路。在冷战的历史背景下，北、南也门由于力量弱小，成为大国争霸的背景板。

冷战后期，美苏选择支持或默许北、南也门实现统一，但南北长期的隔阂与迥异的社会制度、社会治理模式，实际上在不断解构着也门的国家认同。北、南也门在实现统一前后“热烈”的民族感情，在统一后很快就被权力分配、精英阶层矛盾、南北经济发展模式等现实性因素消磨殆尽，导致 1994 年夏季内战的爆发。

综上，美苏对也门国家构建产生的作用是双重的。既在也门统一前推动了也门的现代民族国家构建，又留下了统一后也门进行社会整合失败的“祸根”。

二、地区性因素

也门具有中东国家、阿拉伯国家、伊斯兰国家等多重地区身份。本部分在对也门现代民族国家构建的地区性因素分析中，主要从地区性的国家行为体和社会思潮两方面进行。

（一）国家行为体

奥斯曼帝国解体后，中东地区形成了 20 多个现代意义的民族国家，如埃及、土耳其、伊拉克、叙利亚、黎巴嫩、巴勒斯坦以及北也门、南也门等。但与西方语境中的民族国家不同的是，这些民族国家（土耳其除外）实际上都属于同一个民族——阿拉伯民族。基于此，阿拉伯地区大国埃及、沙特对也门现代民族国家构建的影响最为明显。

埃及对也门现代民族国家构建的影响是非常直接的。穆塔瓦基利亚王国后期，也门国内出现了呼吁进行政治改革的社会运动和组织。成立于埃及的穆兄会的思想自 20 世纪 40 年代开始在也门赴埃及的留学生中广泛传播，1952 年埃及革命成功对也门中下级军官产生了巨大影响。也门中下级军官秘密组建了“自由军官组织”，确立了推翻伊玛目政权的斗争目标，力争实现也门的政治、经济和社会结构的根本变革。“9・26”革命成功及北也门共和国成立后，埃及不仅在共和国内战（1962—1970 年）中直接支持共和派与君主派作战，而且内战后，北也门的立法、行政机构都具有明显的埃及化特征，对北也门的政治制度化建设发挥了一定的积极作用。

（二）地区性社会思潮

除了国家行为体，阿拉伯民族主义等中东地区社会思潮对也门国家构建也有一定的影响，主要体现在阿拉伯民族主义旗帜下的也门现代民族国家构建上。

战后阿拉伯世界迎来了民族解放运动的高潮，以阿拉伯民族主义为代表的社会思潮在埃及、叙利亚、伊拉克等国广泛传播。阿拉伯民族主义不仅推动了中东国家的独立，还尝试以联合的方式建立包含所有阿拉伯人的、统一的阿拉伯国家。在英国殖民南也门时期，阿拉伯民族主义成为联合南也门社会各阶层的力量，南也门人民追求建立独立的阿拉伯国家是其理念的直接表达。阿拉伯民族主义在也门的传播，开始建构也门独立的民族意识。20 世纪 50 年代，也门等阿拉伯国家在阿拉伯民族主义的旗帜下实践了阿拉伯国家的联合。1958 年 2 月 1 日，埃及和叙利亚宣布合并成立“阿拉伯联合共和国”，也门也参与其中。1958 年 3 月 8 日，也门穆塔瓦基利亚王国以合众的形式加入，整个联盟更名为阿拉伯合众国（United Arab States）。后由于埃及权力过大等因素，叙利亚、也门相继退出合众国。虽然“阿拉伯联合共和国”存续时间较短，但其对阿拉伯民族主义思潮和“阿拉伯国家的联合”的实践，对包括也门在内的阿拉伯国家影响甚远。阿拉伯合众国解散后，也门、埃及、叙利亚和伊拉克的国旗都保持了红、白、黑的底色。也门参与阿拉伯合众国对也门现代民族国家构建的重要影响是再次从外部确认了也门的阿拉伯国家身份。

总体来看，阿拉伯民族主义这种超越现有民族国家边界的思潮只能在有限的程度和领域上对也门的现代民族国家构建产生积极影响。

第二节　外部因素与近代以来也门的民族国家构建

北、南也门分立时期，分别实行资本主义和社会主义两种截然不同的社会发展道路。苏联、美国以及埃及、沙特等地区大国对也门事务的关注甚至是干预，都深刻影响了也门的现代民族国家构建。

一、北、南也门时期外部因素与也门的民族国家构建

（一）外部因素与北也门共和国的民族国家构建

20 世纪 60 年代初，埃及深度介入了北也门的内政。[①] 纳赛尔时期的埃及在 20 世纪 50、60 年代提出和实践的阿拉伯民族主义的主张受到了众多阿拉伯国家的欢迎。埃及的阿拉伯民族主义推动了也门国家认同情感的升温。1962 年，北也门建立了共和国，不久后爆发了君主派与共和派之间的内战，持续到 1970 年结束。埃及广泛地介入到这场战争中，不仅直接派军支持共和派，驻守在萨那、塔伊兹和荷台达三大城市的外围（至 1967 年埃及军队才撤出也门），而且在武器装备、军事行动等方面大力支持新生的共和国。埃及政府还帮助共和国建立了现代政府机构，埃及的支持是共和派能够赢得内战的关键原因。同时，苏联也派出军事顾问帮助共和派训练军队。

与埃及、苏联等国支持共和派相反的是，沙特、英国政府坚决支持伊玛目巴德尔恢复王位。从沙特的角度来看，沙特作为政教合一的国家，不希望在以传统的宗教、政治观念占主导地位的阿拉伯半岛出现一个以民主政治为基础的共和制政权。[②] 而英国则是希望继续保持对也门的影响力，甚至是继

---

① Robert McNamara，“The Nasser Factor：Anglo-Egyptian Relations and Yemen/Aden Crisis 1962-65,” *Middle Eastern Studies*，Vol.53，No.1，2017，pp.51-68.

② 郭宝华：《中东国家通史 · 也门卷》，商务印书馆 2004 年版，第 181 页。

续殖民也门。沙特和英国对君主派的支持主要是通过用金钱和武器收买也门国内的部落酋长的方式，这非常不利于也门现代民族国家的构建。因此，在经历了 1963 年的“斋月攻势”，以及“阿姆兰会议”“哈木尔会议”“哈赖德会议”等多轮谈判后，也门最终实现了民族和解。

在共和派赢得对沙特支持的君主派的内战胜利后，埃及对也门的支持变成了对也门的干预，基本全面掌握了共和国的军事、政治、经济等重要部门，形成了对北也门的实际控制。刚刚结束内战的北也门又深陷埃及驻也门当局与共和政府领导权的斗争中。直到 1967 年 10 月 30 日，埃及军队全部撤出北也门。

随着共和国政府政治制度现代化建设的发展，埃利亚尼政府（1970—1974 年）保留了内战期间埃及建立的一整套政府机构，为北也门时期的国家构建奠定了基础。在内战中，也门民众不仅经历了共和制和君主制的洗礼，更为重要的是，进一步确立了作为也门人的民族认同。与君主制相比，共和制下的也门民众拥有了更多的政治参与机会，拥有现代意义上的国民身份。1964 年 4 月 28 日，北也门共和国颁布了其历史上第一部宪法，这部宪法的条文基本上都是按照当时埃及的宪法制定的。在埃及帮助下，北也门于 1962 年建立了也门第一家国有开发银行——开发建设银行。

埃及纳赛尔政府对北也门共和国的建立提供了坚实的政治和军事支持，为也门现代意义上的民族国家构建提供了基础条件。后来的萨利赫政府基本上在埃及支持和创造的政府机构的基础上，进一步完善北也门的国家制度化建设和社会整合。纳赛尔政府从在内战中提供军事支持到对也门内战的全面干预，导致 1965 年后北也门共和派内部的分裂与斗争，造成了北也门政府更迭频繁、政局不稳，也限制了也门现代民族国家构建的进一步发展与完善。

（二）外部因素与南也门的国家构建

南也门地区的独立与共和国的建立是南也门人民反殖民统治不懈斗争的结果。南也门的民族解放运动本身就是民众民族主义情感的产物，阿拉伯民族主义在其中占据主导地位。

20 世纪 60 年代，南也门民族解放独立运动风起云涌，当时地区大国埃及和沙特对也门南部局势的态度是：强调阿拉伯半岛南部地区的合作，支持南也门各民族主义组织的联合。1959 年，阿拉伯民族主义者运动在亚丁建立支部，该组织秉承埃及总统纳赛尔的政治主张，号召成立包括所有反对殖民主义的民族、民主力量在内的民族阵线。在得到埃及在物质和道义上的支持后，1963 年 8 月 18 日，阿拉伯民族主义者运动代表与南也门其他反英地下民族主义组织代表及爱国知识分子、军人等，成立了以阿拉伯民族主义者运动为主体的“被占领的南也门民族解放阵线”。民阵领导的反英武装斗争得到了埃及与北也门共和政府的大力支持，除提供武器、弹药和给养外，还为民阵培训各类战斗指挥人员。但很快，埃及与民阵在众多问题上出现分歧，策划了 1966 年 1 月 13 日的“1 · 13”事变，[①] 试图控制南也门民族解放运动。

1965 年 6 月 22—25 日，民阵在南也门西部的塔伊兹召开了第一次代表大会，会议通过的《国民宪章》成为南也门独立的纲领性文件。《国民宪章》包含了埃及倡导的多项内容，如实现民族独立的内容体现了纳赛尔的阿拉伯民族主义追求。面对埃及的压力，1966 年 10 月 14 日，民阵宣布脱离解放阵线。尽管失去了埃及提供的物质和宣传上的支持，但民阵依靠国内广大爱国民众的支持，取得了南也门反英武装斗争的巨大胜利。1967 年 11 月 30 日，南也门共和国宣告成立。

南也门共和国建立后，埃及等外部大国因素的影响依然存在，但逐渐式微。在“1 · 13”事变后，埃及和阿拉伯联合共和国切断了对民阵的支持，[②] 民阵作为执政党开始独立领导南也门政府进行国家的政治制度化建设。在宪法方面，1970 年 11 月 30 日，南也门颁布了历史上第一部永久宪法，该宪法是在埃及和东德的帮助下建立的。在经济方面，埃及、苏联等国家对南也门提供了大量的援助，一定程度上缓解了南也门经济与社会的落后面貌。与北也门共和国建立前后相似的是，南也门共和国的建立既有埃及提供支持的积极

---

① 参见［也门］苏尔坦 · 艾哈迈德 · 欧默尔：《也门社会发展一瞥》，人民出版社 1975 年版，第 285—287 页。

② 参见［也门］苏尔坦 · 艾哈迈德 · 欧默尔：《也门社会发展一瞥》，人民出版社 1975 年版，第 287—295 页。

影响，也出现了埃及等国试图主导也门民族解放运动的消极因素，并直接带来南也门共和国成立后执政党内派系斗争激烈、政变频繁的后果。

不可否认的是，阿拉伯民族主义是开启北、南也门现代民族国家构建的重要力量，促进了也门的民族认同与国家认同。

二、也门国家统一进程中的外部因素与现代民族国家构建

20世纪以来，也门的统一始终是困扰北、南也门两国的重大问题。20世纪70年代后期，北、南也门统一进程加快，并在80年代进入实质性解决阶段。在内外因素的共同促进下，最终在1990年5月22日完成了统一。在这个过程中，外部因素也起到了一定的推动作用。

近代以来，在意识形态方面，北、南也门分别由伊玛目和英国统治，南北双方的政治精英、民众之间存在着诸多的矛盾和隔阂，极大地影响了也门统一后的社会整合。从社会制度上来看，北、南也门独立后，分别实行了资本主义和社会主义两种截然不同的社会发展道路，统一后的也门政府如何弥合这两种制度之间的张力与矛盾，极大地消耗了也门政府的精力与有限的资源。从外部来看，北、南也门的分立，使外部势力得以插手也门统一进程，这些都不利于也门现代民族国家的构建及也门统一进程的顺利进行。

在也门统一过程中，埃及、科威特等阿拉伯国家对也门的统一先后表示支持，进一步扫除了也门统一的地区障碍。也门统一后的社会整合与民族整合，基本上是沿着北、南也门统一过程中的历史遗产与历史脉络进行的。1972年9月13日，阿拉伯国家联盟理事会决定由阿尔及利亚、埃及、利比亚等五国组成一个调解委员会，调解北、南也门之间不断出现的边界冲突，北、南也门达成实现统一的《开罗协议》，协议规定：北、南也门将合并为只有一个首都、一个总统、一个立法、司法、执法机构的统一国家；新国家的政体为民族民主共和国政体。[①]《开罗协议》后来也在北、南也门议会获得了通过。

但此后也门统一进程进展缓慢。1978年6月24日和26日，北、南也门的领导人鲁巴伊和加什米先后被害，翌年爆发边界冲突，北、南也门两国

① 郭宝华：《中东国家通史·也门卷》，商务印书馆2004年版，第277页。

关系紧张，统一进程中断。1981 年 11 月，北、南也门的领导人萨利赫和阿里 · 纳赛尔组成“也门委员会”，负责监督、执行统一的计划和步骤，同年 12 月两国制订了统一宪法草案。由于政治、经济制度不同，加之外部势力和历史遗留问题的干扰与影响，两国关系一度紧张，曾经两次发生边境武装冲突。后在同为阿拉伯国家的科威特的调解下，双方和解，签订了《科威特协议》和《萨那公报》，并成立了联合宪法起草委员会，为统一后的也门制定一部宪法，确立了大致的法律框架。

冷战时期，美国和苏联在也门的地缘政治博弈和争夺，延缓了也门统一进程与民族国家构建。美国以直接和间接的经济和军事援助支持北也门，苏联则将南也门视为其“南下印度洋”的重要前沿阵地，并在南也门派驻军队，建立空军与海军基地。美苏大国在冷战时期还鼓动北、南也门之间的对抗，极大地干扰了也门统一进程。1967 年南也门独立后不久，南北双方领导人曾就也门统一问题进行接触，寻求和平统一的现实途径，甚至在 1970 年达成了第一份关于也门统一的协议。协议确认北、南也门将组成一个各自享有主权的邦联国家，为此，双方也将采取一些基本措施。[①] 也门统一的加快与实践阶段，也是冷战即将结束的时期，美国和苏联作为冷战时期最有影响力的大国，对也门统一进程的态度是支持和默许，这无疑为也门统一和国家构建创造了良好的外部环境。20 世纪 80 年代末期，苏联开启了“新思维”的政治和经济改革，对外政策上极具收缩，对南也门的经济和军事援助大幅度削减，南也门对苏联逐渐变得无足轻重，对南也门的政治影响大幅度降低；南也门在失去了苏联的经济、军事援助后，更加寄希望于通过统一来摆脱其面临的政治和经济困境。同时，苏联默许了北、南也门之间的统一行动，南也门也开始改善与美国、联邦德国等西方国家的关系，其对外关系逐渐在社会主义国家和资本主义国家之间实现了平衡。

20 世纪 80 年代末，南也门积极改善对外关系，使美苏两国对也门的争夺逐渐趋向于缓和，美国对也门统一的各种疑虑逐渐消除，这一时期美苏两国对也门的统一都采取了默许的态度。北也门在萨利赫领导下，政治与社会

---

① 郭宝华:《中东国家通史 · 也门卷》，商务印书馆 2004 年版，第 276 页。

基本稳定，总体经济形势大大优于南也门，且一直致力于北、南也门的统一，也门统一终于在内外有利因素的影响下实现。

三、外部因素与也门统一后的国家构建

也门统一后的萨利赫政府以机构合并、政党合作、社会整合等主要方式推动也门现代民族国家构建，起到了一定的效果。在这个过程中，外部因素同样起到了解构和建构的双重作用。

（一）外部因素与萨利赫政府时期也门的国家构建

外部因素在也门统一过程中起到了助推作用。在萨利赫政府时期，除了在海湾战争时期因短暂支持伊拉克而遭到各国制裁，萨利赫政府执政的大部分时期都与各国尤其是阿拉伯国家保持了较为良好的外交关系。因此，在萨利赫政府时期，外部因素对也门现代民族国家构建基本上都是积极的作用。

海合会、世界银行与沙特、美国等国对也门提供了大量的援助，提升了政府为民众提供各种基础设施的能力，间接地帮助了也门政府进行社会整合，基本路径是：向萨利赫政府提供援助——政府将援助用于公共设施建设——公共设施建设促进也门各地之间的日常联系——促进社会整合和民众对也门的国家认同。在经济和社会方面，萨利赫政府致力于改善部落地区的落后面貌，出资在部落地区修建学校、医院、水利设施、电力设施等。尤其是也门统一到 1994 年夏季内战这几年，也门经济形势严峻，外部的经济援助对也门政府提升其社会整合、国家建构等能力至关重要（见表 13）。

表 13　1990—1994 年也门外债和国外援助

项目	1990 年	1991 年	1992 年	1993 年	1994 年
外债总量（单位：百万美元）	6352.10	6473.10	6571.11	5923.00	6125.20
外债占当年 GDP 的比例（单位：%）	133.40%	129.20%	115.30%	121.70%	160.40%
国外官方援助（单位：百万美元）	404.66	298.44	253.99	321.31	170.12

资料来源：Yemen Live Database and Global Development Finance Database.

1994 年夏季内战不仅给也门带来了大量的人员物资损失，还给也门民众造成了巨大的心理创伤，阻碍了也门现代民族国家的构建。在内战中，阿拉伯国家分别支持也门国内的不同派别。沙特、埃及、叙利亚等国支持南也门地区的分离主义势力对抗北也门。内战中，当南部地区再次宣布独立时，埃及、叙利亚、沙特等国表示支持。埃及总统穆巴拉克多次提醒萨利赫，如果北方南下亚丁，并不意味着问题得到了解决，战争也不会保证也门可能保持统一。[①] 可见，也门的统一实际上影响到了一些阿拉伯国家的地缘政治利益，他们试图让也门重新保持分裂，而不是让统一的局面持续下去。1994 年的夏季内战反映出这个时期外部因素对也门民族国家构建的解构作用。

内战以北方再次统一也门结束。内战结束后，在世界银行和国际货币基金组织的帮助下，也门开始了一系列的经济、财政和行政改革。1995 年 3 月，第一阶段的改革开始，减少财政赤字是本阶段主要的改革目标。也门中央政府的权威性有限，建立一个强有力的中央政府、加强对地方的控制也是主要的改革目标。从 1996 年起，政府开始实行旨在紧缩赤字、减少开支、降低通货膨胀和保持汇率稳定的第一个五年计划，积极寻求国际援助，并取得了积极成果，财政状况明显好转。由于国内外环境的改善，到 1998 年，也门的改革得到了较大的改善，经济和社会的发展出现了转机。经济改革初见成效，使也门政府拥有了更多地推动现代民族国家构建的有利条件。

外部因素在经济与社会领域推动也门的发展。在世界银行的帮助下，也门又进行了一系列的改革。2001 年 2 月，世界银行负责中东和北非业务的副行长吉恩 · 路易斯 · 萨尔比（Jean Louis-Sarbib）访问也门，会见了萨利赫总统和也门政府的有关官员，讨论了双方为实现也门经济社会发展目标进一步加强合作、制定也门减贫战略和执行世界银行项目等问题。世界银行等对也门的经济援助和帮助，在一定程度上增强了萨利赫政府社会治理的能力，以及通过公共基础设施建设的方式提升也门民众对也门的国家认同的可能性。

在地区层面，沙特是影响也门政治发展的重要国家。由于政治和经济方面的因素，沙特也希望也门维持统一和稳定，以保证南部边界的安宁。而伊

① 郭宝华：《中东国家通史 · 也门卷》，商务印书馆 2004 年版，第 313 页。

朗对胡塞武装组织的支持，也意在牵制沙特这个地区主要的地缘政治对手。

可见，在萨利赫执政的大部分时期，外部因素都支持也门作为统一国家的存在。世界银行、美国等外部力量还给予也门大量的援助，这些都有利于也门政府社会整合能力的提升，有促进也门国家构建的积极意义。

（二）外部因素与哈迪政府时期也门的国家构建

萨利赫下台后哈迪上台，这个时期的也门现代民族国家构建面临严重挫折。数十年以来，也门一直都是沙特试图发挥影响的国家，沙特一直高度介入也门事务。[①] 哈迪政府作为弱势政府，无法掌控国内局势，没有萨利赫能够维持国内各派势力均衡的能力。沙特对哈迪政府的支持是哈迪政府能够维持一定统治的重要因素。

"阿拉伯之春"后，沙特等外部因素对也门现代民族国家构建起到了积极作用，其主要方式是继续支持也门作为统一国家的存在。"阿拉伯之春"后的 2012 年 2 月 27 日，经过多轮谈判，萨利赫终于在海合会的见证与保证下（哈迪政府同意萨利赫下台后特赦萨利赫及其亲信）签署了交权协议。海合会的协议以维护也门的政治统一和政治稳定为基础，因此需要在也门主要派系之间寻求平衡。[②]2014 年 9 月，胡塞武装组织借口也门政府的燃油涨价政策，从萨达省南下，与哈迪政府发生内战。内战的爆发是对也门现代民族国家构建的重大破坏。但在这种情况下，沙特、海合会等外部因素一直主张维护也门的统一，世界上大部分国家也仍然承认哈迪政府为也门唯一合法政府。对世界各国来说，也门扼守重要的国际海峡——曼德海峡，统一的也门政府能在很大程度上保障海峡地区的安全，而分裂的也门则会加剧了海峡地区的安全风险。因此，各国对也门统一的支持，既是出于现实利益的考量，也在某种程度上的"国际承认"层面维持了也门作为统一的民族国家的存在。

此时，也门国内各派政治力量在"阿拉伯之春"影响下暗流涌动，胡塞武装组织的崛起、南方分离主义势力抬头、恐怖组织在南部和东部地区的发

---

① Dina Esfandiary，Ariane Tabatabai，"Yemen：An Opportunity for Iran– Saudi Dialogue?"，*The Washington Quarterly*，Vol.39，No.2，2016，p.155.

② 张金平：《三重张力与国家重建：以西亚北非六国为例》，时事出版社 2022 年版，第 172 页。

展，等等，对也门的现代民族国家构建构成了一定的威胁。沙特、海合会等外部因素促成萨利赫向哈迪和平交权，最大限度地保证了也门中央权力交接的顺利过渡。随后在国际社会瞩目下召开的两次“全国对话会议”，维持了也门在形式上的统一，保持了也门继续进行国家构建和社会整合的基本条件。

2014 年 9 月也门开始内战，哈迪政府在与胡塞武装组织的对抗中节节败退。在胡塞武装组织占领北部大部分领土的情况下（基本上占领了原北也门的领土），甚至还一度围攻经济首都——亚丁，并迫使哈迪政府一度流亡沙特。哈迪政府在与胡塞武装组织的内战表现以及流亡沙特，极大地削弱了其在也门国内的政治合法性和号召力。在内战依然持续的情况下，胡塞武装组织与哈迪政府以及于 2020 年 12 月成立的以穆因 · 阿卜杜勒马利克 · 赛义德（Maeen Abdulmalik Saeed）为总理的也门政府各自实际控制了部分也门领土，这种状况不仅中断了也门的国家构建，还使也门有了重新分裂的可能性。此一时期，也门有政治力量提出了以“联邦制”组成也门新政府，代替之前萨利赫时代的“中央集权式”政府，这也可能是未来也门国家政权组织形式的一种可行性方案。

反观胡塞武装组织，其不断强化对也门北部地区的占领和染指中央政权的合法性，试图以胡塞的方式影响也门的现代民族国家构建。2011 年，胡塞武装组织参加了也门全国对话会议，成为也门政坛一支重要的政治力量。① 在全国对话会议中，胡塞武装组织以“真主的辅士”的名义参与到各项进程中，其组织成员在这次会议中起到了“建设性的作用”。② 在这次会议上，胡塞武装组织“还和其他参与者一起制定了新宪法，把原来也门的 22 省划分为了 6 个地区”③，这样的划分使得“胡塞武装组织控制的北部地区的选票不被南部地

① Salisbury Peter，“Houthi Gains Shift the Balance of Power”，*Middle East Economic Digest*. Vol.58，Issue 30/31，2014，p.40.

② Salisbury Peter，“Houthi Gains shift the Balance of Power”，*Middle East Economic Digest*. Vol.58，Issue 30/31，2014，p.40.

③ Imad Kamel Harb，*Yemen' s Houthi Takeover：Domestic and Regional Repercussions*，National Council on U.S.- Arab Relations，February 4，2015，p.2.

区的逊尼派稀释，也可以随时宣布独立”[①]。

胡塞武装组织与也门政府在内战中互有胜负，都无法在短时间内消灭对方，且力量基本上形成了均衡。胡塞武装组织占领了也门北部大部分地区，也门政府固守南部地区，形成了势均力敌之势。这种状况如果一直持续下去，对未来也门的国家构建、社会整合将极为不利，会极大地阻碍也门国内民众的日常交往和对也门的国家认同。

从外部来看，包括沙特、阿曼、阿联酋等在内的阿拉伯国家以及全球主要国家、联合国等国际组织仍然认可实际控制也门南部的政府为国际承认的、合法的也门政府，并把支持也门统一作为解决也门问题、也门内战的政治基础。但外部的承认与支持，并不能直接促进也门内战的结束与也门国家构建的进一步推进。也就是说，也门政府需要获得也门其他政治力量如胡塞武装组织、南方分离主义、北部的艾哈迈尔家族等对也门统一的支持。而从目前来看，弱势的也门政府无法完成国内各派政治力量的政治和解。对也门政府来说，也门国家建构这一历史任务，可能仍然遥遥无期。

总体来看，外部因素虽然支持也门国内的不同政治派别，但都支持也门继续作为统一国家存在，不希望也门回到 1990 年之前的分裂状态。所不同的是，外部因素支持的是未来的也门要采取“中央集权制”还是“联邦制”来保持统一。2014 年 9 月以来，也门内战主要双方胡塞武装组织和也门政府之间打打停停，双方的军事斗争与和平谈判都未停止。也门政府、胡塞武装组织等主要政治力量也都赞成也门的统一，核心问题是谁在统一国家中占据主导地位的问题。受内外因素影响的“中央集权制”和“联邦制”之争会在很大程度上影响未来也门的现代民族国家构建。

---

① Imad Kamel Harb，*Yemen's Houthi Takeover：Domestic and Regional Repercussions*，National Council on U.S.- Arab Relations，February 4，2015，p.2.

第三节　外部因素对也门民族国家构建的双重作用

从以上研究可以看出，外部因素对也门国家构建具有解构和建构的双重作用。在不同的历史时期和民族构建、国家认同、社会整合等方面，外部因素的作用也呈现出明显的不同，但总体来看，外部因素对也门国家的建构作用是主要方面。

一、外部因素对也门民族国家构建的负面作用

外部因素对也门国家构建的负面作用主要是两方面：在时间上，主要是英国对也门南部的殖民时期，北、南也门分立的（大部分）时期；在具体的领域上，外部因素在不同时期对也门民族构建、国家构建和社会整合方面都有一定的解构作用。

外部因素对也门国家的解构主要是造成了北、南也门分属于不同的政权控制之下。在奥斯曼帝国崩溃后，英国对也门南部地区的占领，阻止了也门的统一进程和民族、国家建构。后来北、南也门的独立建国分别得到了美国和苏联的支持，也门成为了美苏争夺地区地缘政治优势的工具。在冷战的大部分时期，北、南也门谋求统一与完成民族国家构建的进程只能被搁置。美苏各自支持下的也门由于选择了不同的社会制度，增大了在统一后进行社会整合的难度，使也门国家构建进程一度中断（如1994年夏季内战等）。2014年9月也门内战爆发至今，地区力量伊朗和沙特各自支持胡塞武装组织和也门政府，这是也门内战长期化的重要外部因素，极大地解构了也门的现代民族国家构建、破坏了社会整合，也门实际上已经处于分裂的状态。

二、外部因素对也门现代民族国家构建的积极作用

外部因素对也门现代民族国家构建的积极作用主要从20世纪80年代中期至今。也门统一前及统一后，国际社会一直支持也门的统一与和平，这对

也门民族国家构建起到了积极作用。

在 1994 年的夏季内战和 2014 年 9 月以来的内战中，国际社会对也门政治动荡的调解都是以也门是一个统一国家为前提的。世界主要大国对也门现代民族国家构建的积极作用主要是对也门统一的政治和道义支持，辅之以经济支持等；联合国、世界银行等国际组织则通过各类社会与经济项目以提升也门政府的社会治理和整合能力，促进也门民众对也门政府、也门统一的政治认同，间接推动了也门的国家构建。

在也门国内，除了南方分离主义势力，其他主要政治力量都非常明确地支持也门统一。各派势力支持统一的方案大致分为“中央集权制”和“联邦制”两种，这两种方案会对未来也门的现代民族国家构建产生不同的影响。在外部，无论是海合会等国际组织，还是美国、中国、俄罗斯、沙特、伊朗等国家，都明确支持也门继续作为统一国家的存在，反对也门的分裂，促进也门各派就国内权力分配等具体问题进行政治和解。

当前的也门处于“中东地区的权力洼地”[①]，外部因素对也门现代民族国家构建的影响依然十分显著。

在也门近代史上，外部因素在也门的国家构建中起到了解构和建构的双重作用。总体来看，建构的作用更为突出和重要。外部因素在也门的民族构建、增强也门人的国家认同、推动社会整合等方面，支持了也门的现代民族国家构建。在近代也门国家构建的过程中，外部因素在大多数时候起到了积极、正面的作用。

也门内战仍然在持续，国际社会（外部因素）仍然承认也门政府为也门的合法政府，但也门内战的长期化会继续撕裂也门社会，加剧也门各派政治

① Mehran Kamrava，“Multipolarity and Instability in the Middle East”，*Orbis*，2018，p.615.

力量的分歧，进而阻碍也门的民族构建、国家构建和社会整合。也门的现代民族国家构建，以及碎片化[①]的国家形态，使得其还是要依赖于也门国内各派政治势力尤其是也门政府和胡塞武装组织尽快结束内战，形成对未来也门国家构建和发展的共识，实现也门的长久和平。

部落是也门社会结构的基础性元素，是相对也门现代国家在政治、经济、文化等方面具有相当程度独立性的政治实体。这种社会结构使得外部因素对也门现代民族国家构建影响有限。未来，也门由政治和解的实现需要更多地依靠也门国内各派政治势力之间的合作与达成共识。因此，外部因素只能作为次要变量与因素来分析也门现代民族国家构建。

① Dina Esfandiary，Ariane Tabatabai，“Yemen：an Opportunity for Iran–Saudi Dialogue?”，*The Washington Quarterly*，Vol.39，No.2，2016，p.156.

结　语

从近现代历史进程来看，现代国家构建主要是民族国家构建，其中既包含着人为构建一个具体、真实共同体的国家构建，也意味着构建一个具有相似历史记忆与文化符号的想象共同体的民族构建。在也门，现代民族国家构建很大程度上就是国家主导的现代文明向部落社会和伊斯兰教阶层以及地区认同渗透和扩散的过程。具体而言，国家在进行社会政治、经济和情感认同整合时，必须整合拥有自治传统的部落社会和地方主义力量，要将宗教势力在司法和教育领域的权力纳入国家控制，此外还要致力于完成将家族、部落、教派和地区等社会认同整合为国家认同的任务。

探究也门现代民族国家构建的过程可以发现，也门是阿拉伯民族主义与国家民族主义甚至包括社会主义思想互动的结果。长期以来，传统政治精英掌握国家大权，部落联盟领导人、形形色色的军人、社会主义者纷纷登场。国家与部落、宗教错综复杂的互动关系构成了也门历史发展的主题。

第一，现代民族国家构建中的社会整合问题。社会整合是实现也门现代民族国家构建的重要手段。在也门，社会整合涉及意识形态、政治、经济、社会和文化等领域。也门现代国家意识形态受到近代阿拉伯民族主义以及社会主义的影响，1990 年后国家民族主义对也门实现南、北也门统一具有决定性意义。政治整合方面，国家统一后逐步确立起来的威权主义的政治体制主导着也门政治整合的过程，政治制度化建设起步，文官和专家在一定程度上取代王室政治；地方行政管理逐渐完善，国家政治动员能力和社会整合能力空前加强。但也存在政治民主化内涵缺失、政党制度不完善、政府管理腐败和低效等问题。经济整合方面，国家利用财政资源和经济发展计划推动各地区经济发展。社会文化整合层面，世俗化与社会多元化发展一方面表现为国家认同的初步建立，另一方面则是市民社会的缺失、青年群体的活跃和传统部落认同的根深蒂固。20 世纪也门的社会整合涉及国家方方面面，有效地扩大了国家权威和治理能力，但在南北方利益分配差异和部落社会方面存在突出的问题。未来从机械整合方式向有机整合方式缓慢转变，将是实现也门现代民族国家构建的必由之路。

第二，现代民族国家构建中的部落自治问题。人类学家菲利普·卡尔·萨尔兹曼指出，历史上的统治者曾经用两种方式统治着中东：部落的自治和君主的中央集权制。部落常常在统治王朝的建立和解体中产生着至关重要的影响。也门现代民族国家构建的核心是国家集权与部落自治关系的互动。也门部落历经外族侵略、王国统治、共和国和萨利赫威权政府等不同的历史时期，逐渐形成了与政府的合作，部落势力渗透进国家管理机构，部落酋长成为政治领袖或地方权贵，国家对部落的这种管理体系表明现代国家的政治行为很难改变也门部落的社会结构和政治文化。国家集权化与部落自治化的矛盾仍然是影响也门现代民族国家重构的重要变量。

第三，现代民族国家构建中的中央与地方关系困境。也门存在强大的地方主义势力，从根本上说，地方主义的核心是中央与地方的关系。也门地方主义的产生既有北、南也门长期分裂的历史原因，也有国家统一后萨利赫政府过于偏袒西北高原部落势力的现实因素。对也门现代民族国家构建造成冲击的主要是北部萨达地区依托传统宰德派和部落势力发展壮大的反叛势力胡塞武装组织和2007年兴起的谋求地区自治甚至独立的南方分离主义运动。2011年的政局动荡是国家各个地区对西北高原传统权贵长期垄断政治和经济资源不满的总爆发。面对强大的地方势力及其诉求，2014年2月10日也门国家从共和制转为联邦制，从建立现代民主国家的长期目标来看，给予地区、省级和市级自治权力将有助于也门的稳定和统一。但中央政府的弱势和有限的国家军队力量不足以保证也门联邦制的顺利实施，意味着也门政治重建道路依然充满了不确定性。

第四，现代民族国家构建中的宗教与世俗。对于也门以及其他中东国家而言，伊斯兰教是无所不包的生活方式、政治制度、法律准则和文化教育的资源，也是政治合法性的来源。中东现代民族国家的形成，严重冲击了伊斯兰教作为传统意识形态的根基，世俗化成为现代民族国家构建的重要目标。从宰德派伊玛目政教合一统治到现代国家朝世俗化的发展；从伊斯兰教宰德主义成为近代也门国家意识形态根基，到现代也门国家的伊斯兰属性；从 20 世纪 70 年代伊斯兰复兴运动兴起到如今伊斯兰主义运动的异军突起，如何将传统的伊斯兰政治势力纳入现代政治框架，始终是也门国家构建面临的困境之一。

第五，现代民族国家构建中的外部因素。特殊的地理位置决定了也门现代民族国家构建受到地区大国等外部因素的影响。从近代奥斯曼帝国的占领和英国殖民统治造成也门北、南分离，到在冷战背景下也门开启现代民族国家构建，埃及、沙特阿拉伯、美国和苏联等外部国家影响着也门的政治发展。外部因素对也门的现代民族国家构建具有建构与解构的双重作用。

现代民族国家因为起源于西方社会，其理性化与世俗化、制度化与民主化的特征来自西方政治实践的经验总结。也门在构建现代民族国家的过程中不可避免地以上述特征为目标，导致国家与其社会内部特有的部落、伊斯兰教等传统力量关系紧张。也门国家构建的艰难历程说明，现代民族国家构建必须正视其社会固有传统力量的存在，要想取得现代民族国家的重构，必须处理好国家、宗教与民族（部族）之间的关系，将传统的社会权力运动模式纳入国家制度之中。当前也门政治重建应借助宗教和世俗民族主义力量，使国内各政治力量和武装派别以合作的态度实现利益协调，以保证国家政局的稳定，从而致力于建立公共行政机构，建设共同的教育体系、法律制度、语言及国家象征体系，弥合各族群、教派和地区矛盾以推动民众的国家认同。也门现代民族国家构建的成功与否，主要取决于能否克服部族政治和地区势力的强大压力，并在伊斯兰教的共同信仰下克服教派矛盾，建构一种具有广泛参与性的联邦政治，切实完成国家构建的诸多命题。

主要参考文献

一、中文文献

（一）中文译著

［英］埃里克·霍布斯鲍姆:《民族与民族主义》，李金梅译，上海人民出版社 2006 年版。

［也］艾哈迈德·拉荷米中校等:《也门革命秘录》，杨福昌译，商务印书馆 1981 年版。

［英］安东尼·吉登斯:《民族—国家与暴力》，胡宗泽、赵力涛、王铭铭译，三联出版社 1998 年版。

［英］安东尼·吉登斯:《现代性的后果》，田禾译，译林出版社 2000 年版。

［英］安东尼·史密斯:《民族主义：理论、意识形态、历史》，叶江译，上海人民出版社 2011 年版。

［英］安东尼·史密斯:《全球化时代的民族与民族主义》，龚维斌、良警宇译，中央编译出版社 2002 年版。

［英］厄内斯特·盖尔纳:《民族与民族主义》，韩红译，中央编译出版社 2002 年版。

［美］菲利克斯·格罗斯:《公民与国家——民族、部族与族属身份》，王建娥、魏强译，新华出版社 2003 年版。

［美］菲利浦·希提:《阿拉伯通史》上册，马坚译，新世界出版社 2008 年版。

［美］弗朗西斯·福山:《国家构建：21 世纪的国家治理与世界秩序》，黄胜强、许铭原译，中国社会科学出版社 2007 年版。

［美］贾恩弗朗哥·波奇:《国家：本质、发展与前景》，陈尧译，上海人民出版社 2007 年版。

［美］米格代尔:《强国家与弱社会：第三世界的国家社会关系及国家能力》，张长东等译，江苏人民出版社 2009 年版。

［以］S. N. 艾森斯塔特:《现代化：抗拒与变迁》，张旅平等译，人民大学出版社 1988 年版。

[美] 塞缪尔・亨廷顿、琼・纳尔逊:《难以抉择——发展中国家的政治参与研究》,王晓寿等译,华夏出版社 1989 年版。

[美] 塞缪尔・亨廷顿:《文明的冲突与世界秩序的重建》,周琪、刘绯、张立平、王圆译,新华出版社 2010 年版。

[美] 塞缪尔・亨廷顿:《我们是谁? ——美国国家特性面临的挑战》,程克雄译,新华出版社 2005 年版。

[也] 苏尔坦・艾哈迈德・欧默尔:《也门社会发展一瞥》,易元译,人民出版社 1975 年版。

[法] 亚历山大・莫瑞:《从部落到帝国:原始社会和古代东方的社会组织》,郭子林译,大象出版社 2010 年版。

[美] 亚历山大・温特:《国际政治的社会理论》,秦亚青译,上海人民出版社 2009 年版。

(二)中文著作

陈建樾、周竞红主编:《族际政治在多民族国家的理论与实践》,社会科学文献出版社 2010 年版。

郭宝华:《中东国家通史・也门卷》,商务印书馆 2004 年版。

哈全安:《中东国家的现代化历程》,人民出版社 2006 年。

哈全安:《中东史 610—2000》,天津人民出版社 2010 年版。

黄民兴:《中东历史与现实十八讲》,陕西人民出版社 2008 年版。

贾英健:《全球化背景下的民族国家研究》,中国社会科学出版社 2005 年版。

金宜久主编:《伊斯兰教》,宗教文化出版社 1997 年版。

林庆春、杨鲁萍:《列国志・也门》,社会科学文献出版社 2009 年版。

刘中民、朱威烈主编:《中东地区发展报告:中东变局的多维透视》,时事出版社 2013 年版。

罗荣渠:《现代化新论(增订本)》,商务印书馆 2004 年版。

马戎主编:《西方民族社会学经典读本——种族与族群关系研究》,北京大学出版社 2010 年版。

马晓霖主编:《阿拉伯剧变:西亚北非大动荡深层观察》,新华出版社 2012 年版。

纳忠:《阿拉伯通史(上下)》,商务印书馆 2005 年版。

宁骚:《民族与国家:民族关系和民族政策的国际性比较》,北京大学出版社 1995 年版。

彭树智:《东方民族主义思潮》,人民出版社 2013 年版。

彭树智:《东方民族主义思潮》,西北大学出版社 1992 年版。

彭树智:《文明交往论》,陕西人民出版社 2002 年版。

彭树智:《伊斯兰教与中东现代化进程》,西北大学出版社 1997 年版。

彭树智等:《中东史》,人民出版社 2011 年版。

曲洪:《当代中东政治伊斯兰:观察与思考》,中国社会科学出版社 2001 年版。

时延春:《当代也门社会与文化》,上海外语教育出版社 2006 年版。

王建娥:《族际政治:20 世纪的理论与实践》,社会科学文献出版社 2011 年版。

王京烈主编:《当代中东政治思潮》,当代世界出版社 2003 年版。

王联主编:《世界民族主义论》,北京大学出版社 2002 年版。

王林聪:《中东国家民主化问题研究》,中国社会科学出版社 2007 年版。

王铁铮主编:《全球化与当代中东社会思潮》,人民出版社 2013 年版。

王铁铮主编:《世界现代化历程 · 中东卷》,江苏人民出版社 2010 年版。

王彤主编:《中东国家政治制度》,中国社会科学出版社 2005 年版。

王逸舟:《当代国际政治析论》,上海人民出版社 2001 年版。

王宇洁:《宗教与国家——当代伊斯兰教什叶派研究》,社会科学文献出版社 2012 年版。

吴惕安、俞可平主编:《当代西方国家理论评析》,陕西人民出版社 1994 年版。

徐迅:《民族主义》,中国社会科学出版社 1998 年版。

许章润主编:《民族主义与国家构建》,法律出版社 2008 年版。

杨光主编:《中东黄皮书:中东发展报告 NO.14(2011~2012)》,社会科学文献出版社 2012 年版。

杨灏城、朱克柔主编:《当代中东热点问题的历史探索——宗教和世俗》,人民出版社 2000 年版。

杨建荣:《也门经济研究》,对外经济贸易大学出版社 2011 年版。

易建平:《部落联盟与酋邦——民主 · 专制 · 国家:起源问题比较研究》,社会科学文献出版社 2004 年版。

张铭:《现代化视野中的伊斯兰复兴运动》,中国社会科学出版社 1999 年版。

中国大百科全书出版社编辑部编:《中国大百科全书》民族分册,中国大百科全书出版社 1986 年版。

中国伊斯兰百科全书编辑委员会编:《中国伊斯兰百科全书》,四川辞书出版社 2007 年版。

周平:《多民族国家的族际政治整合》,中央编译出版社 2012 年版。

资中筠主编:《国际政治理论探索在中国》,上海人民出版社 1998 年版。

（三）期刊论文

陈建樾：《全球化、民族国家与马克思主义》，《世界民族》2002 年第 2 期。

董漫远：《也门变局及其影响研究》，《阿拉伯世界研究》2011 年第 6 期。

黄民兴：《从民族国家构建的视角析当代中东国家的社会整合》，《西亚非洲》2013 年第 4 期。

黄民兴：《论 20 世纪中东国家的民族构建问题》，《西亚非洲》2006 年第 9 期。

黄其松：《制度建构与民族认同：现代国家建构的双重任务》，《云南行政学院学报》2010 年第 6 期。

李亚男：《当前也门政局危机及其影响》，《国际研究参考》2015 年第 5 期。

刘飞涛：《全球化与民族国家主权关系辨析》，《世界经济与政治论坛》2000 年第 5 期。

刘中民：《中东民族国家建构中的民族主义与伊斯兰教》，《国际观察》2008 年第 5 期。

唐志超：《也门政局再陷动荡及其影响》，《当代世界》2015 年第 4 期。

田文林：《民族主义视角下的国家建构过程——以后殖民时代的阿拉伯国家为例》，《世界民族》2009 年第 3 期。

王家峰：《在权力与权利之间：现代国家建构的历史逻辑》，《天津社会科学》2010 年第 6 期。

王建娥：《国家构建和民族建构：内涵、特征及联系——以欧洲国家经验为例》，《西北师大学报（社会科学版）》2010 年第 2 期。

王琼：《也门恐怖主义与政治动荡》，《现代国际关系》2015 年第 6 期。

王文奇：《民族主义与民族国家构建析论》，《史学集刊》2011 年第 3 期。

吴晓林：《国外政治整合研究：理论主张与研究路径》，《南京社会科学》2009 年第 9 期。

夏路：《也门统一模式及其对中国的启示》，《阿拉伯世界研究》2010 年第 4 期。

徐勇：《“回归国家”与现代国家建构》，《东南学术》2006 年第 4 期。

杨鲁萍：《也门部落暴力问题初探》，《西亚非洲》2008 年第 10 期。

杨雪冬：《民族国家与国家建构：一个理论综述》，《复旦政治学评论》2005 年第 1 期。

张家栋、毛春伟：《也门恐怖活动近况与美国的反恐对策》，《阿拉伯世界研究》2010 年第 2 期。

张金平：《全国对话会议与也门政治过渡》，《西亚非洲》2013 年第 2 期。

张金平：《也门动荡转型中的恐怖活动与反恐策略》，《阿拉伯世界研究》2014 年第 3 期。

张淑娟:《关于民族国家的几点思考》,《广西民族研究》2009 年第 4 期。

张友国:《民族国家:理论与现实》,《北京行政学院学报》2009 年第 1 期。

(四)学位论文

党梓元:《萨利赫时代(1978—2011)也门部落研究》,硕士学位论文,北京外国语大学,2013 年。

蒋超喆:《也门统一问题的历史考察》,硕士学位论文,上海社会科学院国际关系研究所,2012 年。

李维建:《也门伊斯兰教栽(宰)德派历史研究》,硕士学位论文,西北大学,2001 年。

马凤雅:《也门在伊斯兰教创立时期的历史作用》,硕士学位论文,对外经济贸易大学,2007 年。

徐茜萍:《威权政体下埃及 2011 年政局动荡分析》,硕士学位论文,西南交通大学,2012 年。

张寅:《多元文化背景下的民族国家建构研究》,博士学位论文,吉林大学,2011 年。

二、英文资料

(一)著作

Abu-Amr, Ziad, *Islamic Fundamentalism in the West Bank and Gaza: Muslim Brotherhood and Islamic Jihad*, Bloomington: Indiana University Press, 1994.

Abu Ghanem, Fadhl Ali Ahmad, *The Tribe and State in Yemen*, Cario: Dar al-Minar, 1990.

Abu Talrb Hasan, *The Future of Yemen After the Civil War*, London: Caraval Press, 1997.

Al-Baradduni Abdallah, *Culture and Revolution in Yemen*, Yemen: Sana'a, 1992.

B. R. Pridham, *Contemporary Yemen: Politics and Historical Background*, University of Exeter, 1984.

B. R. Pridham, *Economy, Society & Culture in Contemporary Yemen*, London: Routledge, 1985.

Charles Swagman, *Development and Change in Highland Yemen*, St. Lake City: University of Utah Press, 1988.

Dresch Paul, *Tribes, Government and History in Yemen*, Cambridge University

Press, 1994.

Fred Halliday, *Revolution and Foreign Policy: The Case of South Yemen, 1967–1987*, Cambridge: Cambridge University Press, 1990.

Helen Lackner, *P.D.R., Yemen: Outpost of Socialist Development in Arabia*, London: Ithaca Press, 1985.

J. Leigh Douglas, *The Free Yemeni Movement, 1935-1962*, American University of Beirut, 1987.

J. E. Peterson, *Yemen: The Search for a Modern State*, Baltimore: The Johns Hopkins University Press, 1982.

Jillian Schwedler, *Faith in Moderation Islamist Parties in Jordan and Yemen*, Cambridge University Press, 2007.

Joseph Kostiner, *South Yemen' s Revolutionary Strategy, 1970-1985: from Insurgency to Bloc Politics*, Boulder: Westview Press, 1990.

Joseph Kostiner, *Yemen: The Tortuous Quest for Unity, 1990-94*, London: Chatham House Papers, 1996.

Laurent Bonnefoy, *Salafism in Yemen: Transnationalism and Religious Identity*, London: Hurst & Company, 2011.

Lisa Wedeen, *Peripheral Visions: Publics, Power, and Performance in Yemen*, Chicago: University of Chicago Press, 2008.

Mehran Kamrava, *The Modern Middle East: A Political History Since the First World War*, Berkeley and Los Angeles: University of Califernia Press, 2005.

Manfred W. Wenner, *The Yemen Arab Republic: Development and Change in an Ancient Land*, Westview Press, 1991.

Muhammad al-Saidi, eds., *The Cooperative Movement of Yemen*, New York: Professors World Peace Academy, 1992.

P. Crone, *Slaves on Horses: The Evolution of the Islamic Polity*, Cambridge: Cambridge University Press, 1980.

Paul Dresch, *A History of Modern Yemen*, Cambridge University Press, 2002.

Philp S. Khoury, Joseph Kostiner eds., *Tribes and State Formation in the Middle East*, Oxford: University of California Press, 1990.

R. J. Gavin, *Aden Under British Rule, 1839–1967*, London: C. Hurst and Company, 1975.

Ramzi Mardini, *The Battle for Yemen: Al-Qaeda and the Struggle for Stability*,

Washington, D.C.: Jamestown Foundation, 2010.

Robert D. Burrowes, *The Yemen Arab Republic: The Polities of Development, 1962–1986*, London: Westview Press, 1987.

Robert W. Stookey, *South Yemen: A Marxist Republic in Arabia*, Boulder: Westview Press, 1982.

Robert W. Stookey, *Yemen: The Politics of the Yemen Arab Republic*, Boulder: Westview Press, 1978.

Saeed M. Badeeb, *The Saudi–Egyptian Conflict Over North Yemen, 1962–1970*, Boulder: Westview Press, 1986.

Sarah Phillips, *Yemen's Democracy in Regional Perspective*, New York: Palgrave Macmillan, 2008.

Susanne Dahlgren, *Contesting Realities: The Public Sphere and Morality in Southern Yemen*, Syracuse: Syracuse University Press, 2010.

Sheila Carapico, *Civil Society in Yemen: The Political Economy of Activism in Modern Arabia*, Cambridge University Press, 1998.

Shelagh Weir, *A Tribal Order: Politics and Law in the Mountains of Yemen*, Austin: University of Texas Press, 2007.

Stephen W. Day, *Regionalism and Rebellion in Yemen: A Troubled National Union*, Cambridge University Press, 2012.

Tareq Y. Ismale, Jacqueline S. Ismael, *The People's Democratic Reublic of Yemen: Politics Economics and Society*, Frances Ointer (Publishers), London: Lynne Rienner Publishers, Inc. Boulder, 1986.

Tim Mackintosh–Smith, *Yemen: Travels in Dictionary Land*, London: John Murray Publishers, 1997.

Victoria Clark, *Yemen: Dancing on the Heads of Snakes*, Yale University Press, 2010.

（二）期刊论文

April Longley, "The High Water Mark of Islamist Politics? The Case of Yemen", *Middle East Journal*, Vol.61, No.2, 2007.

April Longley Alley, "The Rules of the Game: Unpacking Patronage Politics in Yemen", *Middle East Journal*, Vol.64, No.3, 2010.

Charles Dunbar, "The Unification of Yemen: Process, Political and Prospects", *Middle East Journal*, Vol.46, No.3, 1992.

Eva Bellin, "The Robustness of Aufhoritarianism in the Middle East: Exceptionalism in Comparative Perspective", *Comparative Politics*, Vol.36, No.2, 2004.

Fred Halliday, "The Thrid Inter-Yemen War and Its Consequences", *Asian Affairs*, No.26, 1995.

Gregory Gause, "The Idea of Yemenni Unity", *Journal of Arab Affairs*, Vol.6, No.1, 1987.

Ginny Hill , Gerd Nonneman, "Yemen, Saudi Arabia, and the Gulf States: Elite Politics, Street Protests, and Regional Diplomacy", *Chatham House Briefing Papers*, 2011.

Jonathan Addleton, "Economic Prospects in a United Yemen", *Journal of South Asian and Middle Eastern Studies Journal*, Vol.14, No.4, 1991.

Lisa Wedeen, etc., "Discerning Yemen's Political Future", *The Middle East Institute*, June 11, 2009.

Nadwa al-Dawsari, "Tribal Governance and Stability in Yemen", *The Carnegie Papers*, Garnegie Endowment for International Peace, 2012.

Najwa Adra, "Tribal Mediation in Yemen and its Implications to Development", *AAS Working Papers in Social Anthropology*, Vol.19, 2010.

Nora Ann Colton, "Yemen: A Collapsed Economy", *Middle East Journal*, Vol.64, No.3, 2010.

Robert D. Burrowes, "Preclude to Unification: The Yemen Arab Republic, 1962-1990", *International Journal of Middle East Studies*, Vol.23, No.4, 1991.

Robert D. Burrowes, Catherine M. Kasper, "The Salih Regime and the Need for a Credible Opposition", *Middle East Journal*, Vol.61, No.2, 2007.

Roman Stadnicki, "The Challenges of Urban Transition in Yemen: Sana' a and Other Major Cities", *Journal of Arabian Studies*, 2014.

Sheila Carapico, "Yemen and the Aden-Abyan Islamic Army", *Middle East Report*, November 18, 2000.

Stephen W. Day, "Yemen Postpones Its April 2009 parliamentary Elections", Viewpoints, *The Middle East Institute*, No.11, 2009.

Sheila Carapico, "From Ballot Box to Battlefield", *Middle East Report*, Vol.25, No.1, 1994.

Sheila Carapico, "Yemen between Civility and Civil War", *Civil Society in the Middle East*, Vol.2, 1996.

Sheila Carapico, "How Yemen's Ruling Party Secured and Electoral Landslide", *Middle East Report*, May 16, 2003.

（三）学位论文

Abdin al-Tayyib Zein, "Islam and the State (1940–1972), Yemen", Ph.D.Thesis, Cambridge University, 2018.

Abu-Amr Zaid Mahmoud, "The People's Democratic Republic of Yemen: The Transformation of Society", Ph.D.Dissertation, Georgetown University, Washington, D.C., 1986.

Daniel Egel, "Tribal Diversity: Political Patronage and the Yemeni Decentralization Experiment", University of California, Berkeley, 2010.

Najwa Adran, "Qabyala: The Tribal Concept in the Central Highlands of the Yemen Arab Republic", Ph.D.Thesis, Temple University, 1982.

后　记

本书是以我的博士论文为基础修改完成的。遥想2011年师从黄民兴老师时，适逢也门国内爆发政治骚乱引起国际社会广泛关注。在老师的建议下，我选择这个陌生的阿拉伯半岛南部国家进行研究。从最初急功近利地对待博士学习，到静下心来翻译资料，试着了解一个从未接触过的国家的历史和文化，我要感恩于导师的悉心培养和西北大学中东研究所的学术熏陶。

2016年博士论文答辩已过去7年，对也门国家历史与文化的研究从盲人摸象到轮廓渐清，从当初的机缘巧合也演变为一种热爱。这几年，我围绕着也门国家历史、部落社会、各类社会组织，搜集了大量阿拉伯文、日文和英文资料。2018年在北京大学做访问学者期间，我加强世界史学科理论学习，努力拓展自己的视域，这个因为战乱还未曾踏足的国家独特的历史与人文特征在研究中日益清晰。本书的出版得益于陕西师范大学历史文化学院世界史博士后流动站的支持和何志龙教授主持的国家社会科学基金重大项目“中东现代民族和国家构建的多维比较研究（多卷本）”（20&ZD240）的资助，本书也是该项目成果之一。

本书的部分章节曾以论文的形式发表在《西亚非洲》《阿拉伯世界研究》等刊物上，此次成书，我将这些文章都进行了修改，融汇于各章节之中。

感谢我的博士研究生导师黄民兴教授，每当我有一些想法与他讨论时，他总能耐心地倾听并提出中肯的建议；感谢我的博士后在站导师何志龙教授，老师的理解与鼓励是我漫漫研究路上的明灯。没有两位老师的引领和帮助，不会有今天的我。师恩如海，衔草难报，教泽流芳，倾我至诚。

本书成稿过程中，云南大学周边外交研究中心、国际关系研究院副研究员任华完成第六章的写作，（南开大学）硕士研究生赵澎、（西安交通大学）

硕士研究生许桐参与后期编校工作，在此向他们致以谢意。写作中的疏失、不足之处，祈望各位师友不吝赐正。

是为记。

2023 年 12 月 14 日于新疆石河子大学历史系办公室

责任编辑：贺　畅
文字编辑：刘　今
封面设计：汪　莹

图书在版编目（CIP）数据

中东现代民族国家构建典型个案研究．也门卷 / 何志龙主编 ; 苏瑛著．-- 北京 : 人民出版社，2025. 2.
ISBN 978-7-01-026726-5

Ⅰ. D737

中国国家版本馆 CIP 数据核字第 20247VL758 号

中东现代民族国家构建典型个案研究·也门卷
ZHONGDONG XIANDAI MINZU GUOJIA GOUJIAN DIANXING GE'AN YANJIU YEMEN JUAN

何志龙 主编　苏　瑛 著
人民出版社 出版发行
（100706　北京市东城区隆福寺街 99 号）

中煤（北京）印务有限公司印刷　新华书店经销

2025 年 2 月第 1 版　2025 年 2 月北京第 1 次印刷
开本：710 毫米 × 1000 毫米 1/16　印张：17.75
字数：275 千字

ISBN 978 – 7 – 01 – 026726 – 5　　定价：79.00 元

邮购地址 100706　北京市东城区隆福寺街 99 号
人民东方图书销售中心　电话（010）65250042　65289539